KB103605

하루 한 번 심리학

일일일심

하루 한 번 심리학.
우리가 사는 이유는 단 하나. 사랑이다.
연극, 영화, 뮤지컬, 문학, 노래. 모두가 사랑이다.

하루 한 번 심리학

발 행 | 2022년 8월 30일
저 자 | 원윤경
펴낸이 | 한건희
펴낸곳 | 주식회사 부크크
출판사등록 | 2014.07.15.(제2014-16호)
주 소 | 서울특별시 금천구 가산디지털1로 119 SK트윈타워 A동 305호
전 화 | 1670-8316
이메일 | info@bookk.co.kr

ISBN | 979-11-372-9295-6

www.bookk.co.kr

하루 한 번 심리학

CONTENT

❖ 문학 속 심리학

작가의 말 10

아Q정전 - 루쉰 / 정신승리 13

인간의 굴레에서 - 서머셋몸 / 블랑컷 증후군 17

이반 일리치의 죽음 - 톨스토이 / 불안, 고독 27

레미제라블 - 빅토르 위고 / 이타적 사랑 33

도쿠가와 이에야스 - 야마오카 소하치 / 자존심 39

호밀밭의 파수꾼 - J.D.샐린저 / 순수 이타심 46

판세를 읽는 승부사 조조 - 자오위핑 / 권위효과 54

길을 걸으며 - 자크 라카리에르 / 긍정심리학 60

사금파리 한 조각 - 린다 수 박 / 긍정심리학 65

CONTENT

❖ 문학 속 심리학

거짓의 사람들 - M. 스캇펙 / 투사 78

번아웃 - 크리스티나 베른트 / 긍정심리학 80

인생의 발견 - 시어도어 젤딘 / 소통 85

나, 후안 데 파레하 - 트레비뇨 / 순수 이타심 89

죄와 벌 - 도스토예프스키 / 성격심리학 허영심 98

카라마조프가의 형제들 - 도스토예프스키 / 선입견 105

다시 혼자가 된 당신에게 - 기나케스텔레 / 불안 109

두 도시 이야기 - 찰스 디킨즈 / 순수 이타심 114

적과 흑 - 스탕달 / 사회 심리학 변별이론 119

CONTENT

❖ 예술 속 심리학

아이다 / 나르시스트 127

레베카 / 자기애적 인격장애 132

킹 아더 / 복수 심리학 136

다방 / 반사회성 인격장애 145

플레이백 / 해리장애 152

동치미 / 관계 심리학 156

몬테크리스토 백작 / 복수 심리학 161

뱀파이어 아더 / 집착 167

참기름 톡 / 외로움 172

CONTENT

❖ 예술 속 심리학

미드나잇 앤틀러스 / 사회주의 심리학 177

플랫폼 / 중독 심리학 184

뷰티플 라이프 / 긍정 심리학 188

당신만이 / 자폐스펙트럼장애 193

리미트 / 트라우마 200

나와 할아버지 / 공감 심리학 205

변신 / 신경쇠약 212

라스트 세션 / 프로이드 심리학 217

테너를 빌려줘 / 오셀로 증후군 222

CONTENT

❖ 영화 속 심리학

안나 카레니나 / 실존주의 심리학 228

블랙스완 / 정신분열증 236

미드나잇 인 파리 / 무드셀라 증후군 242

튤립 피버 / 욕망 249

웨스트 사이드 스토리 / 투사 254

눈먼 자들의 도시 / 이기주의 260

시카고 / 욕망 264

여인의 향기 / 외로움 270

위대한 개츠비 / 집착 276

CONTENT

❖ 영화 속 심리학

고요한 돈강 / 소시오패스 282

마타 하리 / 순수 이타심 292

라라 랜드 / 자존심 301

코요테 어글리 / 이상심리 불안장애 310

빌리 엘리어트 / 편견 323

허니 / 사회심리학 순수 이타심 330

제이콥의 거짓말 / 희망 심리학 338

내 사랑 / 긍정 심리학 347

이상한 나라의 수학자 / 순수 이타심 354

❖ 작가의 말

우리가 진짜 아파하는 이유는 사랑을 받지 못해서가 아니라 그 반대에 있다. 내가 사랑을 주지 못해서다. 사랑의 비밀은 받을 때 보다, 줄 때 더 행복하기 때문이다. 그래서 우리는 봉사를 다니고 애완동물을 키우고 식물을 키우며 사랑할 대상을 찾는 것이다.

대학로 마로니에 공원을 거닐다 본 연극, 청계천을 걷다 세종문화 회관에서 보았던 뮤지컬, 인사동 쌈지길에서 만난 그림들, 혼자 외로울 때 집에서 보던 두꺼운 책들.

그 속에 나오는 수많은 이야기들의 주제는 하나 같이 모두 사랑이었다. 사랑 때문에 아파하고 사랑 때문에 눈물 흘린다.

왜 연극을 보고 영화를 보니?
삶이 힘드니까. 연극을 보면서 위로받고 싶어서 그래. 연극? 연극을 보면 꼭 내 이야기 같잖아. 뮤지컬도 그렇고 내가 살아 있는 것 같아. 그래서 힘이 나거든.

사람들은 영화를 보거나 연극을 보거나 책을 읽거나 뮤지컬을 보면서 현실적으로 본인이 경험하지 못한 상황을 문화와 예술을 통해 꿈꾸기도 하고 위로받기도 한다.

우리가 위로받는 이유는 그 속에는 삶과 연결된 희로애락이 있기 때문이다. 다시 말해 아픈 내 마음을 슬픈 내 마음을 기쁜 내 마음을 행복한 내 마음을 거기에서 만나기 때문이다.

이 책을 보다 보면 연극은 사랑을 어떻게 표현하고, 뮤지컬은 사랑을 어떻게 노래하고, 영화는 사랑을 어떻게 담았는지, 책은 사랑을 어떻게 풀어놓았는지 하나씩 찾아보는 재미가 있을 것이다.

평소에 즐겨 보던 연극, 영화, 뮤지컬 그리고 유명한 문학작품 속에 있는 우리의 마음을 심리학으로 비추어 보았다. 심리가 사랑이고 사랑이 심리다.

부디 이 책을 보고 난 뒤에는 대학로도 걸어보고 광화문도 걸어보고 인사동도 걸어보고 조용한 곳이 있으면 책도 읽어보며 그 속에서 따뜻한 사랑을 만나 작은 위로라도 받게 되기를 소망해 본다.

2022. 8. 30 의정부에서

문학 속 심리학

아Q정전 - 루쉰 / 정신승리
출판사 : 문학동네

루쉰의 〈아Q정전〉이 나오기까지의 중국은 많은 이야기가 있다. 하, 은, 주 시대를 지나 진시황제가 나오기까지 춘추전국시대의 열국지 이야기. 한나라의 유방이 초나라의 항우와의 싸움에서 승리한 후 진나라를 무너뜨리고 한나라를 세우는 초한지 이야기.

후한을 지나 유비, 관우, 장비, 조조, 사마의, 사마사, 사마소가 등장하는 위진남북조 시대의 삼국지 이야기. 5호 16국과 수나라를 지나 중국 최초의 여황제가 된 당나라 측천무후 이야기. 중국의 4대 미인 중 한 명이었던 당나라 현종의 후궁이었던 양귀비 이야기.

송나라의 수호지 이야기. 원나라의 의천도룡기. 그리고 명나라를 지나 1840년 이후 영국과 프랑스의 청나라에 대한 1차 2차 아편전쟁 이야기. 1911년 10월 10일 신해혁명 이야기. 1912년 1월 난징에서 쑨원을 임시 대총통으로 하는 중화민국 임시정부 이야기가 그것이다.
그리고 아Q정전이 나오고 1949년 10월 1일 중국 공산당이 베이징을 수도로 수립한 사회주의 체제의 중화인민공화국 이야기 등 수 많은 이야기가 있다.

아Q정전에서 '정전'이란 바르게 전해져 내려오는 전기란 뜻으로 한 사람의 일대기를 적은 것을 가리킨다. 이 책은 중국 작가 루쉰이 쓴 소설로 중국 현대 소설에선 처음으로 유럽이나 여러 나라로 번역, 수출되면서 중국 문학을 알린 작품이다.

아Q는 성 밖 낡은 사당에서 살며 낮에는 마을로 들어와 막노동을 하고 저녁에는 어렵게 번 돈을 술과 도박에 꼬라박고 툭하면 깡패들에게 괴롭힘을 당했다.

아Q가 성안을 드나들며 인생역전을 할 뻔하다가 그나마도 성안의 도둑 패거리와 결탁한 것이지만 나중에는 혁명과 연루되어 총살당하는 이야기가 전부다.

주인공 아Q는 당시 중국인들의 패배근성, 노예근성을 대표하는 인물로 루쉰이 중국 인민들을 깨어나게 하기 위해 만들어낸 인물이다.

아Q는 깡패들에게 얻어맞아도 '나는 아들놈에게 맞은 격이다'라고 하며 육체적으로는 졌지만, 정신적으로는 저들이 나보다 수준이 떨어지므로 내가 정신적으로는 저들을 이겼다고 생각하며 살아가는 좀 바보 같은 사내이다. 이를 다른 말로 '정신승리'라고 한다.

그는 정신승리법이 깨질 때마다 새로운 정신승리법을 만들어내며 살아간다. 자기의 열등, 약점 등을 변명하면서 책임을 상대방에게 전가하는 따위가 그것이다.

본인에게 불리하거나 나쁜 상황도 좋은 상황이라고 왜곡하여 정신적 자기 위안을 하는 행위이며 실상은 진실이 아닌 자신의 망상으로만 이기고 있는 상황을 의미한다.

경기나 경합에서 겨루어 패배하였으나 자책감에서 벗어나기 위하여 자신은 지지 않았다고 정당화하는 것을 이르는 말이다. 우리가 흔히말하는 '정신승리'라는 말은 이 작품에서 나온 말이다. 아Q는 피해의식도 엄청 강했다. 특히 대머리끼가 조금 있었던 것에 대해 엄청난 콤플렉스를 갖고 있었다.

아Q정전에서 루쉰은 아Q 인물상을 통해 중국인의 우매하고 꽉 막힌 성향을 풍자했다. 미장 마을의 하층민들은 깨어날 줄 모르는 중국 인민들을 대변한다.

대표적인 인물이 소D라는 인물이다. 아Q가 조씨 댁에서 식모를 건드리다 쫓겨난 후, 아Q 몫의 품팔이를 대신하는 잡부다.

소D는 아Q에서 정신승리만 뺀 인물로 아Q처럼 왜소하고 별 볼 일 없는 하층민이며 피해의식과 노예근성에 사로잡혀 있는 인물이다.

로맹롤랑은 이 작품을 보고 가련한 아Q를 생각하면 눈물이 났다. 보통들 약자에게 강하고 강자에게 상대도 못하는 중국인들을 다루었다지만, 여승이나 어린아이 같은 약자에게는 강한척하며 폭력을 휘두르며 그들을 괴롭혔다고 했지만, 그것이 어디 중국인에게만 해당하는 이야기일까?

아Q의 모습은 지금 우리들의 또 다른 모습이기도 하다. 왕가위의 영화'아비정전'은 바로 이 소설에서 착안한 것이라고 알려져 있다.

인간의 굴레에서 - 서머셋 몸 / 블랑켓 증후군

출판사 : 믿음사

고아였던 필립의 어머니는 성 누가 병원 외과 의사였던 아버지와 결혼하셨다. 어머니는 아버지의 환자셨고 두 분의 사치는 심해서 범죄적일 정도였다.

필립이 아홉 살 때. 아버지가 패혈증으로 돌아가셨고 6개월이 지나자 어머니마저 돌아가셨다. 다리를 저는 그는 교회 사제인 백부(큰아버지 케리어, 큰어머니 루이저) 집에 맡겨졌다.

백부에 의해 필립은 기숙사가 달린 학교에 입학한다.
다리를 절뚝이는 필립은 학교에서 아이들의 놀림감이 되었다.

어느 날, 그는 '겨자씨 한 알만한 믿음이 있다면, 이 산을 저리로 옮겨져라! 하면 옮겨지리라'는 성경을 읽고 간절히 기도했다.

기도는 불편한 상태에서 하는 것이 하나님을 더 기쁘시게 하는 것이라 믿고 차가운 바닥에 무릎을 꿇고 기도했다. 차디찬 손발을 일종의 제물로 드렸다.

개학하기 전날. 필립은 '제 발을 온전하게 고쳐주시옵소서'라며 마음을 다하고 뜻을 다하고 힘을 다해 간절히 기도 드렸다.

얼마나 간절하게 기도 했을까. 필립은 자신도 다른 아이들처럼 계단을 한 번에 세 칸씩 뛰어 내려가거나, 축구도 하고, 달리기도 하고, 장애물도 뛰어넘고, 수영도 한다면 얼마나 좋을까! 상상하며 하나님께 기도의 포격을 퍼부었다.

다음 날 아침. 필립은 어제처럼 그렇게 다리를 절며 일어났다. 이 부분에서는 필립이 안타까워 오랫동안 책을 넘기지 못했다.

그런데 어느 날, 필립에게도 친한 친구 로우즈가 생겼다. 필립은 로우즈가 자기하고만 친하기를 바랐다. 그런데 로우즈가 딴 애들과 어울리는 것을 보자 자기도 모르게 화를 내고 심한 말을 했다.

하지만 필립은 오랫동안 화를 내고 있지 못했다. 내가 옳다고 생각하는 경우에도 겸손하게 사과를 하곤 했다. 더 좋아하는 쪽이 약자라는 말이 맞다면, 필립은 로우즈와 관계에서 약자였다. 필립은 로우즈가 절름발이 병신이라 친하게 대해 주었다는 것을 나중에야 알았다.

힘든 사춘기를 보내고, 필립은 의대에 입학한다. 그리고 카페에서 한 여인을 만났다. 그녀 이름은 밀드레드. 눈곱만치도 배려가 없는 여자다. 말라빠지고 이름도 괴상하고 입술도 마음에 들지 않고 병약해 보이고 빈곤할 뿐 아니라 늘 같은 말만 되풀이하는 정신이 텅 빈 여자 같은 그녀가 필립은 여자로 다가왔다.

한때 그는, 사랑이란 온 세상을 봄처럼 느끼게 해주는 황홀한 상태라 생각했지만, 밀드레드가 필립에게 여자로 다가온 것은 필립이 상상하던 사랑과는 거리가 멀었다.

여자는 그에게 끊임없이 모욕을 주었고 그때마다 필립은 참을 수 없는 앙심이 쌓였지만, 그녀가 다시 조금만 친절하게 대해도 순식간에 미움이 사라져버렸다. 참으로 안쓰러운 일이다. 이런 사랑은 하지 말아야 한다.

멈추어야 할 사랑이다. 이것은 사랑이 아니라 육체의 욕망이었는데 필립은 그것을 깨닫지 못했다.

이러한 심리상태를 블랑켓 증후군이라고 한다. 일종의 의존 증후군. 무엇인가 옆에 없으면 안절부절하고 패닉 상태에 이르게 된다.

필립은 거기에 더해 일루전 증후군도 가지고 있었다.
사랑하는 사람이나 호감이 가는 사람이 조금만 잘해줘도 착각하여 어찌해야 할지 모르는 상태. 머리가 깨지고 답답하며 하루 내내 그 사람이 생각나는 심리상태를 말하는데 필립은 블랑켓 증후군과 일루전 증후군 성향을 모두 보였다.

필립은 이성적으로 그녀의 본성에 사랑의 감정이 존재하지 않음을 알았지만 억지로라도 사랑의 감정을 일으켜 보려고 했다. 다투거나 싸우고 난 후에 먼저 굴복하는 사람은 언제나 필립이었다.

그녀는 필립과 약속이 없는 날에는 다른 남자와 데이트를 했다. 그녀는 필립이 말로만 사랑한다고 하지 말고 정말로 사랑한다면 청혼하라고 오히려 큰소리쳤다. 계속되는 어이없는 행동 앞에서도 필립은 밀드레드를 놓지 못한다. 천박한 여자와 결혼은 안 될 말이었지만, 결혼하지 않고서는 그녀를 얻을 수 없다면, 필립은 결혼할 수밖에 없다고 생각까지 하고 있었다.

어느 날, 저녁을 먹는 자리에서 밀드레드는 밀러와 결혼하기로 했으니 축하해 달라고 했다. 그는 돈을 꽤 잘 번다고 했다. 충격적인 말을 하는 그녀.

사랑의 유일한 치료책은 잊는 것이다. 사랑. 그만하면 충분했다. 그런 것이 사랑이라면, 필립은 두 번 다시 하고 싶지 않았다. 그녀와 헤어진 필립은 극장 대역 배우의 시중드는 여자이면서 이혼하고 혼자 단편소설을 쓰거나 극장에서 단역을 하는 노라와 두 번째 사랑에 빠진다.

행복의 시작이었다. 이 행복은 견고하고 오래 갈 것처럼 보였다. 두 사람은 연인이 되었지만, 여전히 친구였다. 노라는 모성 본능이 있어 필립을 사랑하면서 만족감을 느꼈다. 그녀에게는 누군가 귀여워해 주고 부산을 떨어야 할 사람이 필요했다.

가정적인 성격인 그녀는 필립의 건강을 돌보고 속옷을 챙기는 데서 즐거움을 느꼈다. 필립이 민감하게 반응하는 불구의 발에 대해서는 측은하게 여겼고, 측은해하는 마음은 절로 다정스러움으로 표현되었다.

자신이 젊고, 강하고, 건강했으므로 그녀는 필립을 사랑해 주는 일을 당연하게 여겼다. 그녀의 영혼과 정신은 늘 즐겁고 유쾌했다. 그녀는 필립이 좋았다.

상대방이 더없이 좋았고, 같이 있으면 즐거웠으며, 이야기를 나누면 재미있고 흥미로웠다. 그녀는 그의 자신감을 회복시켜 주었고, 말하자면, 영혼의 상처를 치유하는 향유를 발라주었다.

그런데 어느 날, 첫사랑 밀드레드가 남편과 헤어지고 임신한 상태에서 필립을 찾아왔다. 그는 총각인 줄 알았는데 자식이 셋이나 되었고 일주일에 칠 파운드 준다고 거짓말했다고 했다.

필립은 밀드레드를 다시 받아주었다. 그런데 어느 날, 그녀는 명랑하고 미남이고 재미있는 필립의 친구 그리피스를 보자, 필립과의 프랑스 여행을 취소하고 그리피스와 여행을 계획한다. 그러다 그리피스가 돈 한푼 없는 상황임을 알게 되자 다시 필립을 찾아왔다.

그리고 밀드레드는 필립에게 돈을 받아 그리피스와 여행을 갔다. 그리고 그녀는 영영 돌아오지 않았다. 필립은 슬프고 힘들어서 노라를 찾아갔지만, 노라는 이미 다른 남자와 약혼한 상태였다.

어느 날, 길거리에서 신호를 기다리는 밀드레드를 만났다. 그녀는 길거리에서 창부 생활을 하고 있었다.

너무도 놀란 필립은 밀드레드에게 다가가 그녀를 집으로 데리고 왔다. 식모를 내보내고 식모가 살던 방에서 식모 대신 집안일을 봐주는 일을 하게 했다.

그녀는 음식 만드는 솜씨가 형편없었다. 자신의 딸을 귀여워하기는 했지만, 희생을 할 만한 모성애는 없었다. 아이가 귀찮게 굴면 소리를 질렀다.

그녀는 필립을 다루는 법을 훤히 알았다. 관심을 전혀 두지 말고 자기 기분을 알아차리지 못한 척하면서, 철저히 외롭게 놔두면 얼마 뒤에 틀림없이 굴복하게 되어 있었다는 것을 너무도 잘 알았다.

칠월 중순 필립은 머캘리스터 소개로 금광 주식을 샀다가 조금 이익을 남겼다. 다시 주식을 샀다. 그러다 삼백 파운드를 다 날리고 손에 칠 파운드만 겨우 남게 되었다. 돈이 떨어지자 일자리 구하기도 힘들었다. 아직 의사 면허가 나오기까지 일 년 반이 더 남았다.

실연보다 빈곤 때문에 자살하는 사람이 더 많다고 하던 응급실 수간호사 말이 생각났다. 꼭 필립이 그랬다.

방세가 밀렸다. 집을 나온 필립은 템즈강 가를 거닐며 강가에서 잠을 자고 공원에서 노숙을 하며 며칠을 그렇게 제대로 먹지도 못하고 지냈다.

일자리는 하늘의 별 따기였다. 울기도 많이 울었다. 처음에는 우는 자신이 화가 나고 창피스러웠지만, 나중에는 울고 나면 오히려 마음이 풀리고 허기도 가시는 느낌이 들었다.

마음 한구석에서는 죽어버리고 싶은 생각이 떠나지 않았지만 죽음의 유혹에 사로잡히면 벗어나기 어려우리라 생각하고 그 생각에 집착하지 않으려고 필사적으로 애썼다.

그러던 어느 날, 길에서 우연히 친구를 만난 필립은 군에 지원했던 헤이워드가 장티프스에 걸려 죽었다는 이야기를 들었다. 그의 죽음은 삶을 돌아보게 했다. 그는 늘 최선이라고 생각되는 일만 해왔다고 생각했는데 왜 이런 비참한 실패를 맛보아야 한단 말인가. 고민에 빠졌다.

어떤 사람들은 자기보다 못한 조건으로도 성공을 거두고, 어떤 사람들은 훨씬 유리한 조건을 가지고도 실패한다. 비는 착한 사람, 악한 사람 모두에게 똑같이 내리는데 왜 인생은 똑같지 않은가!

오백 권의 책을 줄이고 또 줄이고 줄여서 한 줄로 말하면, 사람은 태어나서 고생하다 죽는다는 옛날 동방의 어떤 임금 이야기를 생각해 보니 인생은 아무런 뜻이 없었다. 삶도 무의미하고 죽음도 무의미하고 생각했다.

그런데 필립은 존재의 무의미함에 오히려 힘을 느꼈다.
인생이 무의미하다면, 세상을 잔혹하다고 할 수 없고 실패도 중요하지 않고 성공 역시 의미가 없으니 아등바등할 이유가 없어진 것이다.

삶이 무의미하다면, 비록 끝없는 노역에서 벗어나지 못하는 삶 일지라도 별로 두려울 이유가 없다는 말이다.
어느 날, 밀드레드로부터 편지가 왔다.

필립은 가지 말아야지 하면서도 그녀를 또 찾아갔다. 그녀는 목이 아파 부어 있었고 혼자 무서우니 필립에게 돌아가지 말라고 했다. 아이는 지난여름에 죽었다고 했고 창부의 생활을 하고 있었다. 그것이 필립이 본 그녀의 마지막 모습이었다.

필립은 백부가 돌아가시고 물려받은 재산으로 의사 공부를 다시 시작해 입학한 지 7년 만에 의사 자격을 취득하고 바닷가 작은 섬 언덕에 있는 병원에 조수로 나갔다.
필립은 섬마을에서 인기가 많았다. 삶에 여유도 생겼다.
그곳에서 애설니의 딸 샐리와 사랑을 하게 되면서 중요한 이치를 깨닫는다.

필립의 굴레는 밀드레드를 향한 욕망이었다. 욕망의 굴레가 벗겨지자, 서로를 아끼며 서로를 위로하는 진짜 사랑이 찾아왔다. 필립이 의사로 안정이 되었을 때이다. 마음이 안정되지 않고서는 사랑도 흔들리는 사랑을 하게 된다.

사랑은 불안정한 상태에서는 오직 그가 아닌 누구라도 상관없는 마음이 된다. 그러나 안정된 상태에서는 오직 그여야만 하고 그와 마음을 나누게 되는 것이 사랑이다.

이반 일리치의 죽음 - 톨스토이 / 불안, 고독

출판사 : 창비

이반 일리치는 판사로 45세 나이에 사망했다. 그는 삼남일녀 중 둘째로 재능있고 밝으며 착하고 사교성까지 있었다. 업무를 처리할 때는 지극히 신중하고 냉정하고 까다로웠지만 공과 사 구분이 확실했다.

브리지 카드 게임을 좋아했고 부인과 사이에 예심판사와 결혼 예정인 딸과 열서너 살인 아들이 있다.

이반 일리치의 아내 프라스코비야 표도로브나는 귀엽고 예쁘고 얌전했다. 결혼하고 첫 아이를 낳기 전까지는 그랬다. 어느 날, 이반은 마흔다섯 살에 옆구리에 통증을 느끼는데, 이것이 점차 몸 전체로 퍼져나갔다. 의사들도 이유를 알지 못했다. 그들은 허세를 부리며 모호하게 간이 떠돌아다닌다느니 염분 수준이 조화를 이루지 못한다느니 이야기하면서, 값만 터무니없이 비싸고 효과는 없는 약을 여러 가지 처방해 주었다.

시간이 지나면서 이반은 너무 피곤해 일하기가 힘들어졌다. 장에는 불이 붙은 느낌이 들었고 식욕은 떨어지고, 가장 중요한 것은 휘스트 놀이를 하고 싶은 마음도 사라졌다는 것이다. 죽음이 눈앞에 있었지만 할 수 있는 건 아무것도 없었다. 그저 죽음을 응시하며 두려움에 떠는 것, 뿐이었다.

이반 일리치 아내는 귀엽고 예쁘고 얌전했는데 임신한지 몇 개월 지나자, 이유 없이 질투하며 자기를 떠받들 것을 강요했고 생트집을 잡으며 이반에게 거칠고 못되게 굴었다. 아내의 짜증과 요구의 강도가 강해지면 강해질수록 이반은 무게 중심을 아내와 함께 하던 시간들에서 자신의 공무쪽으로 이동시켰다.

그래도 가끔은 부부가 다시 애정을 느끼는 순간도 어쩌다 찾아오긴 했지만, 그리 오래 지속되지는 않았다. 그건 그들이 서로 상대방을 멀리하는 것으로 나타나는 은밀한 적개심의 바다에 뛰어들기에 앞서 잠시 들르는 조그만 섬과 같았다.

이반 일리치가 진정으로 기뻐할 때는 카드 게임을 할 때였다. 인생에서 제아무리 불쾌한 일을 겪은 후라도 다른 모든 것을 촛불처럼 환하게 비추는 낙이 있었다.

톨스토이는 이반이 생활에서 얻는 기쁨에 대해서 그가 일에서 얻는 기쁨은 자만심이 주는 기쁨이라 했고, 사교에서 얻는 기쁨은 허영이 주는 기쁨이라 했고, 카드놀이를 하면서 얻는 기쁨이야말로 진짜 기쁨이라 했다.

이반을 보며 잠시 나는 나를 돌아보았다. 내가 정말 기뻐하는 일을 나는 알고 있는가? 나는 그 일을 위해 얼마나 많은 시간을 투자하거나 마음을 집중하는가? 스스로 물어보았다.

그동안 밤낮없이 추던 춤일까? 아니면 살아 숨 쉬는 삶을 눈앞에서 펼쳐 보이는 연극일까? 아니면 생각을 조금씩 변화시켜 주는 독서일까? 나를 기쁘게 하는 건 무엇일까? 그러나 아쉽게도 나는 답을 바로 찾을 수 없었다.

이런저런 질문에 며칠을 물어보며 생각해 보았다. 그리고 어느 날. 그 답을 찾았다. 답은 사람들마다 다르겠지만, 그 모든 질문에 답하지 못했던 내 삶의 기쁨은 내 아이들의 성장이었다.

아이들이 옳은 일과 나쁜 일을 구분할 줄 아는 지혜를 가지고 어제보다 나은 바른 생각과 바른 행동을 하며 커

가는 모습을 지켜보는 것이 나에게 가장 큰 기쁨이라는 것을 알았다.

그 외 모든 것은 주어지면 고맙고 아니면 아닌 대로 고마운 덤에 불과했다. 나는 이렇게 춤을 잘 춰요. 나는 이런 연극도 봤고 저런 연극도 봤어요. 나는 그 책이 나오자마자 이미 읽어봤죠. 이런 식의 말들은 모두 자랑거리에 불과했다. 그것은 모두 덤, 없어도 괜찮은 덤이다.

내가 진정으로 기뻐하는 것은 아이의 성장에 있었다. 이 사실을 깨닫고 나는 얼마나 감사했는지 모른다. 세상의 많은 기쁨 중에서 내가 감사하는 기쁨을 깨닫고 보니 그동안 이런 기쁨을 알지도 못하고 깨닫지도 못하고 살아온 지난날들이 참으로 어리석어 보였고 아이들에게 미안했다.

이제 다시 이반 이야기. 이반은 죽음이 가까이 다가오자 두려움에 등골이 오싹해지는 것을 느꼈다.

내가 없어지면 뭐가 될까? 아무것도 안 될 거야. 그럼 어디에 가 있게 될까? 정녕 죽어야 한다는 말인가? 이반은 죽음을 생각하며 불안에 떨었다. 불안. 우리가 가지는 불안은 미래에 대한 불확실성 때문이다.

이반은 아픔이 점점 심해지자, 다가오는 죽음을 느끼며 현실에서 떨어져 삶과 분리되어야 한다는 불안으로 육체가 주는 고통보다 더 힘들어한다.

그런데 이반 주위의 사람들은 죽어가는 이반을 보며 각자의 생각을 한다. 그중에서도 표도르 바실리예비치는 이반이 죽으면, 자신이 승진할 것이라 생각한다.

이반의 부인은 자신이 받을 연금 규모가 줄어들까 봐 걱정한다. 어떻게 하면 국가로부터 지원금을 더 받을 수 있을까? 알고 싶어 한다. 사교계의 명사인 이반의 딸은 아버지의 장례식 때문에 자신의 결혼 계획이 엉망이 될지 모른다고 걱정한다.

이들을 보며 이제 살날이 몇 주 안 남은 이반은 자신이 시간을 낭비했고, 겉으로는 품위가 있지만 속으로는 황폐한 삶을 살았음을 인식한다. 그리고 자신의 성장과 교육과 일들을 돌이켜보며, 다른 사람들 눈에 중요해 보이고자 하는 욕망으로 살았구나! 하고 후회한다.

그는 사람들에게 좋은 인상을 주려고 자신의 이익과 감수성을 희생해 왔는데, 그들은 자신에게 전혀 관심이 없다. 지금 생각하니, 주위 사람들이 사랑한 것은 그의 지위였고, 자신이 판사였기 때문에 부유한 아버지이자 가장이었기 때문에 존경받았다.

행복의 근원이었던 자신의 지위가 사라질 위기에 처하자, 불안해진 이반. 그러나 그와 다르게 주위 사람들은 그의 죽음에 대한 불안에는 모두 관심이 없다.

이반이 가장 괴로운 것은 아무도 그에게 그가 바라는 동정을 주지 않는다는 점이다. 오랜 고통이 지속되자 이반은 병든 아이처럼, 동정받고 싶었다. 어린아이를 위로하고 달래듯이 누가 안아주고, 입 맞추어주고, 울어주기를 바랐다. 이반은 죽음 앞에서 불안하고 고독했다.

이반 일리치의 고독은 〈백년 동안의 고독〉에 나오는 어머니 우르슬라 이구아란의 고독과 비슷하다. 그녀는 남편을 위해 자식들을 위해 손자, 손녀들을 위해 평생을 살았지만, 누구 하나 우르슬라 이구아란의 마음을 헤아려주는 사람이 없었다.

백 살을 넘게 열심히 가족들을 위해 살아온 그녀에게 찾아온 것은 혼자라는 고독뿐이었다. 그녀처럼 삶의 고독을 느낀 이반. 차라리 자신이 죽음으로 남아 있는 자들이 걱정하는 척하는 짐을 들어주는 게 더 나을 것이라! 생각하며 죽음을 맞이한다.

레미제라블 - 빅토르 위고 / 이타적 사랑

출판사 : 청목

레미제라블은 비참한, 비참한 사람들, 불쌍한 자들, 극도로 지독하게 나쁜 상황, 구원받지 못한 사람들이라는 뜻의 영어와 상통하는 불어이다. 단테가 신곡에서 지옥을 그려냈다면, 나는 현실을 가지고, 지옥을 만들어내려 했다. 빅토르 위고가 한 말이다.

장발장은 1789년 7월 프랑스 시민혁명이 일어난 이후 1832년 6월 혁명 사이 역사적 배경을 가지고 있다.

당시 프랑스는 나라가 아주 어지러울 때. 왕과 귀족 등쌀에 못 살겠다고 혁명이 일어났지만, 못 살기는 똑같고 오히려 피바람만 불던 시기. 나폴레옹이 등장하고 법 집행도 혹독했던 시기였다.

빵 한 조각 훔쳤다고 굶는 아이들이 있다는데도 감옥에 처넣을 정도였다. 당시 시대적 배경은 장발장 이해에 도움이 된다.

1789년 7월 바스띠유 감옥 공격, 프랑스 대혁명.
1793년 루이 16세 처형.
1794년 왕비 마리앙뚜아네트 처형.
1795년 나폴레옹 등장.
1799년 나폴레옹 정부 수립.
1806년 나폴레옹에 의해 신성로마제국 멸망.
1812년 나폴레옹 러시아 원정 실패.
1815년 나폴레옹 워터루 전쟁 대패.
1815년 루이 18세 즉위.
1824년 루이 18세가 사망하자 샤를 10세 왕위 계승.
1830년 7월 혁명, 들라크루아의 자유의 여신 그림,
루이 필리프 1세 즉위, 귀족 우대 노동자 탄압.
1830년 장발장 출소.
1832년 6월 혁명 자유 아니면 죽음을 달라.
1848년 2월 혁명, 나폴레옹 3세 즉위.
1855년 빅토르 위고 사망.

청년 장발장은 한 조각의 빵을 훔친 죄로 5년의 감옥살이를 하게 되었으나, 네 번의 탈옥을 시도하다가 다시 19년간의 감옥살이를 마치고 중년이 되어 출옥했다.

1815년 10월 초 어느 날, 저녁 무렵 한 남자가 시내에 나타났다. 마을 사람들 가운데 몇몇이 창문과 현관문을 통해 그를 목격하고는 하나같이 눈살을 찌푸렸다.

그토록 초라한 행색을 한 나그네를 지금껏 한 번도 본 적이 없다. 40대 중후반으로 보이는 나그네는 키가 크지는 않았지만, 몸집이 크고 단단한 근육질이었다.

그 사람은 전과자라고 아무도 돌보지 않는 그에게 하룻밤의 숙식을 제공해 준 미리엘 주교의 집에서 은식기를 훔쳐 도망쳤다. 그러다가 곧 헌병에게 체포되어 다시 주교 앞에 끌려왔다. 미리엘 주교는 자신이 준 것이라고 증언한다. 그를 구해주고 은촛대를 얹어주며 바르게 살 것을 당부했다.

여기서 장발장은 사랑에 눈을 뜨게 된다. 마들렌이라는 새 이름으로 사업을 하여 재산을 크게 모으고 시장까지 된다. 사랑은 주는 것이다. 계산하면 줄 수 없다. 사랑은 외롭고 힘든 사람을 그 늪에서 구해주는 은혜다.
사랑은 계산서가 아니다.

장발장이 시장이 되었지만, 경감 자베르는 포기하지 않고 끈질기게 그의 뒤를 쫓아다녔다. 그런데 마침 어떤 사내가 장발장으로 체포되어 벌을 받게 되었다. 가만히 있으면 조용히 끝날 수 있는 일.

장발장은 스스로 나서서 그 사내를 꺼내 주고 감옥으로 들어간다. 그냥 가만히 있었다면 도시의 멋진 시장로 쭉 잘 살 수 있었다. 그러나 미리엘 주교로부터 받은 사랑이 너무나 크고 감사해서 자신을 대신해 죄 없는 자가 감옥에 가는 것을 그냥 보고 있을 수 없었다.

감옥에 들어간 장발장은 곧 탈옥하여 예전에 자기가 도와주었던 여공의 딸 코제트가 불행한 생활에 빠져있는 것을 보고 구해서 수도원에 숨겨준다. 코제트는 수도원에 있으면서 공화주의자인 마리우스를 만나 사랑에 빠진다.

당시 나폴레옹이 몰락한 이후 새로 왕으로 즉위한 샤를 10세는 구식 절대 왕정 체제를 추구하며 시민들의 권리를 인정하지 않았다. 수많은 희생을 치르면서도 자유를 위해 싸워왔던 프랑스 국민들은 샤를 10세에게 큰 반감을 가질 수밖에 없었다.

그러던 중 샤를 10세는 영토 확장을 통해 프랑스의 대외 팽창을 이룩하고 이를 통해 왕권을 강화하기 위해 알제리 정벌에 나섰다. 대부분 병력이 해외로 파견되면서 군사력에 공백이 생기자, 1830년 7월 시민들은 부패한 왕정에 일제히 저항했다. 프랑스 본토에는 병력이 많지 않아 시민군을 진압하기에는 역부족이었다. 7월 29일, 혁명은 시민들의 승리로 끝이 났다.

혁명이 성공하자 입헌군주제를 기반으로 하는 새로운 왕정이 시작되었고 루이 필리프 1세가 왕으로 즉위했다. 그러나 프랑스 7월 혁명으로 세워진 루이 필리프의 왕정에 불만을 품은 공화주의자들이 1832년 6월 혁명을 일으켰다.

공화주의자들의 폭동 중 마리우스가 부상을 당하자, 장발장은 목숨을 걸고 그를 구해주었다. 그 후 코제트와 마리우스는 결혼한다.

장발장의 신분을 알게 된 마리우스는 잠시 장발장을 멀리하지만, 다시 그에게로 돌아온다. 장발장은 코제트와 마리우스 부부가 임종을 지켜보는 가운데 세상을 떠났다.

사랑이 없는 곳은 어디나 지옥이다. 비참한 사람들, 불쌍한 자들, 구원받지 못한 자들에게 필요한 것은 지적과 비판과 형벌이 아니라 미리엘 주교가 베풀었던 용서의 사랑이다. 감옥의 늪에 빠진 자를 구원해 준 장발장의 구원의 사랑과 코제트의 행복을 위해 마리우스를 목숨 걸고 구해 준 희생의 사랑. 모두가 다 사랑이다.

장발장에 흐르는 모든 주제는 사랑이다. 사랑이란 무엇일까. 미국의 심리학자 로버트 스턴버그가 발표한 사랑이란 감정에 관한 이론에서 사랑은 친밀감, 열정, 의지. 3가지 요소로 이루어져 있다고 말했다.

친밀감은 두 사람이 느끼는 가까움과 유대관계를 말하고, 열정은 육체적 성적 매력을 말하고, 의지는 어떤 사람을 사랑한다고 결정하고, 애정 관계를 유지 시키기 위해 어떤 행동을 하는 것이라 했다.

친밀감과 열정과 의지가 모두 있을 때를 완전한 사랑으로 보았고 친밀감, 열정, 의지가 모두 없는 사랑은 가식적인 사랑으로 보았다.

친밀감만 있다면 우정이고, 열정만 있다면 욕망이고, 의지만 있다면 공허하다 했다. 열정과 의지는 있는데 친밀감이 없다면 이것은 눈먼 사랑이라 했다.

로버트 스턴버그가 말한 사랑은 남녀 간의 사랑이다. 장발장에 나오는 사랑은 계산이 없는 무조건적 사랑이다. 순수한 이타적인 사랑이다. 순수한 이타적인 사랑은 성서에서 가장 잘 표현하고 있다.

사랑은 언제나 오래 참고 사랑은 언제나 온유하며 사랑은 시기하지 아니하며 자랑하지 아니하며 교만하지 아니하며 사랑은 무례히 행치 아니하고 자기의 유익을 구하지 아니하고 사랑은 성내지 아니하며 진리와 함께 기뻐한다.

도쿠가와 이에야스 - 야마오카 소하치 / 자존심

출판사 : 솔

도쿠가와 이에야스는 작은 성주의 아들로 태어나 10세도 되지 않아 인질로 잡혀가 14년 동안 눈칫밥을 먹으며 목숨을 부지했다. 노예나 다름없는 인질의 신분으로 전쟁의 소모품이 될 최전선에 배치되어 생명을 바쳐 싸웠고, 처자식을 희생시키면서까지 오랜 인내심을 보여 준다.

자신보다 더 강한 군대를 가진 다케다 신겐이 수도 교토로 진격하면서 그 길목에 있는 도쿠가와 이에야스에게 그냥 지나칠 테니 길을 내어 달라고 했을 때 사실 이 제안은 서로에게 아주 합리적인 제안이었다.

다케다 신켄은 시간과 병력을 잃지 않을 수 있고, 도쿠가와 이에야스도 못 본 척하면 별 탈 없이 지나갈 수 있기 때문에 조용히 길만 내어주면 되는 것이었다.

무엇보다 도쿠가와 이에야스는 대적할 만한 병력이 없었다. 하지만 정상적인 생각은 당연히 이 제안에 흔쾌히 받아들여야 하나 도쿠가와 이에야스는 수하들의 반대에도 불구하고 전쟁을 벌였다. 그리고 3만 병력의 다케다 신겐에게 싸움도 제대로 해보지도 못하고 속수무책으로 무너지고 처참하게 패했다.

후퇴하던 중 말에서 떨어져 적군의 창끝에 놓인 절체절명의 순간에 얼마나 공포에 질렸는지 옷에 변까지 지려다. 전 생애를 통틀어 유일한 패배였다.

그런데 도쿠가와 이에야스는 이 참담한 패배를 묻어두지도 않고 화공을 불러 패배의 모습을 그대로 그리게 했다. 처참하고 공포 가득한 자신의 전쟁 패배의 모습을 잘 보이는 곳에 걸어놓고 전투에 나갈 때나 중대 결정을 내릴 때마다 마음의 결의를 다졌다.

적군의 창끝을 바라보는 순간 오그라드는 심장을 부여잡고 도쿠가와 이에야스는 고통의 신음을 내야 했고, 그 신음이 크면 클수록 그리고 길수록 나가는 전쟁마다 승리했다.

질 것이 뻔한 싸움을 도쿠가와 이에야스는 왜? 강행하며 싸웠을까? 그것은 차라리 죽을지언정 사람들에게 비열하거나 초라하다는 평판을 받고 싶지 않았던 그의 자존심 때문이었다.

자존심이란, 자신의 가치를 스스로 높이는 긍정적인 측면도 있지만 부정적인 측면도 있다. 자존심이 너무 강하면 허영심을 갖기 쉽고, 자만(自慢, 스스로자. 거만할만)하기 쉽다.

허영심(虛榮心,빌 허. 영화 영. 마음 심)은 자기 분수에 넘치고 실속 없이 겉모습뿐인 영화, 쓸데없이 겉치레만 하는 것을 의미한다.

허영심은 다른 사람에게 자신을 과시하고 싶은 마음, 사치심이나 자만심과도 관련이 있는 말이다. 다른 사람에게 나를 과장되게 포장하고자 하는 마음이 허영심이다.

나중의 일이지만 다케다 신겐이 급서한 후 다케다 신겐의 부하들이 모두 이에야스 품으로 들어왔다. 그때는 졌지만, 결론적으로는 이긴 싸움으로 끝이 난 싸움이다.

다케다 신겐의 길을 열어줌으로써 왜소한 변방 군인으로 남기보다 의리 있고, 용기 있고 장군다운 자로, 온 국민에게 좋은 평판을 얻고 싶었던 도쿠가와 이에야스.

도쿠가와 이에야스가 어린 아들 나가마쓰에게 활쏘기 훈련을 혹독하게 시키면서 대장이 될 사람은 왜 남들보다 혹독하게 훈련받아야 하는지를 설명하는 부분에서 깊은 감동을 받았다.

대장이란 존경을 받는 것 같으나 부하들은 계속 약점을 찾아내려 하고 있는 게야. 두려워하는 것 같으나 사실은 깔보고, 친밀한 체하지만, 경멸하고 있지. 사랑을 받는 것 같으면서도 사실은 미움을 받고 있는 게야.

그러므로 부하를 녹봉으로 붙들려 해도 안 되고, 비위를 맞추어도 안 된다. 멀리하거나 너무 가까이해도 안 돼. 또 화를 내도 안 되고 방심해서도 안 된다.

부하를 반하도록 만들어야 하는 거야. 다른 말로 말하면 심복이란 것인데 심복은 사리를 초월한 데서 생긴다. 감탄하고 또 감탄하게 만들어 좋아서 견디지 못하도록 만들어야 한다.

그러기 위해서는 일상의 행동이 가신들과는 달라야 해. 그렇지 않으면 머지않아 유능한 가신들을 모두 빼앗기게 될 것이다.

가신들이 쌀밥을 먹거든 너는 보리쌀이 많이 섞인 보리밥을 먹도록 해라. 가신들이 아침에 일어나거든 너는 새벽에 일어나야 한다.

인내심도 절약도 가신을 능가해야 하고 인정도 가신보다 많아야 비로소 가신들이 심복하고 너를 따르며 곁에서 떠나지 않게 된다. 그러니 대장으로서의 수업은 엄격해야 한다.

사람의 일생은 무거운 짐을 지고 가는 먼 길과 같다. 그러니 서두르지 마라. 무슨 일이든 마음대로 되는 게 없다는 걸 알면 불만을 가질 이유도 없다. 마음에 욕심이 차오를 때에는 빈궁했던 시절을 떠올려라.

인내는 무사장구(無事長久:무탈하게 오래도록 버티는 것)의 근본이요, 분노는 적이라고 생각해라. 이기는 것만 알고 정녕 지는 것을 모르면 반드시 해가 미친다. 오로지 자신만을 탓할 것이며 남을 탓하지 마라. 모자라는 것이 넘치는 것보다 낫다. 모름지기 사람은 자신의 분수를 알아야 한다. 풀잎 위의 이슬도 무거우면 떨어지기 마련이다.

아들에 대한 혹독한 가르침에 대해서는 너무 심하다는 생각이 들었지만 모두 마음에 깊이 새길 교훈들이다. 일본 근세사를 대표하는 위인 세 사람의 성격을 나타내는 '두견새 일화'는 너무도 유명하다. 만약에 저 두견새가 울지 않으면 어떡하겠는가? 질문에 오다 노부나가와, 도요토미 히데요시, 도쿠가와 이에야스는 각자 이렇게 말했다.

오다 노부나가 : 칼을 그 녀석의 목에 대고 울라고 말한다. 그래도 울지 않으면 다리를 부러뜨리고 그래도 울지 않으면 날개를 꺾어버리겠다. 그래도 안 울면 그땐 어차피 날 위해 울어줄 두견새가 아니므로 그냥 죽여 버리면 된다.

도요토미 히데요시 : 먼저 두견새에게 먹이를 준다. 그래도 울지 않으면 더 좋은 새장으로 옮기고 그래도 울지 않으면 짝을 지어준다. 그래도 끝까지 울지 않는다면 두견새의 혀를 뽑아 다시는 울 수 없게 만들고 원래 울지 않는 새였다고 사람들에게 말한다.

도쿠가와 이에야스 : 먼저 두견새의 울음을 대신할 다른 두견새를 찾는다. 만약 다른 새가 나타나지 않는다면 그 두견새의 울음이 나에게 꼭 필요한 건지 따지고 꼭 필요하다는 확신이 들면 울 때까지 기다리겠다.

오다 노부나가는 늘씬한 키에 잘생긴 용모를 가진 카리스마의 으뜸이다. 특유의 칼날 같은 성품 용맹 무쌍한 기백으로 전국 통일의 기초를 닦지만 애석하게도 혈기 왕성한 49세에 측근에 의해 죽음을 맞았다.

도요토미 히데요시는 작달막한 키, 원숭이처럼 쪼글쪼글한 얼굴에 볼품이라곤 없지만, 천문지리에 통달한 번뜩이는 지략가이다. 그는 충성을 다한 주군 오다 노부나가를 이어 전국 통일의 위업을 이룬다. 하지만, 두 번에 걸친 조선 출병으로 쇠퇴하며 63세에 자식도 없이 눈물로 눈을 감았다.

도쿠가와 이에야스는 어린 시절부터 볼모로 유배되어 온갖 고초를 견뎌내는 아픔의 삶을 살아야 했다. 때를 기다릴 줄 알았다. 그는 마침내 히데요시를 이어 전국 통일시대의 영화와 천수(74세)를 누리며 300년 태평성대의 문을 열게 된 주인공이 되었다.

후세 사람들은 말한다. 오다 노부나가가 떡을 치고, 도요토미 히데요시가 그 떡을 먹음직스럽게 빚어내고, 도쿠가와 이에야스가 그 떡을 먹었다고. 도쿠가와 이에야스는 인내와 끈기로 일본의 통일을 완성했다.

호밀밭의 파수꾼 - J.D.샐린저 / 순수 이타심

출판사 : 믿음사

호밀밭의 파수꾼은 주인공 홀든이 기숙사 고등학교에서 시험 성적이 엉망이라 퇴학을 당하기 전 스스로 학교를 떠나 집으로 오기까지 3일간의 방황을 담은 이야기다.

열일곱 살 질풍노도의 시기를 지나고 있는 청소년 홀든. 그를 통해 십 대의 심리를 많이 생각하는 시간이 되었다.

어느 날, 교장 선생님이 '인생은 경기란다. 규칙에 따라서 하지 않으면, 안 된다'라고 하자, 홀든은 '우수한 놈들이 줄지어 서 있는 쪽에 붙는다면 인생은 경기라도 좋지만, 우수한 놈이 한 명도 없는 쪽에 붙어있다면 어떻게 되는가? 두말할 것도 없이 지는 거 아닌가. 어른들은 언제나 자기 말만 맞다고 생각해. 이쪽은 알려고도 하지 않아'라고 생각한다.

홀든의 동급생 중에는 홀든보다 두살 많은 스트래드레이터라는 아이가 있는데 어느 날, 홀든에게 영어 작문을 부탁해 왔다. 홀든은 스트래드레이터가 왜 부탁하는지 잘 알고 있었다.

자신을 빼어난 미남자라거나 우수한 인간이라고 자처하고 있는 놈들은 하나같이 남에게 무언가를 부탁해. 그들은 자아도취에 빠져서 마치 상대방이 자신의 부탁을 받고 싶어서 사족을 못 쓴다고 생각하지. 홀든은 스트래드레이터 역시 그런 인간이라 생각했다.

화가 난 홀든. 집이나 방 같은 것을 묘사해야 하는 영어 작문을 자신의 두 살 아래 빨간 머리를 한 동생 앨리의 야구 글러브 얘기로 대신 써주었다.

그리고 어릴 때부터, 좋아했던 여자친구 제인이 스트래드레이터와 밤새도록 차 속에서 데이트하면서 성관계를 가졌다고 생각하며 질투에 사로 잡혀, 주먹질하며 그와 싸웠다.

심하게 다친 홀든은 옆 방 친구인 애클리에게 가서 스트래드레이터가 너에게 야비하다고 해서 그와 싸웠다고 거짓말을 했다. 영작문 숙제를 엉망으로 해 주고, 질투가 나서 크게 싸우고 옆 방 친구에게는 뒷말로 거짓을 말하는 홀든의 모습은 결코 아름답지 못하다.

홀든은 크리스마스 휴가가 시작되는 수요일 전에 짐을 싸가지고 펜시 고교를 뛰쳐나왔다. 그는 다섯 과목 중 네 과목이 낙제여서 가만히 있어도 학교에서 곧 쫓겨날 예정이었다.

그리고 기차에서 우연히 같은 반 아이의 어머니를 만났는데 그녀가 홀든에게 이름을 묻자, 기숙사 수위의 이름을 댔다. 마음은 여리고 착한 홀든. 그러나 스스로 마음을 제어하지 못하는 홀든을 보면서 자꾸만 안타까워 보였다.

거짓말은 시작하지 않는 게 좋다. 한 번 하면 두 번 세 번은 쉽게 하게 되기 때문이다.

홀든은 택시를 타고 허름한 호텔로 가는 중에 호수 위에 있는 오리들을 보면서 자신의 처지와 같아 보였는지 기사에게 물었다. "겨울에 호수가 꽁꽁 얼면 오리들은 어디로 가나요?"

삶의 방향을 잃어버린 홀든. 그 질문은 자신에게 하는 질문으로 보인다. 나는 어디로 가야 하나? 자신의 삶을 걱정하는 홀든의 말에 기사는 이해할 수 없고 들으려 하지도 않았다.

잠시 후, 택시는 뉴욕의 추잡한 호텔에 도착했다. 그곳에는 추잡한 사람들이 묵고 있었다. 호텔 로비는 마치 담배꽁초 5천만 개를 모아 놓은 것 같은 냄새가 났다.

우울한 홀든. 스스로에게 말을 걸어 본다. '너 지금 어디니? 누구하고 있니? 나 혼자 있어. 나와 나 자신과 나 본인뿐이야.' 그리고 홀든은 외로움과 고독을 느낀다.

몇 번의 퇴학을 당하고 낙제를 하고 집으로 돌아온 홀든에게 화가 난 여섯 살 연하 여동생 피비. 홀든은 피비가 화를 내자 그녀와 천 마일이나 떨어져 있는 것처럼 느낌이 들었다.

여동생 피비는 홀든에게 오빠가 지독히 좋아하는 거 한 가지라도 말해 보라고 한다. 오빠가 좋아하는 게 한 가지라도 있을지 모르겠다는 피비.

홀든은 로버트 번즈의 시 〈호밀밭에서 누군가를 만난다면〉 중에서 호밀밭에서 아이들이 벼랑으로 떨어지지 않게 잡아주는 호밀밭의 파수꾼이 되고 싶다고 했다.

내가 할 일은 아이들이 절벽으로 떨어질 것 같으면, 재빨리 붙잡아주는 거야. 애들이란 앞뒤 생각 없이 마구 달리는 법이니까 말이야. 그럴 때 어딘가에서 내가 나타나서 꼬마가 떨어지지 않도록 붙잡아주는 거지. 온종일 그 일만 하는 거야. 말하자면 호밀밭의 파수꾼이 되고 싶다고나 할까. 홀든이 이 말을 하자, 나는 홀든에게서 희망을 보았다.

자신의 이익을 위해 무엇을 더 갖고 싶다거나 이기적인 욕망을 말하지 않고, 아이들을 걱정하는 마음에서 순수함을 보았다.

그리고 지금은 삶을 비난하고 우울해하고 외로워하지만, 곧 벗어날 수 있을 것이라 생각이 들었다.

피비가 틀어 놓은 라디오에서 음악이 흘러나오자, 홀든과 피비는 음악에 맞추어 춤을 춘다. 잠시 후, 파티에 갔던 엄마 아빠가 돌아오셨다. 피비의 방에서 담배 냄새가 났다. 방금 홀든이 피운 담배 냄새였다.

어째서 여태 안 잤니? 추운 건 아니냐? 춥진 않아요. 그냥 잠이 오지 않았을 뿐이에요. 피비, 너 여기서 담배 피웠지? 정직하게 말해 봐라. 뭐라구요? 시치미 떼지마.

잠깐 한 개비에 불만 붙였을 뿐이에요. 한 모금만 빨았을 뿐인걸, 뭐. 그리고 창문으로 버렸어요. 어쩌자고 그런 짓을 했을까? 잠이 오지 않아서요. 엄만 그런 거 싫어해, 피비. 정말 싫어. 담요를 한 장 더 줄까? 됐어요, 편히 주무세요! 그래, 잘 자라. 엄마에게 뽀뽀해야지. 기도는 드렸니?

엄마가 피비를 대하는 모습을 보면서 엄마의 행동을 가슴에 새기고 또 새겼다. 많이 반성했다. 우리나라 엄마나 아빠였다면, 아니 나였다면 피비에게 어떻게 했을까?

안 봐도 비디오다. 안 봐도 유튜브, 안 봐도 틱톡이다. 목소리는 높아지고 눈은 커지고 투우장의 성난 소처럼 거친 숨을 내쉬며 어쩌려고 그래? 라며 큰소리로 지적하며 밤새도록 잠을 자지 못했을 것이다.

그런데 피비의 엄마는 엄만 그런 거 싫어해, 피비. 정말 싫어, 라고 엄마의 마음을 단호하고 분명하게 전달하고는 아이에게 잘자 라고 했다.

십 대 아이들에게 옳고 그름은 알려주되 감정을 뺀 말투와 사랑으로 마무리하는 모습은 오랫동안 가슴에 남았다.

주인공 홀든은 박물관을 좋아했다. 박물관을 좋아한 이유는 모든 것들이 언제나 같은 장소에 놓여 있고 아무도 위치를 바꾸지 않아서라고 했다.

가령 10만 번을 가보아도 에스키모는 역시 두 마리의 물고기를 낚은 모습이고, 새들 또한 남쪽을 향하여 날아가고 있으며, 사슴도 마찬가지로 아름다운 뿔과 날씬한 다리를 한 채 그 웅덩이의 물을 마시고 있고 가슴을 드러낸 인디언 여자도 역시 똑같은 담요를 계속 짜고 있고, 무엇 하나 달라지지 않았다.

다만 달라지는 거라곤 이쪽이다. 언제나 이쪽이 변한다는 것뿐이지. 외투를 입고 있을 때가 있든가, 혹은 전번에 짝이었던 애가 홍역에 걸려 이번엔 다른 애와 짝이 되어 있다든가, 혹은 담임 선생님이 사고가 나서 대신 다른 선생님이 인솔한다든가, 부모가 목욕탕에서 굉장한 부부 싸움을 벌이는 소릴 듣고 난 뒤라든가, 휘발유 무지개가 떠 있는 한길의 물웅덩이를 막 지나왔다든가 그렇게 달라지는 건 이쪽이다.

피비는 집을 나가는 홀든에게 크리스마스 선물을 사려고 모아둔 8달러 65센트를 준다. 홀든은 여동생 피비의 사랑의 행동에 울음이 터져 나왔다.

홀든은 자기를 따라 짐을 싸서 나온 피비를 보면서 집 나가려는 마음을 접는다. 그리고 둘은 동물원으로 놀러 간다. 피비가 회전목마를 타며 즐거워하자, 홀든은 피비를 보면서 행복해한다.

행복에는 계산서가 없다. 누군가를 순수하게 도와 줄 때 상대방이 기뻐하는 것을 보며 느끼는 기쁜 마음이 행복이다. 다른 말로 순수이타적 사랑이라고 한다. 행복의 열쇠는 사랑이다.

심리학적으로 이타심을 갖는 시기가 있다. 정신분석학 이론으로는 나와 타자를 동일시 하면서이고, 사회학습이론으로는 부모나 교사의 행동을 관찰하고 모방하면서이다.

인지발달 이론으로는 열한 살 이후 자기중심적 사고가 감소하고 이타적 행동이 형성되면서이고, 대상관계이론으로는 양육자의 긍정적 관심의 경험이 있는 경우이다. 대상관계와의 긍정적 경험을 통해 인생의 좌절을 이겨낸 경험이 있는 경우에도 이타심을 갖게 된다.

자기확장 이론으로는 자신보다 타인의 욕구와 필요를 생각하게 되면서 가족, 사회, 국가까지 자아가 확장된다. 기타로는 다른 사람의 아픔을 줄이려는 공감을 하기 시작하면서 이타심을 가진다.

판세를 읽는 승부사 조조 - 자오위핑 / 권위효과

출판사 : 위즈더하우스

조조는 뛰어난 지략가로 진부한 규정과 속박을 과감하게 돌파하며 정확한 판단을 하는 리더이다. 산에 있는 샘물은 맑지만, 산을 떠난 샘물은 탁하다.

사람들은 특별한 전문지식을 갖추지 않은 영역에서는 전문가의 권위를 그대로 따르는 경향이 있는데 이를 '권위효과'라고 한다.

교현이 조조에게 허소를 찾아가게 했다. 허소는 조조에게 태평성대에는 간적이고 난세에는 영웅이라고 했다. 이 말은 조조에게 좋은 꼬리표, 다시 말해 레테르 효과를 주었다.

"너는 마음이 굉장히 넓고 친절하구나"라고 라벨을 붙여 주면 상대방은 자신도 모르게 마음이 더 넓어지고 불친절하게 행동하지 않는다고 하는데 이것을 레테르 효과라고 한다.

레테르 효과와는 반대로 낙인 효과라고 있다. 어떤 사람이 나쁜 사람으로 낙인찍히면, 그 사람에 대한 부정적 인식은 좀처럼 사라지지 않는다는 이론이다. 나는 어떤가? 나는 나와 가까운 사람들에게 어떤 꼬리표를 붙여주고 있는가?

토끼를 잡으려면 귀를 잡고, 고양이를 잡으려면 목덜미를 잡고 사람을 잡으려면 마음을 잡아야 한다.

권력을 잡으면 위풍을 떨친다. 권위를 세우려 할 때는, 불의 세기를 조절해야 한다. 서로 허물없이 지내는 것은 좋지만, 결코 단점을 드러내며 다가서서는 안 된다.

아래로는 친하게, 위로는 벌해 조조는 권위를 세웠다. 관리자 네 가지 기본 원칙인 스토브 원리에는 1. 미리 경고하는 경고의 원칙이 있고 2. 시기적절하게 집행하는 적시의 원칙과 3. 누구에게나 평등한 평등의 원칙. 그리고 4. 법과 관련성 있는 일만 처리하는 상관의 원칙이 있다.

준비되지 않은 싸움은 하지 않는다. 공적인 일을 하려면, 개인감정을 섞어 일을 하지 말아야 하고, 청렴하게 일을 하려면, 개인의 사리를 섞지 말아야 한다. 이것이 리더가 지녀야 할 태도이다.

사람을 변화시키려면 제도를 바꾸어야 하고 제도를 바꾸려면 문화를 바꾸어야 한다.

지나친 긴장은 판단을 흐리게 한다. 조조는 동탁을 피해 도망하던 중 친척 여백사 집에 잠시 머물고 있었는데 잘못된 판단으로 그 집의 사람들을 모두 죽이는 일이 일어났다. 긴장하면, 중요하지만 익숙하지 않은 것은 잊어버리게 된다.

처음으로 여인을 꽃으로 비유한 사람은 천재이고 두 번째로 여인을 꽃으로 비유한 사람은 평범한 사람이고 세 번째로 여인을 꽃으로 비유한 사람은 베낀 사람이다.

작은 이익을 따르면 위세를 떨치지 못한다. 내가 무엇을 가지고 있고 무엇을 하려고 따지는 것은 작은 계산이다. 사람들에게 무엇이 있고 그들이 무엇을 하려고 하는지를 생각하는 것은 큰 계산이다.

외 나무다리 위, 염소와 양이 만났다. 누가 양보할까? 행복한 쪽이 양보한다. 늘 사소한 일로 탁자를 치고 일어나며 걸핏하면 다른 사람과 다투는 자는 생활의 질이 낮고 가련한 사람이다. 행복한 사람은 비교적 온화해서 싸우는 것을 좋아하지 않는다.

분노 조절법으로 몇 가지가 있다. 음악을 듣거나 영화를 보거나 책을 읽으며 주의력을 분산시키는 전이법. 당장 결정하는 게 아니라 기분을 가라앉힌 후에 문제를 처리하는 냉각법. 처지 바꿔 상대의 기분을 생각하는 환희법. 화가 나면 현장을 떠난 뒤 화가 가라앉으면 문제를 생각하는 회피법 등이 있다.

커피를 마시려면 마시려는 마음이 있어야 하는 것처럼 일을 잘하기 위해서는 사전에 충분한 정서적으로 준비가 되어 있어야 한다.

조조는 상대를 인정하고 그에게 무대를 제공해 주었다. 사실을 알고 싶다면 사실을 알고 있는 사람을 존중하는 법을 먼저 배워야 한다. 어린 나무에게 찬물은 성장을 돕지만 끓는 물은 상처를 준다.

좌절과 위기 앞에서 괴로움과 원망만 하는 것은 돌에 걸려 넘어졌다고 돌에게 화를 내거나 눈물을 흘리며 통곡하며 후회를 하는 것과 같다. 조조는 스스로 대단히 여기지 않고 다른 사람의 의견을 잘 들었다.

인재는 불러들이는 것이지 찾아 나서는 게 아니다. 공은 차면 낡게 되고 붓은 쓰다 보면 닳게 된다.

조조가 유비와 함께 여포를 치기 위해 군사를 일으키자 장수가 형주자사 유표와 결탁하여 궁궐을 습격할 계획을 세우고 있었다. 이에 조조는 군사를 돌려 15만 대군을 이끌고 장수를 치기 위해 출병했다.

장수는 전투 한번 없이 항복하고, 조조를 위해 매일 잔치를 열어 대접했다. 그런데 조조가 장수의 숙부인 장제의 아내 추씨를 데려가자 장수가 분노하여 조조의 영채를 기습 공격하였다.

이 기습 공격으로 조조는 겨우 도망치는 신세가 되고 큰 아들 조앙이 죽고 전위도 죽었다.

그런데도 나중에 장수가 조조에게 항복해 왔을 때. 조조는 그의 과거를 묻지 않고 등용했다. 조조가 인재등용을 어떻게 하는지 잘 보여주는 대목이다.

가까운 사람, 아는 사람이라고 무조건 쓰지 않고 원수라도 능력이 있으면 그를 등용했다. 사파리, 작은 우리 안으로 넓은 초원에 사자를 다 넣을 수 없어도 내가 우리 안에 들어가면 나를 보호할 수 있다.

나도 알고 너도 알면 공통인식, 나는 알고 너는 모르면 비밀! 나는 모르고 너는 알면 맹점, 나도 모르고 너도 모르면 잠재력. 확실한 방법은 확실한 사람을 써서 불확실을 제거한다.

실수했음에도 불구하고 고집을 부리거나 사실을 부인하는 것은 단점을 감싸는 심리이다. 과도한 자기 비하와 거드름은 모두 단점을 감싸려는 것이다.

삶은 세게 여리게 빠르게 느리게 쉬었다가 다시 치는 피아노 연주와 비슷하다. 눈앞의 이익에 급급해 큰 이익을 버리는 것을 가지고 '계란을 얻기 위해 닭의 배를 가른다고'한다.

다른 사람을 탓하는 마음으로 자기를 탓하고 자신을 용서하는 마음으로 다른 사람을 용서하라. 이것은 사회적 교환이론의 황금법칙 핵심으로 '자신이 대접받고 싶은 대로 다른 사람을 대접하라'이다.

길을 걸으며 - 자크 라카리에르 / 긍정심리학

출판사 : 연암서가

찬물도 도저히 손 쓸 수 없는 동맥경화증에 걸린 배관을 통해 시름시름 앓는 소리를 내며 나오는 세면대. 가방 안에는 영양이 풍부한 비축 식량인 연유 튜브, 그뤼에르 치즈, 마른 과일, 마른 소세지 등이 들어있다.

하루 평균 20킬로미터 열흘이면 200킬로미터 한 달이면 600킬로미터 1시간에 2킬로미터 정도 걷는다. 하루 10시간을 걷는 꼴.

걷기는 예측 불가능한 행위이다. 기묘한 지식의 샘 경이로운 현상들의 대단한 우연. 극심한 목마름을 통해 나뭇잎에 가려 있던 딸기를 알게 되고, 스스로에 대한 극도의 불안을 통해 교회와 그곳의 그늘을 알게 되고 다른 이들에 대한 새로운 인식을 갖게 된다.

중간중간 지형에 얽혀있는 그리스 신화 이야기들을 책에 기록한 것은 재미있었다. 제우스와 헤라가 남자와 여자 중에 누가 더 사랑을 즐기는지 언쟁을 벌이다가 테이레시아스에게 (완전한 여자로 변한 뒤 7년 후 다시 완전한 남자의 몸으로 변한 자) 물어보았다.

테이레시아스는 "만일 사랑의 기쁨을 열 조각으로 나눈다면 여자는 그중 아홉을 갖고 남자는 하나만 가질 겁니다" 라고 했다.

구름이 금방이라도 터져서 물바다를 만들어 버릴 것 같은 우중충한 날씨. 숲은 빛과 새들로 넘쳐난다. 내 길을 따라가지 말고 다른 이들의 길을 따라가지 말고 자신만의 길을 만들어라.

새는 낯선 여행자에게 자신의 영역에 들어옴을 환영하는 노래를 한다. 층층이 핀 꽃들. 꽃이 핀 나뭇가지들. 그리고 애벌레 나비 다른 벌레들. 새들의 노랫소리. 나뭇가지 사이로 살랑대는 바람 소리. 이 모두가 환영하는 노래를 한다니, 이 얼마나 가슴 벅찬 광경인가.

책을 덮으며 궁금증이 생겼다. 행복은 어디서 찾을 수 있을까? 계속 전진하면 찾을 수 있을까? 아니면 한곳에 정착하면 찾을 수 있을까?

인간이 사는 동안 시간과 공간을 떠나 전해지고 있는 그 답은 사랑이 아닐까 싶다. 사랑이 있어야 가능하다. 사랑은 우리를 행복하게 하는 유일한 길이다. 그 길을 우리는 매일 찾고 있다. 사실은 내 안에 있어야 할 사랑을 네게서 찾고 있다. 길을 걸어도 못 찾는 이유다.

여기 산티아고 순례길이 있다. 산티아고는 예수의 열두 제자 중 야고보의 스페인식 이름이다. 야고보는 AD 44년 예루살렘에서 그리스도인을 탄압하던 헤롯 아그리파 1세에 의하여 체포되어 파스카 축일 전날 참수형을 당하면서 순교했다.

야고보는 헤롯 왕에게 참수되면서 열두 제자 중 최초의 순교자가 되었고 그의 유해는 산티아고 대성당에 안치되었다. 스페인 산티아고 대성당까지 이어지는 산티아고 순례길은 여러 개 있다.

길을 걸으며 사람들이 찾는 것은 모두 하나. 사랑이다. 사랑을 가리고 있는 것을 길을 걸으며 하나씩 버리는 것이다. 그리고 찾는 것이다. 내 속에 있는 사랑을.

사랑을 가리고 있는 것들은 각자 다르지만, 그것은 상처받은 아픔들이다. 미움, 분노. 외로움. 이 아픔들을 걸어

내지 못하면 사랑은 빛을 발하지 못한다.

40일 동안. 하루 평균 10시간씩 이 길을 걸으며 공통된 말은 내가 살아있는 이유만으로도 감사한다고 했다.

감사와 사랑, 희망, 승화는 모두 긍정심리에 속한다.
긍정심리학이 연구하는 긍정 정서는 쾌락과 즐거움으로 구분된다. 쾌락은 음식, 성행위, 휴식에 대한 생물학적 욕구나 타인의 칭찬과 같은 사회적 욕구가 충족될 때 느끼는 긍정 정서를 말한다.

즐거움은 추구하는 목표의 달성, 기대의 충족, 뜻밖의 심리적 체험이나 창의적 성과에 의해서 경험되는 긍정 정서를 의미한다.

행복한 삶은 긍정 정서를 많이 경험하는 즐거운 삶, 개인의 강점을 발휘하며 일에 몰입하는 적극적인 삶, 자신보다 더 큰 가족, 직장, 사회를 위해 봉사하고 공헌하는 의미 있는 삶을 말한다.

행복한 삶을 위해서는 개인의 독특한 성품과 능력을 가장 잘 보여주는 대표되는 강점을 발휘하는 것이 중요하다.
진정한 행복은 자신의 대표 강점을 발견하고 계발하여 일, 사랑, 자녀양육, 여가활동 등의 일상생활에서 적절하게 활용하는 데 있다고 한다.

우울함의 원인을 찾는 것도 매우 중요하다. 그러나 한 평생 우울을 연구해 온 셀리그만은 미국심리학회장이 되면서, 심리학 연구의 방향을 대전환했다.

더 이상 원인을 탐색하지 말고 좋은 것을 찾으라고.
"나는 왜 우울할까?"를 고민하지 말고, "어떻게 하면 기분이 좋아질까? 무엇이 나를 행복하게 하는가?"에 대해 관심을 가져보라고 했다.

다시 말해 행복은 자신의 약점을 보완하는 데 온 일생을 바치는 것이 아니라, 사는 동안 진정으로 의미 있고 충만한 삶을 사는 데 있는 것이다.

사금파리 한 조각 - 린다 수 박 / 긍정심리학

출판사 : 서울문화사

주인공 목이는 가난한 고아 소년이다. 도자기 빚는 마을, 줄포다리 밑에서 두루미 아저씨와 살고 있다.

목이라는 이름은 죽은 나무나, 쓰러진 나무의 썩은 낙엽에 붙어사는 '귀처럼 생긴 목이버섯'에서 따온 이름이고, 두루미 아저씨 이름은 아저씨가 태어날 때부터 다리 하나가 불구여서 마치 한쪽 다리만 사용해 서 있는 두루미 같다고 해서 붙여진 이름이다.

어느 날, 목이가 산길을 걷고 있을 때. 앞에서 쌀 지게를 지고 가는 농부 아저씨의 가마니에서 쌀이 똑똑 떨어지더니 냇물처럼 쏟아져 내리는 것을 보게 되었다.

다리 밑에서 겨우겨우 밥만 얻어먹고 살던 거지 고아 목이의 눈앞에 갑자기 편하게 쌀을 얻을 수 있는, 힘들게 먹을 것을 구하러 다니지 않아도 되는 기회가 생겼다는 말이다.

어떻게 할 것인가. '말해주자, 어서 빨리 쌀을 더 흘리기 전에. 아니다. 입을 다물자.' 목이는 갈등을 겪었다. 잠시 후 그는 "어르신. 쌀이 새고 있어요"라고 외친다.

농부 아저씨는 목이에게 나뭇잎 몇 장을 부탁하더니 쌀가마니 속으로 밀어 넣고 구멍을 임시로 때워 막았다. 그리고는 "좋은 일을 하면 좋은 일이 생기는 법. 바닥에 떨어진 쌀은 네가 가지거라" 하셨다.

농부 아저씨가 쌀가마니를 지고 고개를 넘어가자, 목이는 또 생각했다. 더 많은 쌀이 떨어지길 기다렸다가 농부에게 일러주었다면? 그건 도둑질이 되는 걸까? 쌀이 떨어진다고 일러 주는 착한 행동을 한다고 해도 쌀이 많이 떨어지도록 기다렸다가 한다면, 나쁜 행동까지 다 용서받을 수 있는 걸까?

작가는 목이의 마음속 깊은 곳의 감정을 숨기지 않고 솔직하게 드러냈다. 인간의 마음을 깊이 들여다보는 작가의 시선이 마음에 쏙 들었다.

다리 밑에 도착한 목이는 두루미 아저씨에게 오늘 있었던 일을 말하면서 자기의 생각을 물어보았다. 그러자 두루미 아저씨는 이렇게 말했다.

"노동은 사람을 품위 있게 만들지만, 도둑질은 사람에게서 품위를 빼앗아 간단다."

책을 읽으면서 첫 장부터 많은 생각을 하게 되었다. 책을 좋아하고 책을 읽는 이유 중 하나는 잃어버린 내 삶의 에너지를 회복하고, 방전된 내 속의 '선'을 충전하면서 바른 삶을 살아가고 싶어서인데, 이 책이 그런 책이었다.

인간의 욕심 앞에서 솔직하게 갈등을 보여주는 모습도 좋았고, 갈등의 끝에 선을 택함으로, 선한 에너지를 내 속에 챙겨 주는 것도 좋았다.

목이는 줄포에서 도예가로 제일 유명한 민영감의 도자기 만드는 모습을 구경하는 걸 좋아했다. 어느 날은 민영감 몰래 도자기 작품을 직접 구경하다가 깨트리는 바람에 도자기 가격만큼 그 집에서 일하게 되었다.

민영감은 자기가 만든 도자기에 대해서는 자존심이 강했다. 대충대충 하지 않고 시간이 오래 걸려도 바르게 만들었다. 젊었을 때, 민영감은 줄포에서 가장 성공한 도공이었다. 늘 완벽한 작품만 내놓는 걸 고집했기 때문에, 보수가 좋은 주문을 많이 놓쳤다. 민영감이 원하는 것은 왕실의 주문이었다. 왕실의 주문은 도공들의 꿈이었지만, 민영감의 경우는 단순한 꿈을 뛰어넘는 평생의 소원이었다.

줄포마을에서 도자기를 굽는 사람 중에는 강영감도 있었다. 그는 그동안 누구도 사용하지 않았던, 새로운 비법으로 도자기를 만들고 있는 것을 목이가 보았다.

나전칠기나 은입사 공예에서 폭넓게 이용되고 있던 상감기법을 강영감이 도자기에 사용하고 있었다. 목이는 강영감이 상감기법으로 도자기를 만들 때부터 민영감에게 말해주고 싶었지만 참았다.

분명한 삶의 기준을 가지고 있는 두루미 아저씨와 그 삶을 묵묵히 잘 따라가는 목이의 마음이 따뜻하고 예뻤다.

어느 날, 서울 송도에서 감도관이 나와 도공을 뽑는 자리에 강영감이 뽑혔다. 강영감의 도자기는 창의성은 좋으나 작품성이 약해 한 달 동안 더 잘 만들어 보라는 조건이 붙었다. 민영감은 완전한 작품을 준비하지 못해 탈락했지만, 대신 좋은 물건이 나오면 언제든지 송도로 가지고 오라는 부탁을 받았다.

강영감은 왕실 도자기 납품 도예가로 선택이 되자, 감도관 앞에서 상감비법을 공개했다. 민영감은 자존심 때문에 강영감의 설명을 듣지도 않았다.

목이는 두루미 아저씨 말을 생각했다. "손으로 만질 수 없는 걸 다른 사람한테서 가져오는 것은 도둑질이지만, 그 사람이 다른 사람들에게 털어놓으면 그때부터는 그 사람의 것이 아니란다."

그리고 강영감의 상감비법을 민영감에게 설명했고, 민영감은 상감비법을 이용해 꽃병을 만들기 시작했다.

목이는 도자기값에 해당하는 일을 다 마치고도 일이 하고 싶어 민영감 집에서 심부름을 계속했다. 언젠가는 자신도 물레를 돌리며 도자기를 만들 거라는 희망을 가지고 성실하게 일했다.

그러나 민영감은 목이가 자신의 아들이 아니라는 이유로 물레 돌리는 일은 가르쳐 주지 않고 허드렛일만 시켰다. 희망의 목표를 잃고 슬퍼하는 목이에게 두루미 아저씨가 말을 했다.

"바람에 의해 문이 닫히면, 그 바람이 다른 문을 열어주기도 한단다. 그러니 희망을 잃지 말거라."

'희망을 잃지 말거라.' 두루미 아저씨의 말은 작가가 이 책에서 이야기하고자 하는 가장 큰 메시지 같았다.

두루미 아저씨는 민영감이 그럴 수밖에 없는 이야기도 했다. 어느 시대에나 도공들을 예술가로 여겼던 건 아냐. 옛날에는 아름다움을 위해서가 아니라 생활에 사용하기 위해 물건을 만들었지. 도자기 만드는 일을 불쌍한 직업으로 여겼어.

누구도 자기 자식이 이런 비천한 생활을 하는 걸 원치 않았지. 그러다 보니 해마다 이 직업을 팽개치는 후손들이 점점 늘어났단 말이야.

그러자, 사람들에게 필요한 물건을 만들어 낼 도공들이 부족해졌지. 그래서 당시의 왕은 포고령을 내려서 도공의 아들은 반드시 도공이 되어야 한다고 선언했단다.

목이는 두루미 아저씨 말을 듣고 언젠가는 자신도 물레를 돌리며 도자기를 만들 것이라는 희망을 마음속에 묻었다. 민영감 부부에게는 아들이 하나 있었는데 어렸을 때, 열병으로 죽었다.

드디어 꽃병이 완성되었다. 목이는 나이 많은 민영감 대신 꽃병을 송도로 가지고 갈 사람이 없어서 자기가 가기로 했다. 꽃병을 겹겹이 포장해서 가마니 속에 넣고 지게에 업었다. 송도로 떠나는 목이에게 아줌마는 군것질 자루를 주었다. 길에서 먹기에 좋은 떡뿐만 아니라 달콤한 곶감 한 꾸러미까지 챙겨 주었다.

송도는 고려 태조 왕건의 고향으로 지명은 개성이다. 소나무가 많은 송악산의 영향을 받아 '송도'라 불리기도 했다. 목이가 송도로 떠나기 전, 두루미 아저씨는 먼 길을 여행할 때 지치지 않고 잘 할 수 있는 비법을 일러주었다.

"네 마음은 네가 송도까지 갈 거라는 사실을 알고 있지. 하지만 네 몸에게는 그 사실을 일러 주면 안 돼. 언덕 하나, 골짜기 하나에 하루. 한 번에 하나만 생각하게 만들어야 해. 그러면 발걸음 떼기도 전에 지치는 일은 없을 거야. 하루에 마을 하나."

두루미 아저씨의 말은 여행할 때뿐만 아니라, 우리의 삶에도 해당하는 지혜로운 이야기다. 언덕 위에 빨리 올라가기 위해 계단을 두 칸, 세 칸씩 뛰어오르면, 얼마 못 가 지치고 만다는 말과 같이 들렸다.

스텝 바이 스텝이다. 한걸음에 한 계단씩. 인생에는 엘리베이터가 없다. 희망을 가지고 살아가는 사람은 한 걸음 한 걸음씩 걸어야 목표에 도달할 수 있다는 두루미 아저씨의 말이 정리되었다. 송도로 가는 길에 목이는 어느 산

속에서 여우를 만났다. 무서워 바위틈에 숨어 밤새 떨었다. 그리고 자기도 모르게 잠이 들었다. 눈을 떠보니 나무 사이로 찬란한 빛이 흐르고 여우는 보이지 않았다.

여우는 꿩, 개구리, 들쥐, 토끼, 오리 같은 자기보다 작은 것들을 잡아먹지만, 사람은 헤치지 않는다는 것을 알았더라면 무서워할 이유가 없을 텐데. 목이는 그것을 몰라서 밤새 두려움에 떨어야 했다. 살면서 만나게 되는 많은 두려움의 이유가 상대를 모르기 때문이다, 라는 말에 크게 공감했다.

목이는 도자기 꽃병을 지게에 지고 어느덧 부여에 도착했다. 두루미 아저씨가 이야기한 낙화암이 있는 곳이었다. 부여에 도착하면 낙화암 구경은 꼭 하고 오라고 하신 두루미 아저씨 말이 생각난 목이는 힘들게 낙화암에 올랐다.

눈 앞에 펼쳐진 금강의 아름다움과 불어오는 바람은 여행의 피로를 말끔하게 씻어 주고 몸을 상쾌하게 했다. 그런데 그때, 지친 나그네들을 노리고 짐을 빼앗아 가는 나쁜 도적들이 나타나 목이의 돈을 빼앗고 지게에 있던 도자기 꽃병은 절벽 아래로 던져버렸다.

꽃병이 부서졌다. 산산조각 부서졌다. 민영감이 정성을 다해 만든 꽃병. 목이가 애지중지 모시고 송도로 가지고 가던 꽃병. 민영감의 소원이 이루어질 수 있는 마지막 희망인 꽃병. 그 꽃병이 부서졌다. 어찌할 것인가? 목이는 절벽을 바라보며 죽음을 생각했다.

그러다가 두루미 아저씨가 부여 낙화암의 3천 궁녀 전설을 이야기해 주면서 죽음만이 진정한 용기를 보여주는 유일한 길은 아니라고 했던 말이 생각났다.

그리고 꽃병 한 개는 부서졌지만, 혹시라도 한 개는 모래사장에 떨어져 깨어지지 않았을 수도 있겠다는 희망을 가지고 절벽 아래로 내려갔다.

그러나 그곳의 꽃병도 산산조각이 나 있었다. 길이 막힌 절망의 골목길을 만난 목이는 부서진 조각 중 가장 큰 사금파리 한 조각을 주워들었다.

한참을 바라보고 또 바라보았다. 거기에는 상감기법을 알 수 있는 색깔이 그대로 살아 있었다. 비록 사금파리 한 조각이지만 사정을 이야기하고 보여주면 이것만으로도 감도관은 전체 꽃병의 아름다움을 알아보리라는 믿음이 왔다.

그리고 '바람에 의해 문이 닫히면, 그 바람이 다른 문을 열어주기도 한단다'라는 두루미 아저씨의 말을 생각하며 희망을 가지고 송도로 갔다.

조각난 현실 속에서도 미래에 대한 희망과 용기를 잃지 않고 끝까지 믿음을 가지고 송도로 가는 목이의 마음가짐을 심리학에서는 긍정심리학이라 부른다.

생각대로 송도의 감도관은 사금파리 한 조각을 가지고도 완벽한 고려청자 상감 꽃병을 알아보았다. 그리고 민영감에게 왕실 주문을 맡겼고 사람을 시켜 모기를 줄포까지 배로 태워다 주었다.

민영감 부부가 목이를 반갑게 맞이해 주었지만, 슬픈 소식도 기다리고 있었다. 어느 날, 두루미 아저씨가 다리 위를 건너다가 짐을 잔뜩 싣고 오던 어떤 농부와 부딪혀 썩은 난간으로 밀려났는데 난간이 부서지면서 다리 아래로 떨어져 돌아가셨다고 했다.

목이에게는 친구 같고 스승 같고 아버지 같았던 두루미 아저씨 일은 너무나도 슬픈 일이고 안된 일이었다. 그러나 어쩔 수 없이 받아들여야 했다.

목이가 송도까지 무사히 잘 다녀오자, 민영감 부부는 목이에게 '형필'이라는 이름을 지어주었다. 그리고 산에 가서 물레를 만들 큰 통나무를 해오라고 했다. 그 나무는 목이가 사용할 물레를 만들 나무라 했다.

열병으로 죽은 민영감의 아들 이름은 '형규'였다. 그러니까 '형필'이라는 이름은 아들로 받아들이겠다는 말이었고 목이에게 물레가 생긴다는 것은 민영감이 도자기 만드는 방법을 가르쳐 주겠다는 말이었다.

아주머니는 산에 나무를 하러 나가는 목이에게 "잘 다녀오너라, 저녁 식사 때 보자. 형필아"라고 했다.

책은 고아였던 목이에게 가족이 생기면서 끝이 났다. 목이는 어릴 적 부모를 잃고, 송도 여행길에서는 도자기 꽃병을 잃고, 줄포로 돌아와서는 두루미 아저씨를 잃었다. 잃음에 대한 아픔이 있던 목이에게 새 이름과 새 가족이 선물로 주어졌다.

그것은 목이가 육체적인 본능과 선 중에서 갈등의 길에 있을 때마다 선을 택하고 신의를 끝까지 지키려고 노력한 결과 하늘 내려준 선물이지 않았나 생각된다.

이 책은 언제 읽어도 바로 책 속으로 빠져들게 하는 힘이 있었다. 책을 읽고 있다는 생각이 들지 않았고 내가 목이가 되어 그 속에 있는 듯 자연스러웠다. 마치 아름다운 하모니를 가진 합창단이 합창 발표회를 하듯 부드럽고 맑고 고운 소리로 노래하는 듯했다.

희망의 메시지도 좋고 선과 욕심의 판단에서 선을 택하는 삶의 모습도 좋고 목이를 아껴주는 아주머니의 사랑도 좋았다. 특히 두루미 아저씨의 부러진 지팡이 이야기는 마음에 깊이 와 닿았다.

줄포 바다가에는 가끔 가자미 떼가 나타났다. 사람들은 고기를 잡으러 대나무 장대를 들고 달려갔다. 가자미 떼는 순식간에 빠져나갔기 때문에 행동이 빨라야 했다. 두루미 아저씨는 물고기를 한 마리도 잡지 못했다. 속상해서 바위에 대고 지팡이를 내리쳤는데 지팡이가 부러지고 말았다고 했다.

목이는 민영감 집에서 점심을 먹으며 함께 사는 두루미 아저씨를 까맣게 잊었다는데 많이 죄송했다. 목이가 속상해하자, 두루미 아저씨는 이렇게 말했다.

"되돌릴 수 없는 일 때문에 속상해하는 건 어차피 우리 모두에게 시간 낭비일 뿐이야."

어차피 일어난 일. 되돌릴 수 없다면, 그 일 때문에 속상해한다는 건 시간 낭비라는 말에 크게 위로가 되었다. 맞아. 그래. 과거에 끌려가면 지금의 나를 바르게 볼 수 없다는 말이지.

이것은 마틴 셀리그만의 긍정심리를 생각나게 했다.
그는 우울한 일이 생기더라도 나는 왜 우울할까? 고민하지 말고, 어떻게 하면 기분이 좋아질까? 무엇이 나를 행복하게 하는가? 에 집중하라고 했다.

책을 읽거나 연극을 보거나 영화를 보면서 하나의 힘이 되는 문장을 만나게 되면 기분이 좋아지고 삶을 돌아보고 반성하거나 희망을 갖게 되는데 이 책은 그 이상이었다.

사금파리 한 조각밖에 없었지만, 희망을 놓지 않고 민영감과의 약속을 지키기 위해 두루미 아저씨의 이야기를 생각하며 방법을 찾아, 송도로 향한 목이의 행동에 힘차게 박수를 보내고 크게 칭찬해 주고 싶다.

그리고 성문 앞에서 성에 들어가기까지 성문지기를 설득시키는 목이의 지혜 또한 한 여름밤의 소나기처럼 시원했다. 희망을 가지고 살아가는 사람은 한 걸음 한 걸음씩 걸어야 목표에 도달할 수 있지만, 그사이에 여우도 만날 수 있고, 도적도 만날 수 있다.

문제는 그래도 희망을 끝까지 놓지 말라는 이야기. 이 책은 시작도 내용도 결론도 아름답고 선해서 읽는 동안 행복했다.

거짓의 사람들 - M. 스캇펙 / 투사

출판사 : 비전과리더십

그해 10월 어느 날 오후, 그때까지만 해도 조지는 평범한 사람이었다. 적어도 스스로 그렇게 생각했다. 물론 그에게도 일상적인 관심사들이 있었다.

그는 세일즈맨이자 아내와 세 자녀를 둔 가장이었고, 이따금 물이 새는 지붕과 자주 풀을 깎아 주어야 하는 마당이 있는 집도 한 채 가지고 있었다.

조지는 뛰어난 세일즈맨이다. 준수한 용모, 또렷한 발음, 부드러운 태도, 타고난 말솜씨 그러나 강박관념을 가지고 있었다. 그는 자기 인생의 실체들과 맞부딪치는 것을 피하려 하고, 원인이 되는 근본 문제에 대해서는 생각하지 못한다. 옳은 길과 쉬운 길 가운데 하나를 선택하라면,

조지는 언제나 쉬운 길을 택했다.

삶은 서로 사랑하며 풍성하게 사는 것이다. '내가 온 것은 양들이 생명을 얻게 하되 더욱 풍성하게 얻게 하려는 것이라.' 사랑이 있는 곳엔 어디나 치유가 있다. 치유는 사랑의 열매다. 그러나 악(evil)은 삶(live)을 거스르는 것이다.

맞벌이 부부의 무책임한 모습. 아픈 아이 뒤에는 아픈 부모가 있다. '살아가는데 바빠서 그런 것들까지 신경쓸 수가 없어요.' 문제의 진짜 원인은 자녀에게 있는 것이 아니라 부모, 가정, 학교, 사회에 있는 경우가 너무 많다.

자녀를 향한 부모의 사랑에 결손이 있게 되면, 아이는 십중팔구 그 결함의 원인이 자신이라고 생각하며 부정적 자아를 갖게 된다.

악한 사람은 자기가 악하다고 생각 안 하고 다른 사람에게 잘못을 덮어씌우고 책임을 전가 시킨다.

악한 사람들은 밑바닥에서부터 자신들에게는 잘못이 없다고 생각하는 까닭에, 혹시 무슨 갈등이라도 생기면 그 갈등을 일관되게 세상 탓으로 돌린다. 이들은 분열성, 자기애성, 허언증, 소시오패스의 증상들을 가지고 있다. 자신들의 부족함을 인정하는 구석이라고는 조금도 없이 '맞벌이 부부'라는 이유만 내세워 실오라기만큼의 책임도 지려하지 않는 부부처럼.

거짓은 사람을 혼동하게 한다. 악한 사람들은 거짓의 사람들이다. 악한 사람들은 누구보다도 가장 겁이 많은 사람들이다. 그들은 자기 모습이 빛 가운데 드러나는 것을 끊임없이 피하면서 자신의 목소리 듣기를 거부한다.

강권력 말고 악한 사람들을 신속하게 영향력 있게 통제하는 다른 방법이 아직 없다.

악한 사람들의 핵심적 결함은, 죄를 인정하지 않는 마음에 있다. 악한 사람들은 자신을 거스르는 수고를 묵묵히 감내할 마음이 조금도 없다.

악한 사람들이 파괴적인 이유는 다른 사람들의 악을 퇴치하려는 데 있다. 이것은 투사이다. 사실은 악은 내 속에 있는데 그 악을 다른 사람들에게 있다고 전가 시키며 자신의 악은 숨기고 부인한다.

심리학에서 투사는 자신의 과거 경험 중에 생긴 나쁜 이미지를 남에게 던질 때 생기는 나쁜 결과를 말한다. 남을 탓하기 전에 자신의 내면을 먼저 들여다보아야 한다.

그들은 다른 사람들의 악을 퇴치하려는 일을 그만두고 자신 속의 질병부터 막아야 한다. 그들은 자신의 죄는 미워하지 않는다. 그들은 도덕적 백치다.

그들은 선해지려는 생각은 눈곱만큼도 없으며 겉으로 선해 보이려는 욕망은 불처럼 강하다. 그들의 선함이란, 모두 가식과 위선의 수준에서 선함이다. 그들은 자기 비난의 고통이라면 절대 참지 못하며 참으려 하지도 않는다.

정신적으로 건강한 사람들은 자신이 옳다고 생각하는 것보다, 진리를 믿는다. 죄책감과 자기 의지 사이에 갈등이 일어날 때, 사라져야 하는 것은 언제나 자기 의지여야 한다. 양심의 소리에 스스로 굴복해야 한다.

교만은 넘어짐의 앞잡이다. 악성 나르시시즘이 교만이다. 교만은 오랜 시간 서서히 악해져 간다고 프롬은 이야기했다.

양쪽으로 똑같은 거리에 건초더미가 있으나, 어느 쪽으로 가서 먹어야 할지 결정할 수 없어서 굶어 죽은 중세의 당나귀. 움직임을 잃은 무력한 당나귀와 같다.

악한 사람들의 특징은 위장에 있다. 실패는 프라이드에 손상을 가져온다. 짐승도 상처를 입으면 악해진다. 건강한 유기체라면 실패는 자기 성찰과 비판에 자극제가 될 것이지만, 악한 사람은 자기비판을 견디지 못한다.

다른 사람들을 악하다고 판단하는 것은 악한 사람들의 한 특성이다. 그들은 자신들의 결함을 인정할 수 없는 까닭에 다른 사람들을 탓함으로써 자신들의 결함을 무마시키려고 한다.

번아웃 - 크리스티나 베른트 / 긍정심리학

출판사 : 시공사

현대 사회는 업적 지향적이다. 게으름과 지루함은 죄악이자 시대에 뒤떨어진 것이고 절대 용납되지 않는 속성들로 치부된다.

현대인들은 "아! 스트레스받아!"라는 말을 입에 달고 산다. 아이들까지도 '스트레스'라는 말을 입버릇처럼 한다. 바쁘다고, 스트레스받는다고 말하면 뭔가 중요한 일을 하는 것 같은 느낌마저 든다.

여유롭고 심심한 가운데 새로운 힘과 창조성이 발현된다는 사실은 안중에도 없다. 스트레스는 급박한 상황에서 살아남고자 빠르게 행동하기 위해 자신을 압박할 때 발생한다.

혈압이 올라가고 맥박이 빨라지고 호흡이 가빠진다.

스트레스는 아드레날린을 분비해 뇌와 근육에 에너지를 공급해줌으로써 우리 몸이 싸우거나 도망칠 수 있는 상태로 만들어 준다. 위협이 완전히 사라질 때 비로소 누그러진다. 우리 몸이 계속 알람 상태로 깨어있으면 우선 정신적인 후유증이 발생한다.

스트레스에 시달리는 사람들은 압박감이 없는 상태를 오히려 불편해하고 휴식하는 법조차 잊어버린다.

스트레스에는 부정적인 스트레스와 긍정적인 스트레스 두 가지가 있는데, 자신에게 맞는 개인적인 방법으로 푸는 것이 중요하다. 우선순위를 정하고 다른 사람들에게 휘둘리지 않는 것을 신조로 삼아야 한다.

과중한 피로와 압박감이 반복되고 정신적 신체적 무기력이 나타나면 탈진 증후군이라고 한다.

스트레스 줄이는 방법은 비극적인 과거에 얽매이기보다는 살아있음에 더 감사하고 그저 주어진 삶을 살아가는 거다. 그러면 삶이 알아서 자신의 이야기를 써나가게 되어 있는 법이다.

이미 벌어진 일이고 자신으로는 어쩔 수 없는 일이다.

아버지가 친아버지가 아닌 것을 알았을 때. '난 알아요. 나를 잘 아는 것이 내 아버지가 누구인지 아는 것보다 더 중요하다고 생각'하며 극복한 사람도 있고, 내 스스로 아무것도 할 수 없는 심한 환자인데도 환상을 보거나, 상상을 하거나, 기억을 하고 생각할 수 있다는 것 자체만으로도 감사하는 환자도 있다.

내게 닥친 이 모든 상황을 감정적으로 대해봤자 내게 아무런 이득이 되지 않는다. 나는 나 자신을 잃지 않기 위해 치열하게 노력했다.

나는 미래의 나와 계약을 맺었어요. 성장하고 힘이 강해진 미래의 내가 지금의 작고 힘없는 나를 해방 시켜주거든요.

무엇이 바람직한 삶을 가능케 하는가? 믿어주고 사랑해주는 사람이 단 한 사람만 곁에 있어도 대부분의 부정적인 요소들이 상쇄된다.

사랑이 사람에게 최고의 선물이다. 자신의 감정을 잘 조절하지 못하는 사람은 감정적으로 안정된 사람들과 달리 도전에 건설적으로 맞서지 못하고 실패와 스트레스에 과잉 반응을 보인다.

회복탄력성이 강한 사람들은 자신을 희생자로 보지 않고

스스로 극복해야 할 도전으로 받아들인다. 스스로 운명의 주체자가 된다. 소속감과 신뢰와 믿음은 인간을 강하게 한다.

정말 죽을 만큼 힘들었어요. 정말이지 그런 일을 두 번 다시 경험하고 싶지 않아요. 그 엄청난 일을 겪은 후 우선순위가 바뀌었어요. 내 삶을 예전보다 훨씬 더 소중하게 여기며 살고 있다. 일상의 소소한 행복을 더 많이 향유하게 되었으며 가족들에 대한 사랑이 더 깊어졌어요.

니체가 말했다. 나를 죽이지 못하는 것은 나를 더 강하게 만든다. 형통하는 인성을 가진 사람은 타인을 기분 좋게 한다. 그 일이 제게 꼭 일어나야만 했다면, 그 불행이 제 삶에 있어 적어도 한 가지 유익한 점이 있어야 하지 않나요?

트라우마에서 벗어 나는 길은 내가 희생자라는 생각에서 벗어 나는 것이다. 긍정적인 생각이란 일상에 대한 낙관성, 인생에 대한 만족감 매사 감사하는 마음이다. 사랑과 애정 넘치는 환경이 타고난 성격보다 중요하다. 유전자는 삶의 방향만 제시해 줄 뿐 나머지는 개인의 몫이다.

우리 아이가 다른 사람들과 얼마나 잘 어울리는가?
자기 조절 능력과 배려심은 있는가? 자기주장 능력은 있는가? 스트레스는 잘 조절하는가? 문제가 있을 때 해결 의욕은 있는가? 탐구하는 것을 즐거워하는가?

아이가 어려서부터 중요한 결정 과정에 참여할 수 있게 하라. 자기 효능감이 높아지고 자신의 삶을 통제할 수 있게 된다.

아이 스스로 실현 가능한 작은 책임들을 수행하게 하라. 자신의 능력을 신뢰하게 되고 자율적 행동을 배우게 된다. 성취감과 자존감을 키우게 된다.

문제가 생겼을 경우 끙끙 앓지 않고 도움을 청하게 하라. 어려운 상황에서도 침착하게 될 수 있다. 사랑은 양보다 질이다. 스트레스는 어떤 사건으로 인해 새롭게 적응해야 할 부분이 많을수록 스트레스 지수가 높아진다.

인생의 발견 - 시어도어 젤딘 / 소통

출판사 : 어크로스

우리가 인생을 살수록 깨닫는 것이 있다면, 그것은 나와 너는 너무나 많이 다르다는 것이다. 이것을 깨닫기까지 우리는 수많은 갈등과 오해를 가지고 살아간다.

안다는 것은 누군가를 이해하는 시작인데 그 사실을 알지 못하고 살아 온 우리에게 〈인생의 발견〉 작가는 자신 있게 이야기한다. 서로의 다름을 이해하고 겸손하고 소통하라고. 그것을 아는 것이 인생의 발견이라고 했다.

1859년 이란 술타나바드에 사는 스물세 살의 청년이 집을 나섰다. 결혼하라는 부모의 성화에 청년은 이른 나이에 가정에 안주하면 평생 한곳에 살면서 세상을 알지 못할 것이라고 대꾸했다.

그는 여름옷 차림으로 빵 세 덩어리만 챙겨서 무작정 북쪽으로 발을 옮겼다. 그리고 러시아 땅에 이르렀다.

그렇게 18년 동안 계속 걸어서 유럽 대부분 국가를 둘러보고 멀리 미국과 일본, 중국, 인도, 이집트까지 여행했다. 그는 일기에 세상에 무지보다 더 큰 장애는 없다. 라고 섰다.

카네기는 12살에 학교를 그만두고 가난한 친척에게 손을 빌리지 않고 특유의 싹싹한 성격, 비상한 기억력, 넘치는 에너지로 빠르게 성장했다.

백만장자가 되면서 오전에만 돈을 벌고 오후에는 독서하고 음악, 유머, 춤, 카드 게임을 즐겼다. 미국에 공립도서관 1,689곳, 영국에 660곳, 기타 지역에 607곳, 건립하거나 지원했고 수조 원 달러를 기부했다.

그러나 노동자에게는 높은 임금보다 고용 안정에 중점을 두고 노동자들에게는 무자비했다. 제조한 물건의 가격이 226% 상승했지만, 임금은 오히려 67% 감소했다.

노동조합을 만들지 못하게 했고 파업이 이어지면 공장을 폐쇄했다. 그는 유명인들이 자신을 얼마나 중요한 사람으로 대접하는지 자랑해야 직성이 풀렸다.

권력자는 더 이상 스스로 믿지 않고 아무도 자기를 믿어 주지 않는다고 느끼며 약속을 지키지 못할 때, 권위자는 자신의 예측이 실현되지 않을 때, 전문가는 하는 말을 더 이상 이해하지 못할 때, 친절한 사람은 친절이 개입할 여지가 없는 직종에 종사할 때, 희망을 잃을 때 그들은 자살한다.

현재에만 사는 사람은 아무도 없다. 우리는 각자의 경험만 기억에 저장하는 것이 아니라 우리가 태어나기 오래전의 시대. 한 번도 만난 적 없는 사람들에게 물려받은 신념과 행동까지도 저장한다. 결국 나는 나 혼자 나인 것이 아니다. 늘 겸손해야 하는 이유다.

옛날 유럽 궁에서 진실은, 통으로나 날것으로 삼키기 어려울 수 있으므로 시인이자 마술사 음악가이자 가수였던 궁정 광대들이 경구나 재담이나 노래로 진실을 전했다. 그들은 다른 무엇보다도 진실을 추구하는 예술가였다.

오늘날 진실은 여러 방향으로 빛을 발산하고 있어 다양한 각도에서 봐야 하는 다이아몬드다. 다이아몬드는 17세기 초에는 17면, 17세기 말에는 33면 요즈음은 144면까지 다듬을 수 있듯이 진실도 나날이 휘황찬란해지고 수백 가지 지식 분야에서 각기 다른 빛을 발산하기 때문에 사실 맨눈으로 보기 어려울 정도다.

윌리엄 템플 경이 말했다. 대화의 첫 번째 재료는 진실이고, 두 번째는 양식이고, 세 번째는 좋은 유머이고, 네 번째는 재치다. 유머가 있는 사람은 단순히 재미있는 사람이 아니라 스스로 즐길 줄 아는 사람이다.

당신과 나는 99.99% 동일하고 0.1%가 다르다. 그 말은 우리의 유전체 1,000개 중 하나가 다르다는 말이지만 30억 유전자 중에서 보면 우리는 서로 300만 가지로 다르다. 고로 사람들의 생각은 서로의 얼굴만큼이나 닮지 않았다는 것이다.

사람은 처음 첫인상에는 외모에 55% 말의 방식 38% 말의 내용 7%에 호감을 갖는다. 그러나 시간이 지나면 반대가 된다.

우리의 뇌는 골동품이다. 인간의 두뇌는 아주 오래전부터 전해오는 기억과 습관 편견과 동화의 자잘한 장식품으로 가득한 골동품점이다.

나, 후안 데 파레하 - 트레비뇨 / 순수 이타심

출판사 : 다른

네 이웃을 네 몸과 같이 사랑하라. 이 말은 우리가 삶을 살아가는 데 가장 중요한 황금 법칙이다. 이것만 이루어진다면 세상은 다툼과 전쟁이 일어나지 않을 것이다.

이 책은 삶의 황금 법칙을 실천한 스페인의 유명한 궁정화가 디에고 벨라스케스와 그의 하인 후안 데 파레하의 이야기다.

디에고 벨라스케스(1599.6.6.~1660.8.6)는 (브레다의 항복, 1634~1635) (펠리페 3세의 기마상, 1634~1635) (이사벨 데 보르본의 기마상, 1634~1635) (펠리페 4세의 기마상, 1634~1635) (시녀들, 1656~1657) 등으로 유명한 화가이다.

나, 후안 데 파레하는 17세기 초에 흑인 노예로 태어났다. 정확한 연도는 모른다. '줄레마'라는 이름의 어머니는 매우 아름다운 흑인 여자였다. 어머니는 아버지가 누구인지 한 번도 얘기해 준 일이 없지만, 아버지는 주인의 창고지기 중 한 사람이었던 것 같다고 알고 있다.

아버지는 아마 흰 피부의 스페인사람으로 어머니를 살 만큼의 돈은 가지지 않았었을 것이다. 하지만 아버지가 어머니에게 금으로 된 팔찌와 둥근 귀고리 한 쌍을 준 것은 알고 있다. 어머니는 후안이 다섯 살 때 세상을 떠났다.

이 책은 17세기 노예제도가 일반화되었던 사회에서 한 뛰어난 인격을 갖춘 화가인 주인과 그를 사랑과 존경으로 섬기는 노예 사이에 평생에 걸쳐 쌓이는 사랑과 우정의 감동적인 인간애를 그렸다.

후안은 아버지가 누군지도 모른 채 노예인 어머니에게서 태어난 세습 노예다. 그러나 사랑이 많고 훌륭한 인품을 지닌 어머니에게서 천성적으로 좋은 성품을 가지고 태어났다.

후안은 다섯 살에 어머니를 잃고 주인 마님의 시동이 된다. 좀 까다롭고 변덕이 심하기는 하지만 마님은 나쁜 사람이 아니어서 후안은 안락하게 살면서 글까지 배웠다.

그러나 후안이 아홉 살 때 당시 유럽을 휩쓴 흑사병으로 주인집 식구는 모두 죽고 후안만 살아남았다. 후안은 주인의 재산 목록에 기재된 노예로 주인의 조카가 사는 마드리드로 가게 되었는데 그곳의 새 주인은 너무도 유명한 스페인의 궁정화가 벨라스케스였다.

벨라스케스는 말수가 없으나 훌륭한 인품을 가진 사람으로 후안을 그의 화실 조수로 삼았다. 후안은 스페인 제일의 화가 밑에서 물감은 어떻게 사용하는지 빛은 어떻게 조절하는지 그리고자 하는 사물은 어떻게 보는지 눈여겨보았다.

그러나 스페인에서 노예는 그림을 그릴 수 없어 늘 안타까워하며 지낸다. 당시 노예가 그림을 그리는 것은 대단히 무서운 죄를 짓는 일이고 그것은 곧 죽음을 의미했다.

후안은 그림을 그리고 싶은 유혹을 이기지 못하고 어머니의 유일한 유품인 한 짝 귀고리를 팔아서 몰래 화판과 붓 몇 자루를 샀다. 그리고 주인의 물감을 조금씩 훔쳐서 몰래 그림을 공부하였다.

어느 날, 벨라스케스는 왕의 명령으로 이태리 여행을 떠나는 데 여행 중 병이 들어 거의 죽음에 이르게 되자, 후안은 마음과 정성을 다해 주인을 간호하면서 만약 주인을 살려만 주신다면 그림 그린 죄를 자백하겠다며 성모님께

서원한다.

그 후 주인은 회복되어 궁정에서 생활하게 되었는데 그곳에서 후안은 신하들 사이에서 유일한 휴식처로 화실을 찾아오는 왕을 보았다.

왕에게는 사랑하는 애완견들이 있었는데 모두 나이 들어 차례로 왕의 곁을 떠났다. 후안은 몰래 그림을 그리는 중에 왕이 사랑했던 개들의 모습도 그렸다.

언젠가는 왕에게 위로를 줄 수 있을 것이라는 생각에서였다. 그리고 자신이 그린 개 그림을 주인의 그림 사이에 놓아두었다.

여느 날처럼, 화실을 찾은 왕은 벽을 향해 놓여있는 그림들을 둘러보던 중 이제는 없는 그가 사랑했던 개들의 그림을 보며 깜짝 놀라는데 후안은 엎드려 노예로서 그림 그린 죄를 자백한다.

왕은 그림 속에 있는 자신의 사냥 개들의 모습을 보고 감탄하며 행복해했지만, 그림을 그린 자가 노예라는 것을 알고는 벌을 줘야 할지 자신에게 기쁨을 주었다고 칭찬을 해야 할지 순간 고민에 빠진다.

고민에 빠진 왕을 보고 벨라스케스는 편지 한 장 쓸 시간을 허락해 달라면서 노예 후안을 즉시 자유인이 되게 함과 동시에 정식으로 조수로 삼는다는 편지를 써 왕에게 보여주었다.

왕은 벨라스케스의 지혜로운 재치와 사랑이 담긴 마음에 감동을 받았다. 후안은 벨라스케스의 노예이며 그림 그리는 조수로 일한 지 삼십여 년 만에 자유인이 된다.

벨라스케스는 후안에게 늘 말했다. 나는 거죽만 예쁘게 무책임하게 그리기보다는 비록 흉한 것이라도 내 눈에 보이는 그대로를 완벽하게 그리겠다. 예술은 진실이다. 나는 절대로 속임수를 쓰지 않으리다. 후안은 그대로 배웠다.

흑인 노예 후안 데 파레하는 화가로서 그의 주인 벨라스케스와 함께 세계 미술사에 아름다운 전설로 존재한다.

목숨을 걸고 그림을 그린 후안과 그를 인정하고 노예 신분을 해방 시키고 제자로 받아들인 벨라스케스. 둘은 그들의 만남을 귀하게 만들었다.

한 사람은 교만하지 않으며 한 사람은 비굴하지 않으며 서로 아끼는 마음으로 그렇게 서로를 인정하며 존중하였다.

벨라스케스의 사랑이 아니면 있을 수 없는 일이다. 아무런 이유도 없이 아무런 보상도 없이 가족과 혈연관계도 아닌데도 불구하고 도움을 주는 행위를 심리학에서는 순수 이타심이라고 한다.

죄와 벌 - 도스토예프스키 / 성격심리학 허영심

출판사 : 범우사

책에 나오는 인물로는 가정 형편으로 학업을 중단한 법대생 라스콜리니코프. 라스콜리니코프의 여동생 두냐. 전당포 여주인 알료나 이바노브나, 그리고 소냐가 있다.

소냐는 9등관 공무원이었던 마르멜라도프의 딸이다. 식구들을 먹여 살리기 위해 몸을 판다. 맑고 순수한 영혼을 지닌 신앙심 깊은 여인.

두냐는 라스콜리니코프의 여동생으로 빼어나게 아름다 운 용모와 우아함을 지닌 여인이다. 오빠와 가족을 사랑 하는 마음이 깊다. 오빠의 학비를 벌기 위해 스비드리가일로프의 집에 가정교사로 들어갔으나 스비드리가일로프의 행동 때문에 그의 부인에게 오해받고 쫓겨난다.

라주미힌는 라스콜리니코프의 대학 친구로 라스콜리니 코프의 여동생 두냐를 사랑한다. 명랑하고 정열적이며 선량하다. 나중에 두냐와 결혼한다.

루쥔는 45세의 탐욕스런 변호사로 두냐의 약혼자다.
지독하게 돈을 모아 부자가 되었으나 인색하다. 자신의 명예와 돈만으로 두냐의 사랑을 차지하려 하나 파혼당한다.

스비드리가일로프는 두냐에게 음탕한 마음을 품은 쉰이 넘은 남자. 강한 정욕으로 미성년자들을 농락하기도 한다. 라스콜리니코프가 전당포 노파 알료나 이바노브나 를 살해했다는 사실을 알고 이를 이용해 두냐를 차지하려 하나 실패하자, 많은 돈을 두냐에 전해주고 권총으로 자살한다.

알료나 이바노브나는 전당포 노파로 14등관 공무원의 미망인이다. 가난한 이들의 물건을 전당 잡아 비싼 이자를 받아먹는 고리 대금업자. 라스콜리니코프에게 살해된다.

라스콜리니코프는 매우 잘생기고 약간 마른 형에 키가 컸다. 빛나는 검은 눈과 짙은 갈색 머리카락을 지닌 23세 청년으로 집안이 가난하여 휴학 중이다. 가정교사의 자리도 구해지지 않아 끼니도 잘 챙기지 못하고 어려운 삶을 살고 있다.

재능이 있고 지나치게 자부심이 강한 청년. 만약 자신에게 3,000루블만 있다면 자기의 모든 인생이나 장래의 모든 목적이 달라질 수 있음에도 불구하고 3,000루블밖에 안 되는 돈을 구할 수 없다는 사실에 분노한다.

라스꼴리니꼬프는 밀린 방세도 내지 못해 주인집 아주머니를 피해 다닌다. 비좁은 하숙집, 남루한 옷, 굶주리고 초라한 누이동생과 어머니도 그를 우울하게 했지만, 그보다 큰 문제는 너무 높은 그의 자존심과 허영심이 문제였다.

성격 심리학에서 허영심. 사람이라면 누구나 정도의 차이는 있어도 허영심을 가지고 있다. 허영이란, 자기 분수에 넘치고 실속 없이 겉모습뿐인 헛된 영화 또는 필요 이상의 겉치레를 말한다.

허영심은 실제의 자신보다 남에게 보이는 자신의 모습을 더 중요하게 생각하고 필요 없는 소비를 하려고 든다. 타인보다 자신에 관심을 쏟으며 타인이 자신에 대해 어떻게 생각하는지를 중요하게 여겨 그에 집착하게 된다. 심하면 현실 감각이 없어지고 자기 멋대로 살며 삶이 자신에게 요구하는 것과 인간으로서 해야 하는 의무조차도 간과하게 된다.

심리학적으로 허세는 '나르시시즘'과 같다. 근거 없는 자기과

시와 이기적인 자기애로 현실 판단력을 무디게 하며 스트레스를 발생시키는 미성숙한 심리상태를 말한다.

어느 날, 라스꼴리니꼬프는 선술집에서 우연히 두 사람의 대화로 부정한 방법으로 취한 많은 양의 재산을 가진 한 노파에 대한 이야기를 듣게 되고, 그 노파를 죽이겠다는 결심을 하게 된다.

그러나 라스꼴리니꼬프는 노파를 사회악으로 생각하지만, 도덕적 관념에서 저지르려는 살해 행위가 정당화될 수 없다는 생각 때문에 갈등한다.

하지만 그가 거리를 걸으며 우연히 들은 '오늘 오후에 노파가 집에 혼자 있다'라는 말 때문에 그는 충동적이고 다소 급작스럽게 오늘 밤 노파를 살해해야겠다는 결정을 내린다. 살해를 망설이며 고민하던 그는 나폴레옹을 살인 동기를 푸는 기준으로 삼았다.

나폴레옹같은 천재들은 사사로운 악에 관심을 두지 않고, 아무런 망설임 없이 그것을 넘어선다는 것이다. 만약 내가 진짜 나폴레옹이라면 이런 고민 또한 안 했을 것이라는 '초인주의' 결론에 도달한다.

평범한 사람과는 다른 비상한 지성과 강인한 감성을 가진 인물은 악인을 처단 할 수 있는 권리를 가진다는 초인주의 생각에 이르자, 가난한 이들의 물건을 전당 잡아 비싼 이자를 받아먹는 욕심 많은 고리 대금업자인 전당포 노파 알료나 이바노브나를 살해하게 된다.

가난한 사람을 착취해 재산을 불리고, 착한 여동생 리자베타를 노예처럼 부려 먹는 악덕 고리대금업자인 알료나 이바노브나 노파를 죽여 그녀의 돈을 가지고 가난한 사람들에게 나눠주는 것이 정의를 실현하는 것이라 생각했다.

'최대 다수의 최대 행복'을 추구함으로써 이기적 쾌락과 사회 전체의 행복을 조화시키려는 공리주의 사상과 인간의 불완전성을 극복한 초인의 삶을 이상으로 가진 니체의 철학 사상을 명분으로 라스콜리니코프는 노파를 도끼로 쳐서 살해한다.

마침 그때 집에 돌아온 노파의 여동생이 살해 장면을 목격했다는 이유로 그녀마저 살해한다. 높은 자존심과 허영심과 가난이 섞이면서 사회에 대한 불만이 착각의 정의로 바뀌는 순간이다.

범행 뒤 라스콜리니코프는 심한 악몽에 시달렸고, 열병을 앓으며 며칠을 누워있었다. 극심한 불안감과 고독 속에서 자신의 죄를 자백해 버리고 싶은 충동에 사로잡혔을 뿐 아니라, 또 자기가 죽인 자들을 위해 기도하고 싶은 마음

마저 들었다.

이 세상에 진정한 비 범인이 존재하고 만약 그가 정말 그 사람이었다면 이러한 증상들은 나타나지 않았을 것이다. 그러니 자신은 평범한 사람이고 잘못한 것이다.

살인 후 괴로워하던 중, 촛불이 하나 밝혀져 있는 어두컴컴한 방 안에서 나사로의 부활을 읽는 창녀 소냐의 목소리를 듣고 그녀에게 자신의 죄를 고백한다. 그리고 소냐 앞에 무릎을 꿇고 그 발에 키스한 다음, 당신에게 키스한 것이 아니라 인류의 고뇌, 고독에 키스한 것이라 한다.

여주인공 소냐는 노파의 여동생 리자베타의 절친한 친구로 퇴역 군인이자 주정뱅이 하급 관리인의 딸이다. 아버지의 무능과 계모의 구박에 시달리고 동생들을 먹여 살리기 위해 사창가에 몸을 파는 여자다. 그런데도 그녀는 아무도 원망하지 않는다.

라스콜리니코프는 소냐의 희생을 전혀 이해하지 못한다. 비록 힘든 삶을 살지만, 신과 이웃을 사랑하는 힘으로 살고 있다는 것을 이해하지 못한다. 소냐는 자신에게 어떻게 하면 좋을지 답을 구하는 라스콜니코프를 좁고 어두운 방에서 밖으로 나오게 해야 한다고 생각한다. 결국 그를 설득해 경찰에 자수하게 한다. 그리고 그가 시베리아 유형을 선고받자 그곳까지 따라간다.

그러나 시베리아 유형지에서 소냐의 사랑을 잘 몰라주는 라스콜리니코프는 죄수들로부터 소외당한다. 죄수들이 소냐의 헌신을 사모하고 존경하는 것을 보며 그제야 자기 사상의 패배를 인정하고 사랑에 굴복한다.

소냐의 삶은 지쳐서 죽은 나사로와 같았다. 비록 육체적으로는 죽었지만, 그리스도의 사랑을 깨닫고 다시 태어나 그 사랑의 사명으로 라스콜리니코프를 돕고 싶어 했다.

라스콜리니코프는 자존심과 허영심 때문에 죄를 지었고 고독, 소외, 외로움이라는 벌을 받았다. 정의 실현이라는 기쁨의 자유를 얻기는커녕 오히려 양심에 구속되고 더욱 외로움에 떨었다.

잘못된 생각 하나로 귀한 목숨을 잃게 한 라스콜리니 코프. 그를 사랑으로 다시 태어나게 한 소냐. 어떤 생각을 하며 사느냐? 그 생각이 그 사람이다.

카라마조프가의 형제들 - 도스토예프스키 / 선입견

출판사 : 믿음사

아버지 표도르 파블로비치 카라마조프. 그지없이 인색하고 탐욕스러우면서도 자신의 향락을 위해서는 돈을 아끼지 않는 오직 돈과 정욕 밖에 모르는 사람이다.

첫째 아들 드미트리 표도로비치 카라마조프(미챠). 평소 행실이 좋지 않은 사람이지만, 정직한 사람이다. 아버지의무관심 속에 방종한 생활에 빠져 거칠고 행실 나쁜 망나니로 살고 있다. 여자 문제와 유산 문제로 아버지와 심한 갈등을 겪는다.

둘째 아들 이반 표도로비치 카라마조프(바냐). 이중적인 마음의 소유자이며 무신론자이고 대학을 나왔고 이성적이며 냉철하다.

카라마조프가의 집사 스메르쟈코프의 말을 듣고 자신이 범행을 정신적으로 교사했다는 생각으로 죄책감에 빠진다. 그로 인해 심하게 섬망증(횡설수설, 환각, 착각, 실어증)을 앓는다.

셋째 아들 알렉세이 표도로비치 카라마조프(알료샤).
큰형 드미트리의 살인 협의를 끝까지 부정하고 형을 믿는 믿음에 변함없다.

그리고리 바실리예비치 쿠투조프. 그는 오랫동안 표도르를 모신 성실하고 충성스러운 집사이며, 스메르쟈코프를 수양아들로 키웠다.

파벨 표도로비치 스메르쟈코프. 표도르의 집사로 카라마조프가의 요리사다. 그는 자신의 저주스러운 출생에 대하여 원망하며 증오의 삶을 살았다.

첫째 드미트리와 둘째 이반은 아버지에 대한 협오와 증오라는 공통의 본능을 가지고 있다. 어느 날, 아버지 살해 협의로 드미트리가 재판을 받게 되는데 주변의 모든 증거가 하나씩 그를 진범으로 몰아 갔다.

주변의 모든 사람들이 첫째 형을 범인으로 몰아갔지만 형은 그럴 사람이 아니라며 끝까지 믿음을 잃지 않는 알료샤의 마음이 참으로 아름다웠다.

드미트리의 변호사 페추코비치. 그는 증인들의 증거 내용들을 하나씩 하나씩 파헤쳐 가면서 증거들이 부정확한 증거임을 분명하게 제시하는데 이 부분은 독자로서 통쾌하기까지 했다. 과학적이며 이성적인 그의 변론 방법은 영화. 드라마. 연극에서도 꾸준히 인용되고 있다.

변호사 페추코비치의 변론이 나오기까지 책은 답답하고 암울한 분위기였는데 그의 등장으로 무더운 여름 사막 한가운데서 만나는 소나기처럼 속이다 시원해 졌다.

예를 들면, 어두운 저녁이지만 분명히 드미트리를 보았다는 증인에게 페추코비치 변호인은 증인이 보았다는거리만큼에서는 누구의 얼굴도 인식을 바르게 할 수 없음을 세부적으로 증명했다.

페추코비치는 모든 증인들의 증거들이 부정확하고 사실 적이지 못하고, 유죄를 인정 할 수 없는 사실이 분명함을 하나씩 하나씩 제시했다.

그러나 그러함에도 불구하고 배심원들은 드미트리에게 유죄를 선고했다. 왜? 그 이유는 드미트리의 평소 행실이 나빴다는 이유였다.

누가 아버지를 죽였는지 보다는, 누가 가장 아버지를 죽이고 싶었을지에 초점을 두고 범인을 몰아갔다. 범행을 저질렀을 가능성이 분명하다고 했다. 범인의 증거가 없음에도 불구하고 평소 행실이 나빴다는 이유로 유죄라니. 평소 언행이 얼마나 중요 한가를 깨닭게 되는 대목이다.

신의 존재, 형제들의 관계, 양심의 소리, 진실이란 무엇인가? 범인이 아닌데 범인으로 만들어가는 주변 증인들의 모습. 자기들의 선입견이 곧 진실이 되어 버리는 잘못된 생각들은 많은 생각을 하게 했다.

지금 내 생각과 내 판단은 바른 것인가? 아닐 수도 있다는 생각을 한 번쯤은 해야 한다. 범인은 이야기 흐름에서 벗어나 있던 스메르쟈코프였다. 반전의 인물을 제시해 놓은 작가 도스트에프스키는 역시 글의 대가다.

다시 혼자가 된 당신에게 - 기나케스텔레 / 불안

출판사 : 다산라이프

어느 날, 갑자기 혼자가 된다면 당신은 어떻게 할 것인가? 부정을 하거나 화를 낼 수도 있고, 슬퍼하거나 우울 속에 빠질 수도 있고, 감당하기 힘들어 누군가에게 조언을 구할수도 있을 것이다.

이 책은 어느 날, 갑자기 혼자가 된 당신에게 어떻게 해야 하는지 분명한 해답을 제시해 주고 있다. 그 일이 있은 후, 나는 세상이 끝난 줄 알았다. 하지만 오래오래 앓고 난 후에야 비로서 깨달았다.

사랑하고 이별하는 데에도 단계와 순서가 있다는 것을. 헤어지는 단계에 이르면 먼저 관계에 대해 불확실한 마음이 들고 슬픔과 절망감이 밀려온다. 미래는 지극히 불안해 보이고,

그러다 보니 부정적인 생각만 커진다.

본인의 잘못으로 이별에 이르렀든, 아니면 상대방이 이별의 빌미를 제공했든, 우울하고 불안한 마음을 감추지 못하고 어찌할 바를 모른다. 자신이 한없이 무력한 존재라고 여겨지기도 한다.

오래 사귀었든, 얼마나 오래 살았든, 그 관계의 깊이와 기간과는 무관하게 이별은 늘 고통스러운 경험이다. 이 가슴 아픈 과정 곳곳에서 감당하기 힘든 감정들이 불쑥불쑥 나타나곤 한다.

이별은 마치 마음속으로 해약을 통보하는 것과도 같다.
불안과 두려움 엄습. 항구에 정박하지 못하고 풍랑에 이리저리 떠밀리며 표류하는 배처럼 인생 항로에 던져진 것이다.

말로 표현되지 않고, 따라서 해결되지 않은 부분은 막
강한 힘으로 관계에 악영향을 미친다. 흡사 불에 그을리 듯,
표현하지 않고 제쳐둔 문제들은 잠재의식에 영향을 미친다.

이런 문제들이 쌓이면 서로 마음의 거리가 멀어 지고, 지금까지 상대방에게 품었던 좋은 감정은 사라진다. 거기서 생긴 불만을 계속 토로하지 않으면 두 사람의 관계는 소원해진다. 분위기는 점점 더 답답해지고, 대화는 어쩔 수 없이 꼭 필요한 경우에만 이루어진다.

서로에게 털어놓지 못하는 은밀한 생각과 비밀이 가슴속 에 쌓여가면, 결국 대화가 단절되고 각자의 내면으로 들 어가는 불편한 관계가 된다.

이별의 첫 단계에서는 먼저 헤어지기로 결심한 사람이 관계를 정리하고 다른 길을 준비한다.

만약 그랬다면 어땠을까, 라고 생각하며 후회하지 말 것. 과거는 지난 일. 달라질 건 아무것도 없다. 헤어질 때가 되면 지금까지 품어온 미래의 청사진이 갈기갈기 찢겨 진다.

내가 흘리는 눈물은 정화수가 되어야 한다. 눈물을 지우고 오랫동안 품어온 나의 소망을 위해 살아가야 한다. 죄책감은 잘못 투약된 진정제 같다. 버려야 산다.

추억에서 벗어나려고 아무리 몸부림쳐도 떠난 사람의 모습이 새록새록 떠오른다. 저녁이 되면 마치 그/그녀가 퇴근하고 돌아와 문을 열고 들어올 것만 같다. 그러나 그것은 환영일 뿐이다.

당신은 다시 혼자가 되었다.
손 닿는 곳마다 자신이 혼자라는 사실을 알려주는 것 뿐이니 외롭다. 고독감이 엄습한다. 밤이 되어 잠들기 전 곁에 아무도 없다는 사실을 의식할 때, 혹은 식탁에 홀로 앉아 꾸역 꾸역 밥을 먹으며 누군가를 기다리는 마음을 털어내지 못할 때 고독이 물밀듯 밀려온다. 마음속 질긴 미련을 놓기 전에 들려오는 목소리는 분명 여럿일 것이다. 헤어지는 것이 옳다는 목소리도 있을 것이고, 그래선 안 된다고 속삭이는 목소리도 있을 것이다.

가장 좋은 방법은 깨끗이 잊는 것이다. 그래야 사랑을 잃어버린 데서 오는 불안과 절망도 이겨낼 수 있다. 연애와 결혼에 실패했다고 해서 끝도 없이 후회하거나 자책하면서 기가 죽을 일은 아니다. 새로운 목표를 세우고 자신의 삶을 낙관하면 날마다 새로운 가능성이 주어진다.

당신은 먼저 '지금, 여기'로 시야를 돌려야 한다.
실현 가능한 작은 목표를 하나씩 세워가다 보면 미래의 행동 가능성이나 문제 해결 가능성이 조금씩 커질 것이다. 그러기 위해서 내가 가지고 있는 불안의 강도(1~10)가 다음 중 무엇이 어디에 속하는지 먼저 파악해야 한다.

섹스에 대한 불안, 외로움에 대한 불안, 남들이 하는 말에 대한 불안, 경제적 궁핍에 대한 불안, 능력 부족에 대한 불안, 혼자 아이를 길러야 한다는 불안, 삶의 선택에 대한 불안.
내가 선택한 그 어떤 불안이 9라고 생각 된다면 8로 줄이기 위해 7로 줄이기 위해 나는 무엇을 해야 하는가 적어 본다.

그렇게 하나씩 불안의 문제를 적다 보면 불안을 해결한 나를 만나게 될 것이다.

불안은 많은 사람들은 이미 일어난 문제로 불안해하는 것이 아니다. ‘만약 이렇게 되면 어떡하지?’, ‘이런 일이 벌어지면 어떡하지?’, ‘만약 일이 잘 안 풀리면 어떡하지?’처럼 일어나지도 않은 미래 때문에 불안해 한다.

이러한 불안을 '과잉 불안 장애'라고 한다. 말 그대로 과도한 불안과 걱정이 장기간에 걸쳐서 매사에 쓸데없는 걱정이 많다는 식으로 이해되고 있는 현상이다.

심리학에서는 이를 범불안장애라고 하는데 안전한 환경에서도 자신에게 부정적일 수 있는 잠재적 요소들에 현저하게 주의를 더 기울이고 예민한 반응을 보인다.

자신이 염려하는 부정적 대상이 발생할 확률을 과대평가를 하거나 초래되는 부정적 결과를 과대평가 한다. 더 나아가 부정적 결과에 대해 자신이 대처할 수 있는 능력을 과소평가하면서 불안해 한다.

부정적인 문제 앞에서는 혼자라는 생각이 들 때 불안은 더 과중 된다. 부정적인 문제가 발생하지 않으면 좋겠지만 발생을 한다고 해도 부딪혀 보자. 하나씩 해결해 보자.

두 도시 이야기 - 찰스 디킨즈 / 순수 이타심

출판사 : 창비

이 책은 어린 왕자와 더불어 총 2억 부 이상 팔린 책이다. 책의 첫 부분은 지금도 연극, 영화, 예술 부분에서 널리 알려지고 있는 유명한 문장이다.

안개는 마차에 달린 램프의 불빛으로부터 그 자신과 주변의 길 몇 야드 말고는 모든 것을 차단해버릴 정도로 두꺼웠다. 힘겨워하는 말들은 마치 그들이 그 안개를 만들어내기라도 한 것처럼 안개 속으로 뜨거운 입김을 내뿜었다.

이 책의 문장은 하나 하나가 마치 수채화를 보는 듯 아름다워 눈을 뗄 수 없다.

굶주림은 큰 집에서 낡은 옷을 입고 밀려 나왔다. 굶주림은 지푸라기와 누더기와 장작의 가장 조그만 조각에도 반복되었다. 굶주림은 빵 가게의 선반에 새겨져 있었고 얼마 안되는 질 나쁜 빵조각마다 쓰여 있었다. 굶주림은 그에 알맞은 곳은 어디든 머물렀다. 굶주림을 의인화 시킨 모습을 보면서 디킨즈에게 반했다.

주인공 의사 마네트는 프랑스 귀족인 에브레몽드 후작 형제의 비밀을 알게 된 죄로 억울하게 18년간이나 프랑스 바스티유 감옥에 갇혀 구두 만드는 일을 하다가 석방되었다.

그 사실을 안 옛 친구이자 마네트의 재산을 관리해주던 영국 텔슨 은행원 로리는 마네트의 딸 루시와 함께 마네트를프랑스에서 런던으로 데리고 온다.

그런데 런던으로 돌아가는 배에서 마네트의 딸 루시는 샤를 다네라는 청년을 만나 사랑하는 사이가 되는데, 샤를 다네는 에브레몽드 후작의 조카로 잔인무도한 프랑스의 귀족 제도가 싫어서 프랑스에서 영국으로 건너와 이름을 바꾼 채 살고 있던 청년이었다.

루시와 결혼을 하고 싶었던 샤를 다네는 장인이 될 마네트에게 자신의 진짜 이름을 밝히려 하는데 마네트는 딸을 위하여 원수의 조카인 샤를 다네의 신분을 드러내지 않은 채 결혼시킨다. 루시와 샤를 다네는 그렇게 가정을 꾸리고 행복하게 살고 있었다.

그러던 어느 날, 프랑스에서 프랑스 혁명이 일어났다.
당시 프랑스는 유럽의 대표적인 절대군주제 국가였다. 루이 14세가 확립한 절대군주제의 기반인 관료제와 상비군은 그 유지함에 엄청난 비용이 필요했는데 이는 재정을 악화시킨 원인이 되었다.

혁명 직전 프랑스 파리에서는 거의 매일 빵 폭동이 일어났으며, 시골에서는 조세에 반대하는 폭동이 일어났다.

루이 14세의 베르사유 궁전 건립과 잦은 전쟁은 프랑스의 재정을 바닥나게 했고, 루이 15세는 영국과 식민지 전쟁이었던 7년 전쟁으로 제정을 더욱 악화 시켰고, 루이 16세의미국독립전쟁 참전으로 프랑스의 재정은 파탄이 났다.

그 후 제 1, 2, 3신분 회의에서 표결방식에 불만을 가지자 군대가 동원되고 여기저기에서 폭동이 일어났다. 1789년 7월. 파리 시민들은 바스띠유 감옥을 공격하고 프랑스 대혁명이 시작되었다.

그 결과 1793년 루이 16세가 처형 되고, 1794년 왕비 마리 앙뚜아네트가 처형 되고, 1799년 쿠데타로 집권한 나폴레옹 정부가 들어섰다.

이러한 사회환경 속에서 샤를 다네는 자신 집안의 재산을 관리하던 사람이 곤경에 처하자, 이를 구하러 영국에서 프랑스로 건너갔다가 망명 귀족이라는 죄명으로 감옥에 갇히고 말았다.

거기에 한발 더 나아가 마네트 집안에 원한을 품고 있던 포도주 상점 부인의 고발로 샤를 다네는 프랑스 혁명정부에 의해 사형 당할 위기에 처한다.

당시에는 처형이 모든 직종이나 분야에서 유행했다. 민중의 분노 대상은 귀족이니까 '귀족은 무조건 죽여야 한다'로 흘러갔다.

이때 의사 마네트의 딸 루시를 남몰래 사랑하고 있던 주정뱅이 카튼 변호사가 나타나 감옥 안으로 들어갔다. 그리고 루시의 남편 샤를 다네와 옷을 바꿔입고 그를 내보낸 뒤 자신이 단두대 위로 올라갔다.

방탕한 자신의 삶에 빛처럼 다가온 여인의 행복을 위하여 기꺼이 목숨을 바친 카튼. 그의 행동을 생각해 본다.

의사 마네트는 인간으로서 참을 수 없는 억울한 누명과 형벌로 인생의 황금기를 거의 다 빼앗기고도, 사윗감이 자신의 일생을 망친 가문의 유일한 핏줄임을 알면서도, 선대의 악행을 모르는 선량한 사위와 딸의 행복을 위해 복수를 버리고 위대한 침묵을 택하는 결단을 내렸다.

마네트의 침묵은 순수 이타심. 사랑의 또 다른 이름이다.
변호사 카튼은 단두대에서 목이 잘리는 그 찰나의 순간. 자신의 죽음 이후 루시 앞에 펼쳐질 아름답고 소박하고 평화로운 나날들을 생각하며 행복해 했다.

자신의 핏줄도 아닌 여인을 위해 목숨을 던진 카튼. 카튼의 순수한 이타심은 십자가의 사랑과 오버랩 된다. 영국인 의사 마네트의 침묵과 변호사 카튼의 희생은 두 도시 이야기의 큰 기둥이다.

적과 흑 - 스탕달 / 사회 심리학 변별이론

출판사 : 범우사

'적'은 붉은 색. 혁명과 이상에 대한 열정, 나폴레옹, 군인을 상징한다. '흑'은 검은 색. 성직자, 보수적 체제. 현실적이고 세속적인 안정을 뜻한다.

적과 흑의 시대적 배경으로는 당시 나폴레옹 몰락 이후 프랑스에 왕정이 복구된 시기로 샤를 10세가 과거의 영광으로 돌아가려고 시대를 역행하는 중이었다.

프랑스는 봉건제 사회였다. 영주는 영주의 각종 지대와 시설 독점권, 하급 재판권 등 봉건제적 잔재가 남아 농민들을 억압했다. 프랑스는 특권적 신분 사회였다. 루이 18세의 뒤를 이은 샤를 10세는 빈 체제 밑에서 농민들의 자유주의를 억압하고 성직자와 귀족을 보호하는 정치를 했다.

1830년 5월에 실시한 총선거의 결과 샤를 10세의 정치에 반대하는 자유당이 많은 의석을 차지하게 되자 왕은 의회를 해산시키고 마음대로 선거법을 개정하려 하였다.

국왕의 이와 같은 행동은 파리 시민을 크게 격분시켰고 드디어 1830년 7월 혁명이 일어났다. 샤를 10세는 영국으로 도망가고 루이 필립이 대신 왕이 되었다.

프랑스 사회는 국민의 대다수가 평민인 제3신분으로 공장노동자는 새벽 3시부터 저녁 10시까지 일해야만 했다. 제1신분인 성직자와 제2신분인 귀족에게 지배와 착취를 당하는 신분제 사회였다. 제3신분의 평민이 신분 상승을 하기 위해서는 화가나 신부나 장교가 되어야 했다.

적과 흑은 가난한 목수의 아들 줄리엥과 두 여인과의 사랑 이야기다. 두 여인 중 한 명은 후작의 딸로 부유한 상속녀이고 한 명은 시골 시장의 부인이다.

후작의 딸 마틸드는 부유한 상속녀로 외모, 나이, 건강, 집안 무엇하나 부족한 게 없다. 그녀에게 부족한 것을 하나를 찾는다면 그것은 권태였다. 그녀의 심심함은 부족함이 없는 삶에서 오는 따분함 뿐이었다.

그녀는 늘 이야기 그룹에 중심점이었지만 행복해 하지 않았다. '운명은 내게 행복을 빼고 모든 것을 주었다'라며 무료해

했다. '그들은 그저 나와 결혼할 생각이나 하고 있지. 나와 결혼은 좋은 사업 거리지. 나는 부자고 아버지는 사위를 출세시켜 줄 테니까.' 젊은 부자들은 사업의 결과가 아니라 재밋거리를 찾았고 그녀는 그들이 싫었다.

나의 하루하루는 맥 빠지게 전날과 똑같은 것이 되지는 않을 거야. 하품 나게 하는 사랑이 무슨 가치가 있단 말인가. 그녀는 개성 없는 것을 싫어했다. 그것은 요람에서부터 길러진 자존심이었다.

그러다가 그녀가 선택한 남자는 가난한 목수의 아들이었다. 조각 같은 외모에 천재적인 두뇌를 가진 책을 좋아하고 암기력이 뛰어난 미소년 같은 아름다운 미모를 가진 아버지의 개인비서 줄리엥이었다.

내가 선택한 남자는 심오한 견해와 용감한 기상과 끝없는 야심을 지니고 있으니까. 그에게 무엇이 부족한가? 친구와 돈? 그것은 내가 주겠다.

그러면서도 그녀는 줄리엥을 일종의 하급자로, 자기가 원할 때면 언제나 자기를 사랑하게 만들 수 있는 종으로 취급했다.

그녀는 마치 타는 듯한 사막을 지나는 비참한 그에게 하늘에서 주어지는 얼음같이 차가운 시원한 물 한 컵과 같은 기쁨이라는 생각을 하면서 철저히 경멸했다.

그 많은 청혼자 중에서 그녀는 여왕의 사랑을 선택했다. 줄리엥의 사랑과 따뜻한 체온을 원하면서도 여왕이 어떻게 남자에게 의존할 수 있겠는가? 라는 생각에 자신을 여왕으로 바라보고 자신의 능력을 인정해줄 가난한 줄리엥을 선택했다.

그녀의 사랑은 사랑보다는 인정과 존경을 바라는 사랑이고 무시당하면 견디지 못했다. 그렇다고 쉽게 화를 내 지도 않는다. 여왕다운 모습을 유지해야 하니까. 그녀는 줄리엥과 자신을 구별함으로써 스스로 여왕으로 정의했다. 이를 사회심리학에서는 '변별이론'이라고 한다.

이는 통제중독이다. 줄리엥을 통제하며 자신의 통제를 따르는 그와 함께 하려 한다. 자신보다 강한 사람들은 만나기 싫어한다.

사실 사랑을 하려면 이성에게 의존하는 욕구도 필요하다. 남녀 사이에 적절한 의존은 관계를 단단하게 해주는 끈이 되어 주는데 여왕의 경우에는 스스로 의존을 포기했기 때문에 늘 외롭다.

줄리엥은 가난한 목수의 아들이었지만 조각 같은 외모와 천재적인 두뇌로 성경을 라틴어로 한 단어도 틀리지 않고 모두 외우는 타고난 능력이 있다. 가난한 출생에 대한 그의 자존심은 사제가 되어야겠다고 다짐한다.

쥘리엥은 책을 좋아하고 암기력이 뛰어난 천재성과 미소년 같은 아름다운 미모로 시골 시장의 집에 라틴어 가정교사로 갔다가 시장의 아내 드 레날 부인과 몰래 사랑을 나눈다.

그러다가 그녀의 아이들이 아프게 되자, 시장의 아내 드 레날 부인은 자신의 쾌락 때문에 아이들이 벌을 받아 아프게 되었다고 자책하며 쥘리엥에게 떠나라 한다.

소문이 퍼지자 쥘리엥은 수도원으로 도피한다. 수도원에서 쥘리엥은 탁월한 라틴어 실력을 인정받아 대주교의 흠모를 받으며 성직자가 된다. 그 후, 그는 파리 권력의 중심인 라 몰 후작의 개인 비서가 되었다.

그곳에서 쥘리엥은 후작의 딸 마틸드와 사랑을 하게 된다.도도한 마틸드는 많은 귀족들의 자제들과 다르게 그녀에게 조금의 아부도 하지 않는 쥘리엥을 사랑하게 되고 아이를 가진다.

마틸드의 아버지는 어쩔 수 없이 쥘리엥을 육군장교로 보내고 군인으로 출세의 길을 준비시키고 이름까지 새로 지어 귀족으로 손색이 없도록 모든 것을 만들어 주기로 한다. '이 여자의 아버지는 이 여자 없이는 살 수 없고 이 여자는 나 없이는 살 수 없다.' 쥘리엥은 그 사실을 알고 있었다.

그런데 어느 날. 드 레날 부인으로부터 편지를 받은 마틸드의 아버지는 줄리엥에게 줄 영지와 재산과 모든 지위를 취소해 버린다.

편지 내용은 이러했다. 종교와 도덕의 신성한 대의에 관한 의무에 따라 지극히 괴로운 책무를 이행하지 않을 수 없습니다. 귀하께서 제게모든 진실을 알려달라고 요청하신 사람은 가난하고 탐욕스러운 자로 빈틈없는 위선을 이용하여 약하고 불행한 여인을 유혹함으로써 어떤 신분과 지위를 얻고자 분망한 자입니다. 그 사람의 유일한 큰 목표는 그 집안의 주인과 그 재산을 자기 뜻대로 좌우하려는데 있습니다.

편지의 내용에 화가 난 줄리엥은 교회에서 예배에 참석한 드 레날 부인을 찾아가 총으로 쏘아 버린다. 한 발이 빗나가자 한 번 더 저격을 했다. 그녀는 그 자리에서 쓰러졌다.

줄리엥은 헌병에게 잡혀 재판에 넘겨졌다. 재판이 시작되자 그의 범행은 계획적 고의였는가? 아니면 우발적 사고였나? 로 좁혀졌다. 잘못하면 죽음을 수도 있는 문제였다.

마틸드는 모든 지위를 동원해 줄리엥을 변호하는데 줄리엥은 우발적이 아니라 분명하게 총을 쏘았다고 진술을 한다. 그리고 드 레날 부인을 진심으로 사랑한다고 했다.

배심원의 대표는 옛날 줄리엥과 드 레날 부인을 사이에 두고 사랑의 적수였던 사람이었다. 그는 줄리엥에게 사형을 내린다.

그런데 어깨에 줄리엥의 총을 맞았던 드 레날 부인은 죽지않고 살아나 줄리엥에게 오직 하나님께만 느껴야 할 감정을 당신에게 느껴요, 라며 용서해 줄 테니 상소를 해요. 라며 호소한다.

줄리엥은 상소하지 않고 죽음을 택한다. 마틸드는 줄리엥의 죽음을 끝까지 지켜보았고, 드 레날 부인은 줄리엥이 사형을 당하자, 스스로 목숨을 끊었다.

예술 속 심리학

뮤지컬 - 아이다 / 나르시스트

노예로 잡혀온 누비아 나라 공주 아이다를 사랑하게 된 이집트 장군 라다메스. 그는 이집트 공주 암네리스와 약혼한 지 9년째다. 그녀와 결혼하면 이집트의 왕이 된다.

그러나 그 자리는 자신을 이집트의 왕으로 만들기 위해 아버지가 정해준 것이라며 반항한다. 그렇게 지내 오기를 9년 째. '내 인생은 내가 결정할 꺼야'라며 아이다를 보고 첫 눈에 반해 버린다. 아이다 역시 라다메스를 보고 마음이 흔들린다.

아이다는 자신의 나라 백성들이 이집트에 끌려와 노예 생활을 하며 힘들어 하는 것을 보며 라다메스에게 부탁한다.

내가 '누비아'고 '누비아'가 나에요.

나의 노예들을 도와줘요.

아이다를 사랑하게 된 라다메스는 자신의 전 재산을 풀어 누비아의 노예들을 도와준다. 라다메스의 마음을 알게 된아이다는 그에게 밤을 허락한다.

뒤 늦게 이집트로 잡혀 온, 아이다의 아버지. 아이다가 이집트 장군 라다메스를 사랑하는 것을 알고 분노한다. 노예로 끌려와 고생하는 백성들을 보고도 그를 사랑 할 수 있단 말이냐. 마음에서 그를 지우라고 한다.

어떻게 할 것인가? 내가 아이다 이였다면, 나는 어떻게 했을까? 내가 장군 라다메스 이였다면 나는 어떻게 했을까?

라다메스에게는 그깟 노예 계집 하나쯤 잊으면 천하의 왕이 되는 길이 앞에 놓여 있다. 왕국인가 노예 여인인가? 선택의 기로에 선 라다메스. 아이다는 아이다 나름 마음이 복잡하다. 라다메스 장군을 사랑하지만 이집트에 끌려와 아파하는 자신의 나라 백성들을 외면할 수 없다. 나라의 원수를 계속 사랑할 수 있을까?

아이다는 쉬운 길을 택한다. 잊으면 되는 쉬운 길. '잊으면 된다'라고 되뇌는 아이다의 대사가 마음을 울렁거리게 했다. 정말 아이다는 라다메스를 잊을 수 있을까?

라다메스는 아이다를 살리기 위해 사랑하지 않는 이집트 공주 암네리스와 결혼식을 올리면서 그동안 그녀가 탈출 할 수 있도록 배를 준비시켜 둔다.

그런데 아이다는 라다메스가 준비한 배로 아버지를 대신 탈출 시킨다. 이 사실은 얼마 후 이집트 공주 암네리스가 알게 되고 화가 난 그녀는 장군 라다메스와 아이다를 잡아 온다.

이집트 공주 암네리스는 라다메스에게 이제 더 이상 사랑을 줄 수 없는 상태에 놓이게 되고, 사랑과 관심과 찬사를 받을 수 없는 상황에 놓이게 되자, 라다메스와 아이다를 사막 한 가운데 같이 묻어버렸다.

그녀는 자신에게 사랑과 관심, 그리고 칭찬을 하던 사람이라도 수가 틀어지면, 언제 그랬냐는 듯 자기가 당한 것의 몇 배로 갚아주는 전형적인 집착과 질투의 화신인 나르시스트의 모습을 보였다.

나르시스트는 대부분 자기애에 빠져 있으며 타인의 감정에 대한 공감 능력이 매우 부족하고, 자신이 이루어 낸 작은 업적에도 크게 칭송해 주기를 바란다. 자신보다 더 성공한 것처럼 보이는 사람들에 대해서는 질투를 하고 작은 비판에도 극도로 예민해 한다.

나르시스는 그리스 신화에 나오는 청년이다. 그는 얼굴이 잘 생겨 많은 여성들의 사랑을 받지만, 정작 본인은 그들에게 관심이 없다. 자기애에 빠져있는 나르시스.

어느 날, 그는 호수 속에 비친 너무나 잘 생기고 아름다운 자신의 얼굴을 보고 반해 그만 물 속으로 뛰어 들어가 죽었다.

이 이야기는 자기도취적인 사람을 비유로 이야기 할 때 자주 인용 되는데 심리학에서는 자기도취 증세가 심한 사람들을 나르시즘 성격장애 라고 한다.

나르시스트는 이 세상에서 내가 최고이고 나를 특별히 취급해 주고 존경해 달라고 한다. 누군가가 자신의 감정을 호소해도 그들은 절대로 이해하지 못한다. 그들은 타인의 감정을 이해하지 못하고 오로지 자신의 감정만 중요하고 이해하기 때문에 결국 자신과 대립하는 모든 사람들은 나쁘다고 생각을 한다.

나르시스트는 기본적으로 거짓된 내면세계를 가지고 있기 때문에 부끄러움, 수치심, 슬픔, 마땅히 느껴야 하는 당연한 종류의 감정들을 온 힘을 다해 느끼지 않으려고 한다.

특히 창피해야 할 때, 이 사람들은 극단적인 리액션을 보인다. 전혀 그런 감정을 보이지 않고 오히려 화를 낸다. 사과는 나르시스트에게는 패배자의 어쩔 수 없는 자백으로 밖에 보이지 않는다. 만약에 어떠한 좋은 결과가 나왔다고 한다면 다른 사람들의 수고는 전혀 생각지도 않고 나 혼자 잘해서 잘된 것처럼 말한다.

10을 해 놓고 혼자 100을 받고 싶어 한다. 어떤 모임에 같이 가도 같이 간 사람을 꿔다 놓은 보릿자루로 만들고 자신은 그것을 즐긴다.

이러한 나르시스트의 모습을 보인 이집트 공주 암네리스의 아픔에 대해서는 그렇다고 이해가 가지 않는 것은 아니다. 라다메스를 9년 동안 기다리고 있었는데 배신을 당했으니 그 상처와 분노 그리고 백성들 앞에서 무너진 자존심은 얼마나 컸을까.

하지만 그렇다고 두 사람을 사막 한 가운데 묻어 버린 행동은 너무 심하다. 두 사람의 죽음으로 아이다는 그렇게 끝이 났다. 사랑. 사랑은 행복이다.

이 세상은 사랑을 축으로 돌아가기에 사랑이 아니면 아파할 이유가 없다. 그러나 사랑을 미끼로 거래를 하거나 사랑을 미끼로 육체만을 탐닉한다면, 그것은 사랑이 아니라 욕망이기에 타오르는 촛불처럼 곧 사라질 것이다.

뮤지컬 - 레베카 / 자기애적 인격장애

이 공연이 재미있는 여러 가지 이유 중 하나는 제목에 있다. 제목은 레베카인데 정작 레베카는 한 번도 무대에 나오지 않는다. 잠깐이라도 레베카가 나오려나 찾아보아도 뮤지컬이 끝날 때 까지 그녀는 나오지 않는다.

그런데 제목은 그 유명한 '레베카'다. 왜 나오지도 않는 사람의 이름이 주인공일까. 주인공은 대부분 이야기를 끌고 가는 중심 인물이거나 이야기 주제의 핵심적인 인물이 주인공이 되는데 그렇다면 뮤지컬 레베카 역시 레베카를 중심으로 이야기가 펼쳐져야 맞는 거 아닌가 말이다.

뮤지컬 레베카에 레베카는 나오지 않고 레베카와 관계 있는 주변 인물 세 사람이 무대에 나와 전체를 이끌어간다.

한 명은 레베카의 남편이었던 영국 귀족 맥심이고 또 한 명은 맥심의 새 신부인 '나' 그리고 나머지 한 명은 레베카의 여집사인 댄버스 부인이다.

어느 날, 영국 귀족 맥심은 밝고 순수해 보이는 반호퍼 부인의 말동무이며 그녀의 시종인 '나'를 새 아내로 맞이 했다.

맥심의 대 저택에서는 레베카를 어릴 때부터 모셔 왔던 집사인 댄버스 부인이 그녀를 맞는다. 그녀는 레베카를 잊지 못하고 그녀가 사용하던 모든 것을 그대로 놓아 둔채 어떻게든 '나'를 쫓아내려고 한다.

레베카를 잊지 못하는 댄버스 부인. 그녀의 말 속에는 온통 레베카 뿐이다. 이것은 레베카가 입었던 드레스. 저것은 레베카가 좋아하던 난초, 이것은 레베카가 사용하던 펜. 과거의 레베카를 잊지 못하고 그 환영에 사로잡혀 있는 댄버스 부인. 그녀는 안타까울 정도로 레베카에 집착한다.

우리는 현실을 부정하고 싶을 때, 현실에서 벗어나고 싶을 때 과거에 집착한다. 물론 댄버스 부인처럼 과거 좋았던 기억을 잠시 소환해 현실을 잊으려 할 수도 있다.

그러나 그 과거 소환이 현실을 자꾸 부정하며 과거로만 돌아가려 한다면 그것은 결코 좋지 않다. 현실 부정이 지나치면 현실도피에 빠지거나 우울증에 빠질 수도 있다.

괴테는 원망은 영양분을 주면 줄수록 힘이 점점 더 세지고, 나중에는 모든 좋은 것을 다 파먹어 버린다고 했다. 현실에 대한 부정과 원망은 하면 할수록 커지고, 삶의 독이 되어 내게 있는 좋은 것들을 모두 소멸시켜 버린다는 말이다.

어느 날, 맥심의 대 저택에서 가면 무도회가 열렸다. 댄버스 부인은 '나'에게 맥심 주인님이 좋아할 거라며 드레스를 만들어 입힌다. 드레스를 입은 '나'는 남편 맥심이 기뻐하리라 생각하며 설레는 마음으로 2층에서 계단을 한발 한발 내딛으면서 무도회장으로 내려섰다.

꽃처럼 고운 드레스는 분홍빛 그라데이션을 펼쳐 보이며 걸을 때마다 살랑거리는 소리를 냈다. 드레스는 마치 천사가 세상에 나타난 듯 아름답고 화려했다. 그렇게 예쁜 옷을 입고 남편 맥심의 찬사와 사랑을 기대하며 1층 가면 무도회 장소로 나타난 '나'.

그런데 갑자기 그녀의 기대와는 정반대의 일이 일어났다. 남편 맥심은 크게 분노하며 화를 냈다. 무슨 일일까? 아름다움을 찬미하며 그녀의 손에 사랑의 키스를 퍼부어도 모자를 판에 맥심이 화를 내다니. 레베카에서 첫 번째 반전이 일어났다.

그는 레베카가 죽기 전에 입었던 드레스와 똑 같은 드레스를 당장 벗어던지라며 소리 소리를 질렀다. 댄버스 부인도 레베카에 집착하더니 왜 이들은 모두 레베카를 잊지 못하는 걸까? 맥심은 레베카를 잊지 못하면서 어떻게 새 여인을 데리고 온 걸까?

맥심의 마음을 알았다. 맥심이 영원히 사랑하는 사람은 레베카였다. '나'는 유령이야. '나'는 그에게 들어갈 수 없어. 레베카가 그 속에 가득하니까, 라고 생각하며 '나'는 괴로워한다.

그런데 레베카에서 두 번째 반전이 일어난다. 괴로워하는 그녀에게 맥심은 당신을 사랑하지 않고, 레베카를 사랑해서 그렇게 말 한 것이 아니야. 오히려 그녀를 증오해, 라고 했다.

반전에 반전이 일어났다. 레베카는 그 이후에도 충격적인 반전이 두 번이나 더 일어난다. 댄버스 부인은 저택의 안주인은 레베카만 할 수 있다며 '나'에게 자살하라고 한다. 그 순간 바닷가에서 경고음이 울리면서 바다에 나간 보트가 난파당했다는 소식이 들려오고 난파당한 보트에는 레베카의 진짜 시신이 놓여 있다.

이 사건으로 맥심은 경찰로부터 조사를 받게 되면서 '나'에게 레베카와 있었던 지난날을 이야기 한다. 사실 레베카는 맥심과 결혼 후 다른 남자와 바람을 피웠으며 자신의 사촌 잭 파벨까지 불러 들였다고 했다.

그런데 사촌인 잭 파벨은 맥심의 집으로 찾아와 레베카가 죽기 전에 자신에게 보낸 편지가 있다며 이 편지는 레베카가 살해되었다는 증거가 될 수 있다며 오히려 맥심을 협박을 한다. 맥심은 레베카를 죽였을까!

잭 파벨은 레베카의 죽음이 자살이 아니라며 재수사를 요구했다. 이때 댄버스 부인이 레베카의 일정이 적혀 있는 수첩을 찾아 가지고 나왔는데 거기에는 ‘베이커’라는 새로운 인물이 적혀있다.

'베이커'는 레베카의 또 다른 남자였을까? 맥심은 사실을 확인하기 위해 영국으로 건너갔다. 그런데 그 새로운 인물은 레베카의 남자가 아니라 의사였다.

베이커는 레베카가 암에 걸렸다고 했고, 암으로 죽었다 했다. 반전에 반전은 숨 쉬는 것 조차 잊어버리고 몰입을 하게 만들었다.

레베카의 사건은 이렇게 마무리 되고 '나'와 맥심은 모든 것을 털어버리고 새로운 행복을 찾아 떠나려고 하는데 갑자기 저택에 불이 타 올랐다.

불은 댄버스 부인이 질렀다. 댄버스 부인에게 레베카는 전부였는데, 자신도 모르는 사이에 암에 걸렸었다니, 그녀와 자신 사이에는 비밀이 없다고 생각했는데,

나의 전부가 나에게 아무 말도 없이 어떻게 내게 이럴 수 있어! 두 사람 사이에 비밀이 있었다는 사실에 댄버스 부인은 분노를 참지 못하고 불을 질렀다.

그녀는 자기애적 인격장애의 극치를 보였다. 자기애적 인격장애를 가진 사람은 자신을 특별한 사람이라고 생각하고 자신을 이해해주는 사람하고만 어울리는 성격으로 댄버스 부인에게는 그 사람이 레베카였다.

특히 이들은 자신의 자존심이 무너지는 것을 견디지 못하는데 자존심이 무너진 것 같은 느낌을 갖게 되면 상대를 부수려 한다. 상대가 부서져야 자존심이 회복되는 것으로 생각하기에 상대가 부서질 때까지 공격한다.

뮤지컬 - 킹 아더 / 복수 심리학

나오는 사람들. 아더, 혼란에 빠진 백성을 구할 엑스칼리버의 주인. 모르간, 복수를 위해 신분을 숨긴 아더의 이복 누이. 멜레아강, 아더에게 모든 걸 빼앗기고 복수만 남은 자. 란슬롯, 충성과 사랑 앞에 고뇌하는 기사. 귀네비어, 자신이 선택한 사람과 사랑을 원하는 여인.

우리나라는 고구려, 백제, 신라 시대. 유럽은 로마가 동로마와 서로마로 나뉘고 동로마의 수도였던 콘스탄티노플은 비잔티움 제국의 전성기를 이끌어 가던 시대. 영국에서는우서왕이 사망하자, 리더를 잃은 나라를 식민지화 하기 위해 앵글로 색슨족이 영국을 침략하고 있었다.

영국에서는 우서왕의 잘못으로 브리튼 왕국의 켈트(로마령)

인 들이 고통받게 될 것이고, 백성들은 자기네들을 구원해줄 왕을 기다리고 있고, 엑스칼리버를 뽑는 자가 하늘이 내려준 왕이 된다는 전설이 내려오고 있었다.

평범한 청년 아더. 아더는 자신이 누구인지도 모르고 양을치는 목동으로 자라고 있었다. 그러던 어느 날, 우연히 전설의 검 엑스칼리버를 뽑으며 왕으로 즉위한다.

그 후 앵글로 색슨족과의 전투에서 몸을 크게 다친 아더는 공작의 딸 귀네비어에게 간호를 받게 되는데 시간이 지나면서 서로는 사랑하는 사이가 된다.

귀네비어가 아더왕과 결혼을 하기 위해 왕궁으로 가는 길에 숨어있던 멜러건트 병사들에게 습격을 당했다. 위험한 순간 그때 마침 원탁의 기사가 되려고 아더왕을 찾아가던 란슬롯이 나타나 그녀를 구해낸다.

두 사람은 첫 눈에 서로 반하고 만다. 그러나 귀네비어는 아더왕과 결혼할 사이. 결혼 약속을 지키기 위해 란슬롯에 대한 감정을 가슴에 묻어 두고 아더에게 간다.

사랑의 삼각 관계가 흐르는 가운데 드디어 결혼식 날. 축하사절로 찾아온 모르간에게 아더는 충격적인 이야기를 듣게 된다.

옛날 옛날에 위대한 왕이 있었어요. 그는 어느 백작 부인에게 흑심을 품고 있었죠. 하루는 백작이 집을 비운 사이, 왕은 요술 망토를 입고 백작으로 변신해 부인을 겁탈 했답니다. 그 후 백작 부인은 임신을 하게 되고 아들을 낳았는데 그 아이의 이름이 바로 아더. 당신이에요. 내 동생 아더. 그 백작 부인은 바로 나의 어머니. 난 당신의 아버지를 용서할 수 없어. 당신도.

이 모든 과정을 목격한 백작의 딸 모르간은 이복동생 아더를 증오하며 자랐다. 그리고 아더를 향한 복수심을 숨긴 채, 아더가 왕이 되자 축하 사절로 찾아와서 아더의 출생 비밀을 알리고 자신은 백작의 딸이라고 것을 밝힌다.

증오(憎惡)는 한자로 미워할 '증'과 미워할 '오'를 사용하여 그 뜻을 나타내고 있다. 즉 '거듭 미워하는 것' '몹시 미워하는 것'이 증오이다.

한편, 영국 브리튼 왕국의 왕자였던 멜레아강은 아더가 자신 대신 왕이 되고, 곧 결혼하게 될 자신의 여인 귀네비어 마저 데려 가자 아더에 대해 복수의 칼을 간다.

왕위도 빼앗기고 귀네비어 마저 빼앗긴 멜레아강은 증오의 상징인 모르간의 편에 선다. 아더는 영국 브리튼 왕국의 진정한 왕이 되기 위해서는 성배를 찾아와야 한다는 전설을 지키기 위해 란슬롯에게 그 일을 맡기는데 란슬롯은 출발 전에 귀네비어를 찾아가 인사를 올린다.

아더가 전장에 나가고 성을 비우게 될 때마다 귀네비어를 지켜드렸지만, 성배를 찾으러 가게 되면 더 이상 지켜드리지 못한다며 아쉬워 하는 란슬롯.

이제 떠나면 언제 올지 기약이 없는 길. 많은 기사들이 성배를 찾으러 갔다가 죽음을 맞이한 길을 란슬롯이 떠나려 한다.

귀네비어는 마지막이 될지 모르는 란슬롯에게 자신의 마음을 밝힌다. 처음 당신을 보았을 때, 당신의 눈을 보고 알았어요. 당신이 나를 사랑한다는 것을. 하지만 어떡해 요. 그냥 이렇게 사랑해요. 사랑하지 않는 사람 어깨에 기대어 그냥 살아요. 우리 모두를 위해. 이렇게 사랑해요.

두 사람은 서로의 사랑을 확인하지만, 현실의 벽 또한 인정하면서 그렇게 마음을 정리하고 헤어진다. 그런데 두 사람 사이를 너무도 잘 알고 있던 모르간은 요술 망토를 입고 귀네비어로 변신해서 아더를 불러내고 그와 동침한 후 임신을 하고 아더에게 저주의 말을 퍼붓는다.

이 아이가 커서 당신 앞에 나타나면 당신은 죽는 날이 될 거야. 복수의 칼을 기다려. 아더의 가장 약한 부분인 귀네비어를 이용하는 모르간의 행동은 점점 험악해진다.

모르간은 멜레아강을 시켜 한 통의 편지를 귀네비어에게 보낸다. 마치 란슬롯이 쓴 것처럼 꾸며, 우리가 처음 만난 곳에서 기다리겠다는 가짜 편지를 보낸다.

귀네비어는 아무것도 모른 채, 편지를 받자마자 단숨에 뛰어가 요술 망토를 입고 란슬롯으로 변신해 기다리고 있던 멜레아강의 품에 안기는데, 멜레아강은 그녀를 감옥에 가두어 버리고 란슬롯과 아더를 기다린다.

한편 란슬롯은 성배의 확보를 코 앞에 두고 있는데 하필 이면 이때, 귀네비어가 위험하다는 소식을 듣는 란슬롯.

성배를 찾아 신의를 지킬 것인가. 사랑을 찾아 떠날 것인가. 고민하던 란슬롯. 성배를 포기하고 영국으로 돌아온다. 그리고 멜레아강을 찾아 그와 결투한다.

이때 모르간은 아더를 만나 귀네비어와 란슬롯이 사랑하는 사이니까. 란슬롯을 찾아가 보라며 흐릿한 미소로 말한다. 아더, 믿음은 깨어지기 위해 있고 사랑은 변하기 위해 는 거야. 사랑을 믿어? 어서 가봐.

결국 아더는 결투 현장으로 향하는데 그곳에는 란슬롯이 상처를 입어 쓰러져 있고, 귀네비어는 감옥에 갇혀 있다.

아더는 란슬롯에게 귀네비어를 데리고 도망가라고 일러두고 멜레아강과 결투해 그를 죽인다.

그러나 란슬롯은 상처가 너무 커서 얼마 후 죽고 만다. 란슬롯을 안고 오열하는 귀네비어. 아더왕의 신하들은 귀네비어의 행실이 왕비로써 있을 수 없는 일로 사형에 처해야 한다고 의견을 모아 아더에게 건의한다.

아더는 고민 끝에 결론을 내린다. 귀네비어에게 자유를 주어 떠나게 하라. 더 이상 복수의 수레바퀴에 끌려다니지 않고 용서해주는 아더의 마지막 말은 마치 화살처럼 무대 위 공기를 타고 내 가슴에 날아와 온몸을 요동치게 했다.

사랑과 복수가 찾아 온다면 어느 쪽을 택할 것인가? 킹 아더는 오랫동안 기억에 남는 뮤지컬이 될 것이다. 복수를 일으키는 마음의 바닥에는 분노라는 심리가 자리 잡고 있다.

분노를 유발하는 상황이 복수의 뿌리가 되는 것이다. 흔히 분노를 불러일으키는 상황들에는 배신감, 이용당한 느낌, 좌절감, 수치심, 시기와 질투 등이 있다.

그렇다고 이러한 분노 때문에 복수가 정당화 된다는 것은 아니다. 복수를 한다고 해서 재산, 가족, 친구, 지위, 사랑 등 잃은 것을 되돌리지는 못한다.

하지만 복수를 통해 자존심, 명예 등 부수적인 부분은 어느 정도 회복할 수 있다. 그러나 그것은 복수가 정의를 실현할 때이다.

정의란 누가 봐도 바르고 옳은 것이 정의다. 인간 사회에 기준이 되는 정의가 없으면 온갖 부정과 무질서가 행해질 것이다. 그래서 인간은 정의를 추구하고, 그 정의에 따라서 억울한 사람이 생기지 않도록 공정과 평등을 주장하는 것이다.

힘 있는 자의 정의는 가난한 자 편에 서는 것이고 힘없는 자의 정의는 진실에 가까이 서는 것이 정의다.

연극 - 다방 / 반사회성 인격장애

우리는 열심히 살았는데 가난한 자를 힘들게 하는 세력들은 그대로야. 변한 게 없어. 왜 그대로 일까?

연극 〈다방〉은 1910년 조선이 멸망하고 일제강점기 시절인 1938년. 경성에서 다방을 운영하고 있는 한성덕과 다방에 들어오는 손님들과의 60년 삶의 이야기다.

이른 아침. 한성덕과 여 종업원이 손님 맞을 준비로 바쁘다. 문이 열리자, 테이블과 의자가 잘 정리된 넓은 공간으로 손님들이 하나둘 들어온다.

경성에서 부자로 유명한 두 양반도 차례로 들어왔다. 한 양반은 한성덕이 운영하고 있는 다방의 건물주. 그는 전 재산을 팔아 공장을 짓고 일꾼도 취직시켜 국산품도 생산하고 나라도 부강하게 하고 개인도 부자가 되게 하려고힘을 쓰는 사람이다.

그와 반대로 한 양반은 재산을 더 모으기 위해 일본에 기대어 떵떵거리며 사는 양반이다. 누구는 나라를 걱정하고 누구는 재산을 걱정했다. 누구는 왜? 나라 걱정은 하지 않고 재산 걱정만 할까?

〈무정〉의 작가 춘원 이광수와 〈3.1 독립선언서〉를 기초한 육당 최남선이 친일로 변절한 이유와 비슷하지 않았을까 싶다. 이광수와 최남선은 일본이 몇백 년은 조선을 지배할 줄 알았다고 했다.

갑자기 다방 밖이 시끄럽더니 허름하고 남루한 옷차림의 모녀가 크게 소리 지르며 들어왔다. 도와주세요. 살기가 너무 힘들어요. 배가 고파 죽겠어요. 누가 저희 딸 아이를 사주세요.

아직 시대에 잘 적응하지 못해 보이는 양반 중에서 한 사람이 모녀를 보더니 다방 주인 한성덕에게 음식값은 내가 낼 테니 국수 한 그릇씩 만들어 다방 밖으로 나가서 먹게 하라고 했다.

이 모습을 지켜보던 다방 건물주이며 부잣집 양반이 일어나 말한다. 국수 한 그릇 사준다고 무엇이 달라지겠는가. 힘을 길러야 해요. 한성덕은 손님들에게 나랏일은 논하지 말라고 늘 부탁했다. 다방 안에는 경찰서 순사, 총독부 관리, 일본과 관계된 자들이 수시로 와 있었기 때문이다.

그런데도 아직 시대에 잘 적응하지 못해 보이는 양반 두 사람이 다방에서 해서는 안되는 나랏일 이야기를 한다. 이러다가는 우리도 망하고 일본도 망하지.

이때 다방 구석진 한 쪽 끝에서 차를 마시던 일본 순사들 (같은 조선사람들)이 나타나 두 사람을 끌고 갔다. 한 사람에게는 그 말을 들었다고 증언을 하게 하고, 한 사람은 일본을 욕한 죄로 1년을 감옥에 넣었다.

그들은 같은 조선인이면서 자신들의 진급을 위해 자신들의 용돈을 위해 무조건 힘을 사용했다. 일본인보다 더 일본인처럼 행동했다.

다방의 또 다른 테이블에서는 먹고 살기가 힘이든 가난한 집안의 가장이 아직 어린 여자 아이를 돈을 받고 팔고 있고, 한 사람은 그 아이를 소개해 주고 소개비를 챙기고 있다.

시간이 흘러 일본이 항복하고 물러가자, 남한에는 이승만 정권이 들어섰다. 남북이 대치하면서 6.25 전쟁이 일어나고 38선이 생기고 남한의 이승만은 12년간 유지해온 장기독재

정권을 유지하기 위해 부정선거를 전국에 걸쳐 행했다.

이에 고등학생부터 대학생과 교수들과 시민들까지 이승만의 독재와 부정부패를 규탄하는 대모가 일어나자 이승만은 어쩔 수 없이 1960년 4월 27일 하야 방송을 하고 미국으로 도망갔다.

일제시대 동안 같은 백성들을 괴롭히던 순사들은 해방이 되어도 다시 경찰이 되었고 주요 관직에 있던 사람들은 그대로 그 자리를 모두 유지했다.

그러면서 그들은 이렇게 말했다. 우린 누가 좋아서 그 짓을 한 줄 아나? 하루 속히 독립 되기를 얼마나 기다렸는데 알지도 모르면서 그게 다 나라를 지키기 위해 할 수 없이 그 일을 했던 거야.

그들은 오히려 큰 소리를 치며 이제는 빨갱이를 잡는다는 명분을 내세우며 전보다 더 악행을 저질렀다.

6.25 전쟁이 끝나자. 미국과 이승만 정권은 나라를 편하게 다스리기 위해 일제의 잔재를 끊어내지 않고 그대로 이용했다. 자기의 이익을 위해 나라를 팔아먹고 등진 자들에게 다시 나라를 맡겼다. 고양이에게 생선을 다시 맡겼다.

나라는 더욱 부패로 치달았다. 1960년 4·19 혁명으로 이승만이 12년 만에 대통령에서 물러나자. 1961년 육군 소장 박정희가 정권을 장악하고 1963년 제5대 대통령에 당선되었다.

그 후 남한 정부는 박정희와 군인들의 세상이 되었다. 그들은 법 위에 있었다. 유신독재 아래 대학생들은 독재 타도와 유신철폐를 외치며 또다시 거리로 나서야 했다.

거리는 매일매일 최루탄 가스로 차고 넘쳐났다. 한성덕은 경성에서 다방 운영하기가 점점 더 힘들어졌다. 군인에게 경찰에게 깡패에게 돈을 상납해야 그나마 운영할 수 있었다. 상납금을 주고 나면 남는 게 없어서 하숙집도 같이 운영했다. 다방 내부 수리도 자주하고 시대에 맞추며 열심히 살았다.

1979년 10월 26일 박정희가 측근에 의해 사망하고 18년 동안의 독재 기간이 끝나자. 그해 12월 12일. 전두환이 나라를 지켜야 할 군대를 가지고 박정희와 똑같은 수법으로 쿠데타를 일으켰다.

쿠데타 세력은 계엄을 선포하고 반대 세력을 모두 잡아넣으려고 했다. 이에 국민이 저항하자 1980년 5월 17일 계엄령을 확대하고 한 곳을 본보기 삼아 진압한 후 전국을 평정하려고 공수부대를 호남에 투입했다.

다음날 전국적으로 계엄령이 확대되자, 1980년 5.18 광주

민주화 운동이 시작되었다. 전두환은 이들을 잔인하게 총과 무력으로 진압했고, 수도권의 신군부를 시켜 군대를 동원해서 국회를 점령했다.

시대가 더욱 어수선한 분위기 속에 어느 날. 경성에서 부자였던 양반이 거지가 되어 다방에 나타났다. 그리고 또 한 사람. 오래전 다방에 찾아온 허름하고 남루한 옷차림의 모녀에게 국수 한 그릇 사주고 난 뒤 일본이 망할 거라고 이야기하다가 감옥에서 1년을 지내고 나온 양반. 그 양반은 한 쪽 다리를 절면서 땅콩을 팔러 다방에 나타났다.

경성에서 부자였던 양반은 공장이 잘되자, 일본 총독부가 그를 부정부패로 몰아 전 재산을 몰수해 갔다고 했다.

그들은 모두 반사회성 인격장애를 가진 자들이다. 자신의 이익이나 즐거움을 위해서는 해로운 방식으로 타인을 이용하는 데에 있어 거리낌이 없고, 타인을 조종하거나 기만한다. 오만함을 보이거나, 타인을 낮춰서 부정적으로 생각하거나, 해를 끼치는 행동에 대해서 자책감이 없고, 해를 입은 이에게 냉담한 태도를 보인다.

우리는 열심히 살았는데 가난한 자들을 힘들게 하는 세력들은 그대로야. 변한 게 없어. 왜 그대로 일까.

그것은 리더들이 아프고 나쁜 과거를 알면서도 끊어내지 못해서 그렇다. 끊어내는 동안 찾아오는 불편함을 견디기 힘들어서 끊어냄을 포기한 결과다. 나라보다, 가난한 자보다, 자신들의 재산을 위해, 자신들의 편안함을 위해 수많은 사람들이 욕심을 끊어내지 못하고 돈을 좇는 이야기들이 지금도 뉴스에 끝없이 흘러나오고 있다. 안타까운 우리의 역사다.

이들은 반사회성 인격장애를 가졌다. 그들은 양심의 가책이 없고, 지배욕과 정복욕이 강해 자신의 이익을 위해서는 치밀한 계획을 세우며 주위 사람들은 자신의 성공을 위한 수단일 뿐, 관계의 정이나 슬픔은 느끼지 못한다.

반사회성 인격장애에 속하는 소시오패스는 스스로 이익이중요하고, 양심과 동정심, 죄책감이 없다. 자신의 목적을 이루기 위해 타인을 속이고, 험담하며, 이간질 시키거나, 기만하거나 잘못을 떠넘긴다. 타인의 안전과 건강은 가볍게 여기지만, 자신의 상처와 아픔에 대해서는 연민이 크다. 타인에게 해를 끼친 후에도 원인을 사회나 타인 탓으로 돌리는 등 자신의 행동을 정당화, 합리화한다.

연극 - 플레이백 / 해리장애

기억을 지워주세요. 기억을 제거하기도, 판매하기도 하는 기억 상점이 있다. 어느 날, 아픈 기억들로부터 벗어나기 위해 맨(가수 P.O 표지훈)이 상점으로 찾아와 기억을 지운다.

그랬지만, 그의 공허함은 사라지지 않았다. 기억은 지우고 며칠이 지나야 다른 사람이 판 기억을 주입 할 수 있는데, 기억을 지운 남자는 바로 새로운 기억을 사고 싶어 한다. 즐거운 기억 재미있는 기억을 주입하고 싶어요. 다른 사람이 지운 기억에는 다음과 같은 내용이 있다.

아파트 위층에 사는 남자와 아래층에 사는 여자는 서로 시끄럽다며 조용히 해 달라고 하며 지내고 있다. 어느 날, 위층에 사는 남자는 데이트를 나가야 하는데 자신이 없어 로봇을 내 보낸다.

드론을 조정하듯 로봇을 조정하며 데이트를 하는 남자. 그런데 이 남자와 만나는 여자 또한 데이트에 자신 없어 보낸 로봇이었다.

아파트 위층에 사는 남자가 로봇으로 데이트를 열심히 하고 있는 동안 아래층 여자도 무언가 열심히 조정하고 있다. 플레이백에 온 맨은 이 기억을 사서 주입한 후 재미있어 한다. 그리고 다른 기억을 하나 더 원했다. 친한 친구 하나 없던 그는 친구와의 즐거운 기억이 있으면 사고 싶다고 했다.

다른 사람이 지운 기억 하나 더. 태어나 처음 여자와 데이트를 나가는 젊은 친구가 있다. 그의 옆에서는 옷은 이걸로 입어라. 신발은 저걸로 신어라. 하나씩 챙겨 주는 친구가 있다. 데이트를 하고 온 친구. 그는 데이트가 성공했다며 집으로 돌아와 자랑을 하는데, 그의 옆에는 곰 인형이 앉아 있다.

사실은 그가 데이트 가기 전에 이야기하고 의지하고 자랑한 친구는 아무 말도 못하는 곰 인형이었다.

그래요. 누구나 무엇이든 의지하는 게 하나씩은 있죠. 맨은 새로운 기억을 주입하고 또 주입해 달라고 한다. 손님. 하루에 많은 기억을 주입하고 삭제하면 문제가 생길 수 있어요.

더 이상은 안 됩니다. 사장님. 기억 하나만 더 주입해 주세요. 다른 사람이 지운 기억 또 하나. 어느 남자와 여자가 헤어진다. 아이를 늦게 데리러 가는 바람에 아이가 죽었다며 여자가 남자에게 헤어지자고 한다. 사장님, 저 남자는 그 다음에 어떻게 되었나요? 참 안됐네요. 궁금하시나요?

처음에 나온 로봇 조절하던 남자와 여자는 여기 와서 자신들의 기억을 지웠어요. 몇 년 후 회사에서 만난 두 사람은 서로의 과거를 기억하지 못한 채 데이트를 갔다가 사랑을 하게 되고 아이도 낳았지요. 그리고 아이를 잃고 이혼을 하게 되자. 다시 이곳에 와서 기억을 지웠답니다.

이 사람은 바로 당신이에요. 당신이 지운 당신의 기억을 당신이 다시 사서 기억을 한 거예요. 잔잔하던 연극의 마지막에서 아 ! 라는 신음이 입에서 나왔다.

그래. 지우고 싶은 기억. 지우고 싶은 추억. 지우고 싶은 사람. 하나쯤 없는 사람 누구일까. 그래도 그것들이 모여 나인 것을 어떡하랴. 플레이백 사장은 맨에게 자신이 이 상점을 하게 된 사연을 털어 놓았다. 손님. 플레이백이 생기고 제가 첫 손님이었데요.

저는 여기 와서 기억을 다 지웠어요. 그랬더니 정말 기억할 게 하나도 없더라고요. 그 후 저는 제가 지운 기억을 다시 찾으려고 여기서 일하게 되었고, 이 상점을 운영하게 되었어요.

라고 했다.

기억. 지운다고 지워지면 얼마나 좋을까. 아플수록 지우기 어려운 게 기억 아닌가 말이다. 그런데 너무나 강한 심리적 충격은 스스로 감당하기 힘들어 자신을 보호하기 위해 기억을 상실할 때가 있다. 이를 심리학에서는 '해리장애' 라고 한다.

특정 사건에 대해 기억하지 못하는 국소적 기억상실. 사건의 일부분에 대해 기억하지 못하는 선택적 기억상실. 가족이나 특정한 사람과 관련된 정보에 대해 기억하지 못하는 전반적 기억상실 등이 있다.

어쩌다 마음이 아픈 일이 생길지라도, 지우고 싶은 일이 생길지라도, 건강하게 잘 이겨내기 위한 히든카드 하나쯤은 가지고 있기를 누구는 운동으로 누구는 여행으로 누구는 독서로 또 다른 누구는 그 무엇으로 회복하는 회복 탄력성이 강한 우리 모두가 되기를 바래 본다.

연극 - 동치미 / 관계 심리학

꿩 먹고 알 먹고가 뭔지 아니? 꿩은 모성애가 그 어떤 짐승보다 강하단다. 알을 품고 있을 때 산에 불이 나도 도망을 가지 않아. 물가로 가서 온몸에 물을 묻혀 새끼한테 왔다가 갔다가 하지. 산불이 다 꺼지고 난 다음에 산에 올라가 보면 새까맣게 탄 어미 꿩 아래에는 꿩 알이 있단다.

한편 김복만이 한 이 말은 연극 동치미의 전체 내용을 이끌고 가는 주제다. 남편 김만복. 아내 정이분은 50년을 같이 살아온 부부이다. 김만복은 가부장적이고 무뚝뚝하고 짠돌이의 대표적 남편이고 아내 정이분은 순종적이고 정 많고 다정한 아내다.

어느 날, 큰아들이 집으로 아버지를 찾아왔다. 멋진 사업 아이템과 특허증과 약속된 사업 청사진을 내보이며 집을 담보로 보증을 부탁한다.

아버지 지금 시대는 돈 놓고 돈 먹는 시대에요. 난 자신 있어요. 난 아버지처럼 살고 싶지 않아요. 평생 직장 다니시고 달랑 이 집 한 채밖에 없잖아요. 저도 사업을 안 하면 아버지처럼 살 수 밖에 없어요. 아버지가 사랑하시는 막내가 내년에 유치원에 들어가는데 앞으로 어떻게 살아요?

사업이 말처럼 쉬운 게 아니라는 것을 수백 번 이야기해도 아들은 자기 사업 이야기만 한다. 부탁이 아니라 통보다. 들어주지 않으면 죽을 것 같이 말투가 점점 거칠어져 간다.

계속 말리던 김만복은 '새끼들은 잘 살아야지. 그래.' 손자들 생각에 더 이상 아들을 말리지 못한다. 큰딸은 바쁜 사업가 집안에 시집을 갔다. 돈과 배움의 차이가 있는 집. 시댁 사업이 바빠 사위 얼굴은 이미 잊은 지 오래다.

딸 얼굴 보기도 어려운 아버지는 선물을 들고 우연히 사돈집 근처를 지나는 것처럼 찾아가 딸의 얼굴을 보고자 했다. 그러나 사돈 집은 귀한 손님이 와 계신다는 안사돈 이야기에 대문 밖에서도 다음에 한 번 다시 오시라는 말만 들었다.

제 여식이 많이 부족하지요. 잘 부탁드립니다. 아. 네. 요새 아이들이 다 그렇지요. 뭐. 그럼. 시어머니는 인사를 마치자 바로 대문을 닫아 버렸다.

담장 밖에서 담장 안쪽을 바라보며 허리를 90°로 접는다. 제 여식을 잘 부탁드립니다. 잘 부탁드립니다. 큰 소리로 애원하는 김만복의 목소리에는 물기가 축축하다.

시간이 흐르고. 김만복이 소주와 안주를 앞에 놓고 큰아들과 술을 마시고 있다. 아들 미안하다. 아버지가 사업 경험이 없어서 끝까지 말리지 못했다. 돈이 없어서 끝까지 밀어주지 못해 미안하다.

이거 줄 테니 다시 해봐. 김만복은 사업하다 망하고 돌아온 아들에게 통장을 내민다. 그동안 택시 한 번 안 타고 전기세 물세 보험료 먹을 거 입을 거 아껴가며 니 엄마가 모아둔 돈이다. 바닥까지 떨어져 봤으니 됐다. 다시 일어나라. 자 한 잔 더 받고 노래방도 가자. 오늘은 이 애비가 다 쏘마. 돌아온 탕자에 나오는 아버지와 아들의 모습을 보는 듯 마음이 찡하면서도 아픈 장면이었다.

막내딸은 안정된 공무원이나 하라고 행정학과를 보냈더니 서른이 넘었는데도 애인하나 없이 연극을 한다고 미쳐있다.

어느 날, 김만복은 딸이 가지고 다니는 사진기를 빌려 아내와 공원으로 사진을 찍으러 나간다. 멀찌감치 앞서 가던 김만복이 뒤따라오는 정이분 여사를 보며 왜 그렇게 느리게 오느냐 큰 소리다. 무릎이 안 좋은데 어떻게 빨리 걸어요. 이그 답답한 마누라하곤. 김만복이 뒤돌아 서서 아내를 기다리며 가까운 의자를 찾아 앉았다.

그러더니 사진기를 들고 일어서서 아내에게 말했다. 자 당신 사진 한 번 찍어 볼 테니 여기 잘 봐. 여길 보고 입을 꽉 다물고 동치미 라고 해봐. 아니 어떻게 입을 꽉 다물고 동치미라고 해요? 그러니까. 입을 꽉 다물고 동치미 라고 해봐. 동치미.

사진기 타이머를 맞춰둔 김만복이 아내 옆에 앉더니 같이 동치미~ 라고 하며 사진을 찍었다. 그 사진이 마지막 사진이 될 줄이야. 큰 소리쳐야 남편인 줄 아는 사람. 사랑해요. 사랑했어요. 왜 살아선 그 표현을 못했던 걸까?

아들 딸은 자기 살기도 바쁘다는 핑계로 늘 앞으로 잘 할게요, 를 입에 달고 살았다. 그러나 부모가 원하는 건 내일이 아니라 앞으로가 아니라. 바로 오늘이다. 오늘 할게요. 오늘 보고 싶고 오늘 사랑해요 라는 말을 듣고 싶은 것이다. 그러나 내 마음 같지 않다. 가까울 수록 힘든 관계가 더 많이 일어난다. 서로에게 좋은 영향을 주기도 하지만 부정적인 영향을 주기도 한다.

가슴을 날카로운 메스로 찌르기도 한다. 어떡하면 좋을까. 하고 싶은 말, 하고 싶은 것, 치우고 싶고 정리하고 싶은 것, 마무리 짓고 싶은 마음. 모두 잠시 멈추어야 한다.

화려하고 아름다운 춤도 춤을 추는 동안은 내 춤만 추지 않고 잠시 기다려주는 시간을 갖는다. 그래야 춤이 엉키거나 무너지지 않고 각자의 춤을 출 수 있는 여유가 생긴다.

인간 관계 역시 마찬가지. 우리는 아침 일찍 일어나 가정에서 직장에서 사회에서 거미줄처럼 얽힌 수 많은 관계들을 만난다. 살아 있는 한 관계를 벗어나 살 수는 없다. 그들과 관계 속에서는 내가 이해가 안 된다고 몰아 붙이면 안 된다. 잠시 멈춤의 시간을 주고 받아야 한다.

그 관계가 부모와 자식이면 더 그렇다. 어찌보면 불행도 행복도 관계 속에 숨어 있다. 관계는 잠시 멈추어야 숨을 쉴 수 있다. 자기 생각을 계속 고집하면 상대방은 숨을 쉴 수 없다.

관계의 수준이 낮은 사람은 높은 자기애를 가진다. 이러한 사람은 자신의 존재만을 느끼고 타인의 존재를 느끼지 못하는 경우가 대부분이다. 관계에서 중요한 것은 자기중심적 사고가 아닌 서로에 대한 신뢰와 지지에 있다. 그래야 그 관계가 건강하게 오래 유지된다.

뮤지컬 - 몬테크리스토 백작 / 복수 심리학

뮤지컬 몬테크리스토 백작의 시대적 배경은 1812년. 프랑스 '나폴레옹'이 러시아 원정에서 패한 후 영주로 강등되어 이탈리아에서 3번째로 큰 엘바섬에 9개월간 유배 생활을 하고 있던 때이다.

범선 파라호의 항해사 에드몬드 단테스는 항해를 무사 히 마치고 프랑스로 돌아와 파라호의 새로운 선장으로 임명되고 사랑하는 연인 메르세데스와 약혼식을 올린다.

그런데 사람들이 축하하는 자리에 갑자기 군인들이 나타나 에드몬드 단테스를 체포한다. 이유는 다음과 같았다.

에드몬드 단테스가 범선 파라호를 타고 항해에서 돌아오는 길에 잠시 엘바 섬에 들렀을 때, 우연히 유배 생활을 하고 있던 나폴레옹으로부터 편지 한 통을 받았다.

그 모습을 범선 파라호의 회계사 당글라스가 보았다. 그는평소 에드몬드 단테스를 시기하고 있었는데, 그 사실을 에드몬드 단테스의 약혼녀에게 흑심을 품고 있던 몬데고에게 이야기를 했고, 두 사람은 에드몬드 단테스를 스파이 혐의로 고발했던 것이다.

에드몬드 단테스를 심문하던 판사 빌포트는 나폴레옹의 편지라 하더라도 단순히 전달만 부탁받은 에드몬드를 무죄라 했다. 그런데 그 편지의 수신인이 자신의 아버지임을 듣게 되자, 가문의 명예를 위해 아무 죄 없는 에드몬드 단테스에게 유죄를 선고한다.

당글라스와 몬데고는 에드몬드 단테스가 감옥에서 돌아오지 못하도록 빌포트에게 부탁을 하고 에드몬드 단테스는 악명 높은 감옥 사또 디프 섬 지하에 갇히게 했다.

당글라스는 파라호 회사를 빼앗기 위해 몬데고는 에드몬드 단테스의 약혼녀 메르세데스를 빼앗기 위해 빌포트는 가문의 명예를 지키기 위해 에드몬드 단테스를 죽은 것으로 처리한다.

약혼녀 메르세데스는 에드몬드 단테스가 죽었다는 소식에

혼절한다. 몬데고는 그녀를 위로하는 척하며 자신이 에드몬드 단테스처럼 사랑해 줄 것이라며 속삭인다. 그리고 끝내 그녀와 결혼식을 올린다.

한편 에드몬드 단테스는 악명높은 감옥 사또 디프 섬 지하에 갇혀 있는데 어느 날, 갑자기 수십 년째 수감 중이던 파리아 신부가 나타났다. 그는 그곳에서 탈출을 위해 오랫동안 땅굴을 파고 있었는데 방향을 잘못 잡아 에드몬드 단테스의 감방 바닥을 뚫고 나왔던 것이다.

에드몬드 단테스는 파리아 신부로부터 글과 정치, 경제, 사회, 검술 등을 배웠다. 그런데 어느 날, 땅굴을 파던 파리아 신부는 흙이 무너져 크게 다쳐 죽고 만다.

파리아 신부는 죽기 전에 에드몬드 단테스에게 선물 두 개를 주겠다고 했다. 하나는 몬테크리스토라는 섬에 숨겨 놓은 보물 지도를 그리고 하나는 용서라는 단어를 주었다.

14년의 감옥 생활을 하고 있던 에드몬드 단테스는 파리아 신부의 죽은 사체 대신 자신이 마대 자루 속에 들어가 사또 디프 감옥을 극적으로 탈출하는데 성공한다.

그리고 망망대해에서 표류하는데 다행히도 지나가던 해적선에 의해 구조 된다. 해적선 여선장 루이자는 에드몬드 단테스에게 매력을 느껴 그의 목숨을 살려주고 함께 몬테크리스토 섬까지 간다. 몬테크리스토 섬에는 파리아 신부의 말대로 어마어마한 보물이 있었다. 에드몬드 단테스는 몬테크리스토 백작 이라는 이름으로 14년 만에 복수의 칼을 들고 프랑스 파리로 돌아왔다.

그리고 파리 카니발에 놀러온 몬데고의 아들 알버트를 구해 준다. 사실 이 일은 몬테크리스토 백작이 일부러 꾸민 자작극이었다. 알버트는 몬테크리스토 백작을 아버지처럼 존경하며 집에가서 몬데고에게 소개한다.

그동안 파라호 회사는 욕심 많은 회계사 당글라스가 움켜쥐었고 판사 빌포트는 부장 판사가 되어 수 많은 부정을 통해 돈을 축적하고 있었다.

그런데도 이들은 헤아릴 수 없이 많은 돈을 가졌다는 몬테크리스토 백작이 나타나자 그를 초청해 그의 돈을 모두 빼앗기로 모의한다. 당글라스, 몬데고, 빌포트. 세 사람은 모든 돈을 모아 몬테크리스토 백작의 회사 지분을 사들인다.

그러나 몬테크리스토 백작은 세 사람의 돈을 모두 확보한 뒤 회사를 파산시켜 거지가 되게 만들었다. 이에 충격을 받은 당글라스와 빌포트는 자살을 한다.

안타깝게도 이 두 사람은 욕심이 잉태한 즉 죄를 낳고, 죄가 잉태한 즉 사망을 낳는다는 진리를 잊고 오로지 돈의 욕심에 눈먼 자들이었다.

알버트는 아버지처럼 따르던 백작이 무서운 사람으로 변하자, 총을 들고 결투를 신청한다. 알버트의 행동에 그의 어머니 메르세데스는 몬테크리스토 백작을 찾아가 아들을 살려 달라고 애원을 한다.

사랑은 베푸는 자의 것 아닌가요. 사랑을 베풀어 주세요.
몬테크리스토 백작은 차마 사랑했던 여인의 아들을 죽이지는 못하고 어머니에게 가서 잘 하라며 살려 보낸다.

이때 몬데고가 칼을 들고 나타나 백작에게 결투를 신청한다. 백작은 싸우지 말고 서로 용서하자고 하지만 뒤에서 백작을 공격하려다가 목숨을 잃고 만다. 백작은 알버트에게 너의 아버지 죽음은 어쩔 수없이 된 일이라 사과를 하는데 메르세데스가 백작에게 고백한다.

에드몬드. 알버트 눈을 자세히 보세요. 깊고 따뜻한 눈을요.
당신과 닮았죠? 당신 아들이에요. 극은 그렇게 막을 내렸다.

복수는 돌이키고 싶은 사건에서 시작하지만, 돌이키지 못한다는 것으로 끝이 난다. 정말 강한 사람은 복수를 하지 않는다. 복수는 복수를 낳는다. 악의 복수는 내가 피해자에서 가해자가 되어 또 다른 복수가 생기게 한다.

복수의 악순환을 끊을 수 있는 방법은 선으로 이기는 길 외에는 없다. 그 대표적인 예로 다윗이 있다.

다윗은 사울왕에게 개인적으로 복수할 수 있었지만, 복수하지 않고, 복수는 신에게 넘겼다. 그 후 다윗은 위대한 왕이 되었고 지혜의 아들 솔로몬을 얻었다.

뮤지컬 - 뱀파이어 아더 / 집착

먹을 것을 구하기 위해 어두운 영국의 뒷골목을 찾아 헤매는 엠마. 힘들어 지쳐 있을 때. 하녀를 구한다는 전단지를 보게 된다. 광고를 보고 찾아간 곳은 뱀파이어가 살고 있는 으스스한 고저택.

저택에서는 뱀파이어 아더와 그의 집사 존이 살고 있다.
광고를 낸 아더는 적을 알아야 적을 이길 수 있다는 생각으로 한 달 만이라도 가까이에서 인간을 보고 싶어 광고를 냈다.

무서운 뱀파이어가 사는 집의 분위기 보다 배고픔이 더 무서웠던 엠마는 그 집에서 일 하기로 한다. 내가 어릴 때 엄마는 고아원에 나를 팔았어요. 고아원 원장은 나를 공장에 팔았죠. 너무도 배가 고파, 더 이상 살기 싫어요. 천국에 가면 배 고프진 않겠죠.

얼마 남지 않은 아더의 성인식. 아더가 성인이 되는 날, 그는 완벽한 뱀파이어가 되는 날이다. 그런데 엠마가 있으면 아더의 마음이 흔들릴까 봐 존은 엠마를 저택에서 내쫓으려 하고 아더는 엠마를 보호하려 한다.

뱀파이어가 사는 집 성벽 유리창은 늘 커튼이 쳐 있다. 그동안 아더는 커튼 밖 인간 세상을 책 속에서 배워왔다. 바깥 세상에서 온 엠마를 보고 런던의 진짜 모습이 어떤지 궁금해 하는 아더.

엠마는 글은 잘 모르지만 그림을 잘 그렸다. 늘 가지고 다니는 종이에 런던의 모습을 그려 아더에게 이야기해 주자, 아더는 글을 잘 모르는 엠마에게 글을 가르쳐 준다.

존은 아더에게 늘 날 고기를 식사로 갖다 주는데 어느 날 엠마는 쿠키를 만들었다. 아더 이거 하나 먹어봐요. 얼마나 맛있는지 둘이 먹다가 하나가 죽어도 몰라요. 아더는 쿠키를 먹으면 둘 중에 하나가 죽는다고 하자, 쿠키를 먹지 않으려 한다.

농담을 모르는 아더에게 쿠키를 먹어도 죽지 않는다고 달래며 입에 넣어주자. 아더는 쿠키맛에 반하고 만다. 뱀파이어가 쿠키를 맛있게 먹을 수 있는 건가? 생각의 질문을 던지며 계속 극을 따라갔다.

엠마와 아더는 서로는 그렇게 조금씩 가까워 지는데. 조금만 있으면 아더의 성인식. 그날이 오면 아더는 세상을 훨훨 날아다니며 인간의 피에서 향기를 느끼는 완벽한 뱀파이어가 될 것이라고 존은 믿는다.

아더는 잘 날고 싶어서 오늘도 유리창에서 뛰어 내리는 연습을 하는데 언제나처럼 날지 못하고 아래로 떨어진다. 완전한 뱀파이어가 되기 위해서는 하늘을 멋지게 날아야 하는데 아더는 걱정이 태산이다.

늘 어두움 속에서 살아야 하고 빛을 피해야 하는 삶을 살고 있던 아더는 존에게 신은 왜 우리를 버린 거야? 라고 물어 본다. 그러자 존은 반대의 말한다. 신이 우리를 버린 게 아니라 우리가 신을 버린 거야.

아더는 엠마와 사이가 점점 가까워져 갔다. 그리고 어느 날, 고성 밖을 나가면 안 된다는 존의 말을 어기고 엠마와 런던의 밤을 구경하고 돌아왔다. 런던의 밤은 멋지고 화려했다.

엘리자벳 서거 10주년 공연. 이라는 광고 문구를 멀리서 읽어내는 엠마를 보고 아더가 기뻐하며 물었다. 엘리자벳이 누구야? 엘리자벳 몰라? 집에서 잘 때 존이 들려주던 오르골에서 나오는 노래 있지? 그 노래를 부른 주인공이 바로 엘리자벳이야.

사실은 이랬다. 엘리자벳은 뱀파이어 존이 사랑한 여인이었다. 그녀는 존의 아이를 낳았고는 아이를 잘 키워 달라는 부탁을 남긴 채 죽어 버렸다. 그녀를 너무 사랑한 존은 아이를 위해 둘만의 성에서 지냈다.

아이가 성인이 되어 스스로 날아다닐 수 있기를 바라면서 그런데 알고 보니 그 아이는 엄마와 같은 인간으로 태어나버린 거다.

존은 엘리자벳을 사랑하듯 아더를 사랑했다. 사랑에도 그 종류가 있다. 먼저 가장 뜨거운 남녀 간의 사랑인 에로스. 정신적인 사랑인 필리아. 부모와 자식의 사랑, 혈육의 정이라고 볼 수 있는 스테르게르트론. 그리고 종교적인 신앙적인 사랑 아가페 사랑이 그것이다.

그리고 존은 아더가 자기처럼 뱀파이어가 되길 바라며 집착했다. 커튼을 치고, 날고기를 먹고, 나르는 연습을 하면 변할 수 있으리라 생각했다. 그리고 그렇게 키웠다.

사랑은 상대의 입장을 고려하면서 행복하게 해주려고 하지만, 집착은 상대의 감정을 전혀 고려하지 않고, 내 입장에서 내 마음대로 하고, 상대를 소유함으로 나만 마음이 편하면 된

다는 식으로 행동을 하는 성향을 말하는데 존은 아더에게 그랬다.

그러나 아더는 날지도 못하고 인간 여인을 사랑하고 그녀의 피를 원하지도 않고 키스까지 한다. 그 모습을 보며 힘들어하는 존.

그래도 마지막은 해피앤딩 이어서 좋았다. 존은 아더가 매일 듣는 오르골 속에 이 모든 사실을 적어 놓고 아더와 엠마를 놓아주고 떠난다.

연극 - 참기름 톡 / 외로움

사는 게 바쁘다고 외롭게 두면 누구나 아프다. 무대를 보는 순간. 로이 리히텐슈타인의 작품의 '행복한 눈물'이 시선을 잡았다. 만화 같은 그림. 2002년 크리스티 경매에서 716만 달러, 우리 돈 90억 원 상당에 팔린 〈행복한 눈물〉이다.

그림 속 여인의 눈물이 맑은 다이아몬드처럼 반짝거려 보였다. 행복한 눈물. 행복한 눈물을 생각하는 동안 극장은 fade-out 되고 연극은 시작되었다.

오늘은 딸의 함이 들어오는 날.
직장을 은퇴한 가장 남편 박민수는 집에서 아무도 모르게 이벤트를 준비한다. 요리사가 들어오고 함 맞이 요리를 준비를 하는데 아무것도 모르는 아내가 주방으로 들어와 요리사를 보더니 어이없어하며 남편에게 이혼을 하자고 한다.

자신이 지금까지 키워온 딸을 위해 맛있게 요리를 해 주고 멋지게 이혼을 하려고 했는데 자기 마음대로 결정하고 요리사를 불러온 남편을 향해 큰 소리로 화를 냈다. 이러니 내가 당신과 살기 싫어.

30년 동안 며느리로 엄마로 아내로만 살았지 나로 산 게 없다며 이젠 자신의 삶을 살고 싶다는 그녀.

남편 박민수는 그러니 이젠 나랑 같이 당신 하고 싶은 거 하면서 살자며 달래는데, 이정은 여사는 말을 듣지 않는다.

옆에서 이정은 여사의 말을 듣던 딸 박은주는 무척이나 현대적인 성격의 소유자다. 엄마에게 따지며 이야기 한다. 엄마. 아빠는 아빠 인생을 살고 엄마는 엄마 인생을 살면 되는 거야. 누가 못하게 해? 왜 이혼하자고 해? 아빠도 엄마하고 싶은 거 하며 살라잖아. 왜 그러는데?

지겨워. 자기밖에 모르고. 내 생일 한 번 챙겨 준 적이 없는 사람. 결혼 전에는 하늘의 별이라도 따다 준다더니 별은 무슨 별. 아빠도 평생 직장만 다니셨어. 왜 엄마의 역할을 포기하려고 해?

그래. 엄마 역할 때문에 지금까지 살아온 거야. 이젠 싫어.

이때 옆에 있던 요리사가 요리에 대해 이야기 한다.

요리는요 기다리는 거에요. 재료를 다듬고 불을 피우고 익을 때까지 기다려야 해요. 급하게 요리가 될 수 없어요. 소금이 필요하다고 소금을 왕창, 설탕이 필요하다고 설탕을 많이, 고춧가루 가 필요하다고 고춧가루를 잔뜩 넣는다고 요리가 되는 건 아니죠. 요리는 재료를 적당히 알맞게 넣어야 맛이 나고 기다릴 줄 알아야 해요.

요리사는 화를 내는 이정은 여사에게 국화차 한 잔을 권했다. 국화는 봄도 아니고 여름도 아니고 눈 내리는 겨울도 아니고 외로운 가을에 꽃을 피우는데 차가운 기운이 있어서 마시면 열을 식혀주는 역할을 한다고 했다.

요리사가 계속 한 말 중에는 부부 관계 정답이 들어있었다. 고우면 하는 짓이 미운 게 없고 미우면 하는 짓이 고운 게 없다. 라고 했다. 30년 살다 보니 남편이 하는 모든 행동이 미워 보인다? 왜? 미워 보일까. 연극에서는 그 이유를 설명하진 않았지만. 그녀는 대사 중에 외롭다고 했다.

외로움. 마음은 나눌 때 행복해 하는데 마음을 받아줄 사람이 마음을 받지 않거나 밀어내면 마음은 아파서 한겨울 얼음처럼 차가운 눈물을 흘리게 된다. 외로움이라는 찬 기운의 단어를 생각하니 잠시 눈가에 차가운 이슬이 지나갔다.

이때 방 안에 예쁜 치매를 앓고 계시던 박민수 어머니가 나오셨다. 요리사는 어머니에게 드시라고 홍시를 식탁에 올려 놓았다. 어머니는 홍시를 드시면서 어머니가 생각이 나신다며 홍시 노래를 부르셨다.

어머니는 치매로 인해 정신이 왔다 갔다 하시면서도 며느리에 대한 고마움을 잊지 않고 계셨다. 홀어머니 밑에서 자란 가난하고 못난 아들에게 시집와서 시어머니를 친정 엄마 보다 더 잘 챙겨 준 마음에 감사하고 계셨다.

박민수의 어머니가 어머니를 그리워하며 부르시는 홍시 노래는 여기저기에서 관객들의 눈물을 흘리게 충분했다. 한편 그동안 일만 해왔던 남편의 오늘 이벤트는 30년 만에 올리는 결혼식이었다.

자신과 결혼해 30년 동안 살면서 고왔던 손이 투박해 지고 고왔던 얼굴은 쭈글쭈글 해지고 검었던 머리에 흰 눈이 내린 아내의 지금 모습은 다 자신 때문이라며 아내를 위해 노래를 불렀다.

노래가 끝나자. 박민수는 주머니에서 반지를 꺼내 지금부터 제2의 인생을 자기와 같이 살아달라며 청혼한다. 무심하기만 하던 남편이라 오해를 하며 이혼을 결심했던 아내의 눈에서 눈물이 흘러내렸다. 무대 중앙에 로이 리히텐슈타인의 '행복한 눈물'이 다시 눈에 들어왔다.

외로움은 가족이 있고 나의 일이 있는데도 불구하고 혼자라는 느낌이 드는 상태를 말한다. 외로움은 사람과의 관계가 단절되었을 때 나타나고 단절은 대화가 사라질 때 생긴다.

외로움은 고독과는 차이가 있다. 고독은 세상과의 단절이고 외로움은 마음과의 단절이다. 외로움은 코끼리도 말하게 한다고 하지 않던가 그만큼 이야기를 나누지 않았다는 말이다.

외로울 때에는 자기 대화가 도움이 된다. 나를 사랑해 주고 나를 격려해 주는 긍정적인 대화를 자기와 나눈다. 대화로는 일기 쓰기도 좋고 이야기하기도 좋다.

이야기 할 때는 혼자 있는 공간도 좋고 산책을 하면서도 좋다. 지금의 문제를 나에게 이야기 한다. 아프면 아픈 대로 이야기 하고 감사하면 감사한 대로 이야기 한다.

뮤지컬 - 미드나잇 앤틀러스 / 사회주의 심리학

러시아 알렉산드르 3세가 사망하고 그의 아들 니콜라이 2세가 즉위했으나 그는 노동자, 공산주의자, 사회주의자, 자유주의자들이 말하는 제국주의, 전쟁 반대, 지주의 토지몰수 국유화. 생산과 분배는 소비에트(평의회)가 통제하기 등의 개혁을 받아 들이지 않았다.

1914년~1918년 제 1차 세계대전을 치르고 있던 독일은 1917년 4월 16일 스위스 망명 중이던 레닌을 페트로그라드로 잠입 시켰다.

독일은 레닌이 러시아에서 혁명을 성공한 뒤, 러시아가 독일과의 전쟁을 포기하기를 바라며 지원했다. 레닌은 독일과의 전쟁보다 러시아에서 볼셰비키 혁명을 성공하는 것이 더 중요하다고 생각했기에 독일의 협조를 받아들였다.

볼셰비키(다수파, 강경파)혁명은 1917년 11월에 러시아에서 일어난 프롤레타리아(자본주의 사회에서 생산 수단을 가지지 못하고 자기의 노동력을 팔아 생활하는 임금 노동자)혁명으로 레닌이 지도하는 볼셰비키가 주동이 되어 페테르부르크에서 무장 봉기하여 전국에 파급되었다.

모든 토지와 은행을 국유화 했고, 개인의 은행 잔고와 교회 재산은 국가가 가져갔다. 노동시간은 하루 8시간으로 하였고, 임금은 인상 시켰다.

개인 소유를 없앴고, 생산되는 시설을 국유화한 뒤 국가 경제 체제를 발동했다. 마침내 10월 혁명으로 마르크스주의 사회주의가 탄생하게 되었다. 1924년 1월 24일 레닌이 뇌졸중으로 후계자 없이 죽자. 레닌의 추종자였던 스탈린이 정권을 잡았다.

스탈린(1922년~1953년 소련 공산당 서기장)은 소련을 독재적으로 통치하며 소련을 공업화하고, 농업을 강제로 집단화했으며, 철저한 경찰 테러에 의해 그의 지위를 확고히 했다.

농촌 농민들은 가공할 정도로 무자비한 스탈린에 의해 집단 농장이나 국영농장에서 생활 하도록 강요당했으며 군대와 정치 경찰로부터 공격을 받았다. 비협조적인 농민들은 무더기로 체포되어 추방, 총살되거나 수용소에서 극심한 강제노동을 당했다.

스탈린에 의한 희생자는 수천만 명으로 헤아려졌는데, 그의 주된 목적은 자기의 권력을 극대화하는데 있었다.

스탈린은 누구든 반발하면 가차 없이 숙청시켰고 심지어는 반대 의견을 말하는 자신의 아내조차 죽였다. 1933년과 1938년 사이 숙청된 당원 수는 수백 만 명에 이르렀다.

뮤지컬 미드나잇은 구 소련 스탈린 시대 이야기다. 1937년 12월 31일 저녁 11시 45분, 자정을 15분 앞둔 시각. 여주인공(우먼)은 엔카베데(비밀경찰) 대원이 옆집 107호의 남편을 끌고 가는 소리를 들으며 불안에 떤다.

우먼은 아직도 오지 않은 남편을 초조하게 기다리는데 문을 두드리는 소리가 났다. 문을 열자, 남주인공(맨)이 회의가 늦어져서 지금 왔다며 들어왔다.

우먼이 회의에서 옆집 107호 고발이 있었는지 묻자, 맨은 107호 남편이 고발당했다고 말한다. 안타까워하는 우먼에게 맨은 비밀 하나를 말하는데, 그 비밀은 오늘 밤 자정을 기준으로 자신이 '프로텍션'을 받았다고 했다.

'프로텍션'은 국가에 공로가 큰 사람에게 주는 것으로 이젠 누구도 자기를 건드릴 수 없다고 했다. 신이 난 맨은 암시장에서 아내에게 선물로 사 온 미국산 LP판을 틀어 놓고 우먼과 춤을 춘다. 그리고 샴페인으로 건배를 하는데 갑자기 문에서 똑똑똑 소리가 나면서 자신을 엔카베데(비밀경찰)라 소개하는 비지터(손님)가 문을 열라고 한다.

순간 두 사람은 공포를 느끼며 음악을 끄고 문을 열어주자, 비지터는 자신을 집 안으로 초대해달라고 했다. 맨은 비밀 경찰을 위해서 뭐든 해드려야지요, 하면서 들어오라고 했다.

그는 동료 대원들이 사람들을 많이 끌고 가느라 지쳐 자신을 놓고 가버렸다며 돌아갈 차를 부를 수 있도록 전화기를 좀 빌리자고 했다.

그 후 비지터는 맨이 '프로텍션' 받은 걸 축하해야 하지 않겠냐며 우먼에게 맨이 '프로텍션'을 받게 된 이유는 옆집 107호 남편을 고발해서라고 말했다.

맨은 우먼과 자신의 목숨을 위해 어쩔 수 없이 그랬다고 변명한다. 고문당하고 죽는 걸 두려워하는 게 잘못이야? 나는 각하(스탈린)의 신념을 믿는 애국자야. 라며 화를 냈다. 우먼은 맨의 변명을 들으며 눈물을 흘린다.

그때 비지터는 7개월 전에 맨이 각하에게 직접 보냈다는 투서에 대해 말하기 시작했다. 우먼은 이 편지 때문에 사람이 잡혀 나가기 시작한 거냐고 묻자, 맨은 그땐 이미 사람들이 잡혀가기 시작했고 어차피 편지와 상관없이 사람들은 잡혀갔을 거라고 변명한다.

그리고 비지터는 우먼에게 내면의 진짜 모습을 꺼내 보라며, 우먼이 엔카베데 본부에 갔다 온 사실을 말하자, 이번에는 맨이 충격을 받고 우먼이 변명한다.

어느 날, 우리 집으로 옆집 107호 변호사 부부를 초대했을 때. 변호사 부인이 반정권혁명에 대해 말했는지 확인하려고 불려간 것이었고, 사인하지 않으면 우리를 반역자로 몰아 투옥한다기에 고발 서류에 사인만 했을 뿐이라고 했다.

우먼은 소파에서 울고, 맨이 멍하니 있을 때. 비지터는 우먼에게 항상 따뜻하고 행복한 추억을 많이 안겨줬던 그녀의 아빠가 사실은 사람들을 고문하는 베테랑 심문관이었다는 사실을 이야기 하면서 옆집 107호 변호사 친구에 대해서도 비지터가 말하기를 그는 1931년에 9개월 동안 부장검사로 일하면서 8일에 한 명씩 사람을 총살한 장본이었다고 말한다.

맨은 갑자기 그동안 뭘 위해 살아왔는지 회의감에 빠져들며 자신이 꿈꿔온 유토피아는 결국 이 세상에 존재하지 않음을 깨닫는다.

비지터는 할당량을 채우기 위해 자정 전까지 둘 중 한 명은 데려가야 하는데 생각보다 오래 걸려서 시간을 멈췄다고 했다. 그리고 맨을 고발한 여자도 있다고 했다. 그 여자는 누구일까.

행복하고 선해 보이는 부부. 자상한 아버지. 선한 이웃. 모두가 서로를 고발하고 모른 척 살아간다. 내가 그였다면 나는 어떻게 했을까?

악마는 아주 평범한 사람과 다름없이 생겼고, 누구나 다 악마일 때가 있다는 비지터 말을 부정하지 못하는 이유는 누구나 같을 것이다.

사회주의 심리학. 사회주의는 부의 독점과, 비인간적인 노동환경에 반대하기 위하여 생겨났다. 사회주의는 국가가 생산수단을 소유하여 모두에게 평등하게 나눠주자는 시스템이다.

그러나 생산수단을 관리해야 할 자들은 오히려 노동자 위에 군림하며 자본을 독점해 갔다. 모두가 평등해지자고 국가가 모든 생산수단을 소유해 놓고 오히려 국가가 권력을 독차지했다. 이 과정에서 자본가, 노동자는 소외를 당하거나 죽음을 맞이했다.

만약에 빵이 100개 있고 국민이 10명 있다면 빵을 한 개 씩 골고루 나눠주고 나머지 90은 국가가 다 가져갔다.

사회주의는 열심히 일한 자나 일하지 않은 자가 모두 똑같이 빵 한 개씩을 받게 되자, 모두 열심히 일하지 않는 사회가 되었고 곧 망해버렸다.

연극 - 플랫폼 / 중독 심리학

플랫폼은 역에서 승객이 열차를 타고 내리기 쉽도록 설치해 놓은 평평한 장소를 말한다. 잠시 내려 쉬기도 하고 방향이 틀리면 다른 차로 갈아 타기도 하는 곳을 플랫폼이다.

우리의 인생이 그저 달리기만 하고 플랫폼이 없다면 우리는 지치고 힘든 삶에 숨을 쉴 수 없을 것이다.

플렛폼의 남자 주인공 서금동의 어머니 김신자 여사는 황태 해장국 장사를 하며 남편 없이 혼자 금동이를 훌륭한 직장인으로 잘 키우고 딸 같은 우정혜를 며느리로 맞아 행복하게 살고 있다.

과거로 돌아가서.

금동이가 초등학교 다니던 어느 늦은 저녁. 손님들이 모두 돌아가고 어머니 혼자 있을 때, 어머니를 눈여겨 보던 술 취한 남자 손님이 들어왔다.

장사 다 끝났으니 내일 오세요 해도 나갈 생각도 안 하고 어머니 가까이 다가가서 자꾸만 안으며 같이 사랑 한번 하자고 한다. 어린 금동이 어머니를 보호하기 위해 있는 힘을 다해 나쁜 남자를 밀어냈다. 남자는 아들도 있고 김신자 여사도 큰 소리로 거부하자 손을 놓고 도망치듯 나가버렸다.

손님이 나간 뒤, 어머니는 국밥집 탁자에 앉아 못 드시는 술을 드시며 괴로워 한다. 여보. 미안해요. 그때 내가 당신을 잡지 못한 이유는 어린 금동이 키우기도 벅찬데 당신까지 책임질 자신이 없어서 그랬어요.

아버지의 죽음에 대해 어머니는 죄책감에 사로잡혀 힘들어하셨다. 어린 금동은 술 취한 어머니를 보며 나쁜 사람들로부터 어머니를 빼앗길까 잃어버릴까 무섭고 두려워한다.

어머니 말씀을 더 잘 들어야겠다고 생각했다. 그렇게 마음을 먹고 어머니로부터 버려지지 않기 위해 열심히 공부하고 말도 잘 들으며 착하게 자라 자랑스러운 직장인이 되었다.

예쁘고 착한 아가씨 우정혜도 만나 결혼도 하고 누가 봐도 행복하게 살고 있다. 성실하게 회사도 잘 다니고 승진도 빠르고 어머니도 건강하시고 부인 우정혜와 서로 사랑하며 행복하게 살고 있었다.

그런데. 그렇게 평온하고 행복해 보이던 서금동. 어느 날, 자주 찾아가는 단골 빠에서 빠텐더로부터 마약을 접하게 된다. 한두 번만 하고 끊으려 했는데 점점 끊을 수 없어졌다.

중독이 되고 말았다. 가정은 순식간에 어둠에 휩싸이고 어머니 김신자 여사와 부인 우정혜는 괴로워 한다. 엄마는 아들이 아파하는 것이 모두 다 자신의 탓으로 돌리며 힘들어하고, 아내는 보다못해 지긋지긋해 하고, 서금동은 끊고 싶어 하지만, 끊지 못하고 어떻게 해야 할지 몰라 괴로워 한다.

가족들은 서금동이 어떻게 하면 마약을 끊을 수 있을까? 고민했다. 마약 퇴치 운동본부에서 나온 강사는 이렇게 말했다. 어떻게 끊을 수 있을까? 생각하지 말고 왜? 그것을 하는지 이유를 보라고 했다. 서금동이 왜 그것을 해야 했는지 이유를 알아야 끊을 수 있다 했다.

잘나가던 서금동. 어느 날. 삶이 공허해 졌다. 나는 누구인가? 나는 왜 사는가? 답을 찾지 못하고 방황했다. 공허가 도박을 부르고, 공허가 술을 부르고, 공허가 섹스를 부르는 것.

금동을 사랑하는 어머니가 계시고 예쁘고 착한 아내가 있고 잘 나가는 직장이 있는데 왜? 공허하다 생각한 걸까? 자라면서 상처가 없는 사람이 어디 있을까?

나는 아프니까 도박을 해도, 술에 빠져도, 섹스에 미쳐도 괜찮은 건가? 왜? 지나간 과거를 가지고 씨름을 하는 건가? 왜? 지금 나를 사랑하는 사람들은 보이지 않고, 과거의 상처만 보는 거야? 왜? 답답했다.

상처가 우리를 무너뜨리려고 우는 사자처럼 달려들어 도박으로 술로 섹스로 채우게 해서는 안된다. 상처는 채운다고 되는 게 아니라 과감하게 버려야 한다. 버려야 내가 살고 사랑하는 사람이 산다. 과거에서 전화가 오면 받지 말아야 한다.

연극 - 뷰티플 라이프 / 긍정 심리학

사랑하는 사람과 함께 살다가 누군가 먼저 세상을 떠나도 남은 사람이 그 사람과의 삶을 생각하면 그저 고맙고 그저 감사하면 그 사람은 행복한 삶을 살아온 사람일 것이다.

앞을 볼 수 없는 아내 박순옥 앞에서 남편 김춘식. 장난을 친다. 움직이지 마요. 나는 도둑입니다. 목숨만 살려주고 집에 있는 거 다 가져가세요. 무거운 거 말고 가볍고 값나가는 거 어디 있어요? 여기 있습니다. 75년 된 저를 가져가세요. 당신이 무슨 값이 나간다고? 여기 새로 한 금이빨이 네 개나 있어요.

칠십이 넘은 두 부부는 한참을 웃다가, 손을 꼭 잡고 공원으로 산책을 나간다. 당신 그때 멋있었는데 하늘에 별을 따준다고 폴짝폴짝 뛰고 난리를 쳤잖아. 그래 그때는 그랬지. 내가 하늘의 별은 못 잡아도 니 마음은 내가 꼭 잡을 거라 했지.

당신 나 죽으면 둘째네 가서 살아. 큰 애는 미국가 있으니 갈 수도 없지만. 무슨 소리를 그렇게 해요. 난 혼자 살 거에요. 며느리가 불편해서 안 돼요. 그리고 당신이 옆에 있는데 그게 무슨 말이에요. 왜 자꾸 죽는 얘기를 하고 그래요. 그냥 하는 소리야.

그랬던 남편이 먼저 세상을 떠나고 옆에 없다. 부인은 남편을 그리워한다. 생각하니 다 고맙고 감사하다. 그녀의 얼굴에 행복한 미소가 가득하다.

결혼 후 젊은 시절.
아내가 남편의 행동에 힘들어 하며 묻는다. 당신은 왜 우리 집에 가면 아무것도 안 하는데? 여기서 부산까지 5시간이야. 도착하면 배고파서 밥 먹어야지. 밥 먹고 나면 졸리지 그래서 자는 거야.

그래? 그럼 다음날 드라마는 왜 보는데? 드라마? 내가 틀었나 틀어져 있으니 그냥 본거지. 그러는 니는 왜 시댁에 안 갈라 하는데? 내가 안 가고 싶어 안가나?

다 니 때문이다. 시댁에 가면 아무것도 안 하고 나만 이리저리 정신없이 일을 하는데 당신은 술이나 먹고 낚시나 가고 나를 챙겨줘야 할 사람이 옆에 없는데 누가 나를 챙겨 주겠노? 형님은 많이 배우고 잘 났다고 얼마나 나를 무시하는지 아나?

내일 부산 같이 가기로 한 거 알아요? 어, 알지, 응. 그런데 못가. 친구랑 낚시 가야 해. 안 가면 벌금을 많이 내야 해. 아니 TV 그만 보고 나를 보고 이야기를 좀 해봐요.

남편은 고개를 까딱하고 잠깐 쳐다보는 흉내를 내더니 다시 낚시 프로그램을 쳐다보며 정신이 없다.

부부. 가장 가까워야 할 사이. 그런데 대화가 없다. 남편은 회사 생활이 너무 피곤하다는 이유로 자기가 좋아하는 낚시 프로그램을 보며 스트레스를 풀고 있는데 왜 자꾸 못 보게 하느냐며 화를 낸다.

하늘에서 별을 따다 준다던 그 남자는 어디로 가고 TV 속에 빠져있는 자기밖에 모르는 낯선 남자가 앉아 있다.

결혼 전 부산.
포장마차에서 우연히 만난 두 사람은 첫 눈에 반해서 서로 사랑하는 사이가 된다. 그러던 중에 춘식은 대학을 가기 위해 서울로 가고 아내는 부산에서 다른 동네로 이사를 갔다. 춘식은 그녀의 주소를 잘못 적어 3년 6개월 동안 서로 연락이 끊기면서 만나지 못한다.

3년 6개월이 지난 어느 날.
처음 만났던 포장마차에서 다시 만난 두 사람은 잘못된 주소 때문에 멈추게 된 오해의 시간을 풀고 다시 사랑을 키운다.

공원에서 데이트를 하는 춘식. 하늘을 보며 하늘의 별을 따준다며 열심히 뛰어 오른다. 따지도 못하는 별을 따준다고 폴짝 폴짝 뛰는 모습에 그녀는 배를 잡고 웃는다.

김춘식은 그때 그 공원에서. 나는 니 보다 하루 더 살다가 니가 가면 그 다음에 갈게. 내 앞에서 평생 웃으며 살게 해 줄게 라고 했다. 그랬던 김춘식 그 사람은 지금 옆에 없다.

살면서 실명이 된 박순옥. 그녀의 실명을 알게 되고 다시 첫 사랑을 회복한 김춘식. 그의 사랑을 그리워하는 아내. 추억을 생각하는 그녀의 얼굴에 미소가 가득하다. 마치 옆에서 늘 웃게 해 준 당신이 있어서 행복했어요. 당신하고 살면서. 행복했어요. 고마워요, 라고 하는 듯하다.

행복은 한방이 아니다. 행복은 원자폭탄이 아니다. 행복은 소소한 작은 기쁨들이 쌓여서 이슬같이 촉촉이 젖는 시나브로이다.

양귀비도 3년만 데리고 살면 지겨워 못 산다고 하지 않던가. 그렇다면 어떡해야 지겨움을 넘어 늘 새롭고 신선하고 짜릿한 행복감을 느낄 수 있을까?

연애가 행복한 이유는 창조의 주체가 될 때이다. 창조는 새로운 것을 만들어내기에 그때가 가장 빛나고 아름답고 행복하다. 여기에는 부정적인 감정이 없다. 오로지 긍정적인 심리만 존재한다.

그들은 어떻게 하면 상대방을 즐겁게 해 줄까를 끊임없이 궁리한다. 그 자체가 행복이고 즐거움이다. 단점은 보이지도 않고 보려고 하지도 않는다.

오로지 상대의 행복만 생각한다. 행복할 수 밖에 없다.
그러다 결혼을 하고 관계가 시들해진다는 말은 만남이 너무 익숙해져서 그런 창조성을 잃었다는 말이다. 그래서 부부는 가끔 로맨틱한 여행이나 창조행위를 유발하는 것들이 필요하다. 그래야 자신들만의 제네시스(창조)를 시작할 수 있다.

뮤지컬 - 당신만이 / 자폐스펙트럼장애

유교문화에 사는 나라에서는 조상에 대한 예로 명절이 돌아오거나 조상이 돌아가신 날이 되면 조상을 기리며 제사를 지낸다. 그런데 문제는 제사를 준비하고 정리하는 힘든 모든 일을 여인들만 한다는데 있다.

제사 상에 올리는 음식들이 많이 약소화 되었다고 해도 힘들긴 마찬가지다. 그렇다고 제사를 준비하는 여인들에게 수고한다든지 고마워 한다든지 말이라도 좀 하면 좋을 텐데 남자들은 그런 말과는 거리가 멀다. 그러니 제사가 있는 날마다 부부는 전쟁을 치른다.

뮤지컬 〈당신만이〉에 나오는 남편 강봉식은 아내 이필례와 정류장 의자에 앉아 버스를 기다린다. 장바구니에는 제사에 필요한 용품들이 들어있다.

무슨 제사가 이리 많노. 오늘은 할머니 제사. 이필례는 투덜거리며 장바구니 속에서 술병을 꺼내 잡더니 뚜껑을 열고 입 속으로 쭈욱 부어 넘긴다.

나랑 결혼하기 전에, 제사가 두 번밖에 없다더니 8번이 뭐고.
내가 언제 두 번이라 했나, 두 번 넘는다 했지.

생각만 해도 기운이 빠지는 이필녀를 보며, 일 년에 열 여섯 번 제사를 지내야 하는 집안에 시집을 가 아들, 딸 낳고 살다가 25년 만에 헤어진 누군가의 사연이 생각이 났다.

유교문화에 사는 여인들의 엉어리진 한을 이필례는 버스정류장에서 술병을 들고 강봉식에게 대변하고 있다. 그사이 도착한 버스는 떠나버렸다.

장면은 다시 강봉식이 퇴근하는 저녁 시간.
어둑어둑한 시간. 술에 취한 그는 집 근처 벤치 앞에 신발을 벗고, 옷을 벗어 바닥에 내려놓고 벤치에 누워 잠을 자고 있다.

남편의 퇴근이 늦어지자 아내는 밖으로 나와 서성이며 기다리는데 술에 취해 벤치에서 잠든 남편 강봉식을 발견한다. 순간 아내의 표정이 눈에 들어왔다. 짜증 내지 않으면서 철없는 어린아이 달래듯 남편을 일으켜 세우는 모습이 사랑스럽고 싱그럽다.

장면이 바뀌면서 이필례는 그동안 배웠던 발레의 기본 동작을 자신 있게 할 수 있다며 까치발로 무대 왼쪽 끝에서 오른쪽 끝까지 가는데 다 가지 못하고 중간에서 포기한다.

이건 잘 안되니까, 앞으로는 사교댄스를 배워야겠다고 생각한 이필례는 사교댄스 강사와 춤을 춘다. 원투 차차차, 투투 차차차. 몇 번의 짧은 스텝을 밟고 강사는 들어갔다.

강봉식이 이필례에게 사교댄스는 절대 안된다며 만약에 그래도 배우러 간다면 자기도 따라 가겠다고 한다.

왜 안 되는데? 왜 따라올라고 해? 이필례의 목소리에 짜증이 나 있다. 니가 너무 예쁘니까, 걱정되서 그러지.

강봉식이 애교 섞인 질투의 말을 하자, 이필례의 몸과 말투가 갑자기 꼬이며 녹아내린다. 그래? 그럼 같이 가자. 그날 밤, 이필례 부부에게 셋째가 생겼다.

다음 날, 아내 이필례는 남편과 이런저런 이야기 하다가 남편의 주머니에서 통장 하나를 찾았다. 혹시나 이 인간이 자신도 모르게 돈을 저금해 두었나 생각하며 기특한 눈빛으로 내용을 쭉 들여다 보더니 갑자기 목 속에서 천둥 소리가 울려

나왔다. 강봉식, 니 보증섰나? 서울에 충만이 있잖아. 친구들은 다들 걔를 나쁜 놈이라고 하는데, 그놈 앞에 가보잖아. 그럼 나쁜 놈이 아니야, 그래서 2천만 원.

늘 기차 화통 삶아 먹은 듯 하던 강봉식의 목소리가 2천이라는 숫자 앞에서는 모기 소리로 변했다.

나는 이렇게는 몬 산다. 갈라서든지 서울가서 돈을 다 받아오든지 해라. 아내 이필례가 속이 상해 큰 소리를 치자, 남편 강봉식은 알았다며 더 큰 소리를 친다.

다음날, 서울 갔던 강봉식이 집으로 도착했다. 남편을 본 아내는 숨도 쉬지 않고 물어본다. 어떻게 됐어? 돈은? 다 받아왔나?

아니. 나 사업하기로 했어. 누구랑? 충만이랑. 내가 돈 받으러 가니까, 충만이가 새로운 사업 이야기를 하는데 잘 들어보니까 10억을 벌 수 있다는 거야. 그래서 사업을 같이 하기로 했어.

그 친구는 내가 아니라고 했지. 왜 그 넘하고 동업을 할려고 해. 당신 동반자는 충만이가 아니고 나야. 나하고 해. 이필례는 자리에서 일어나 들어가며 팔랑귀를 가진 남편이 답답하다며 정신 차리라고 한다.

첫 째 딸, 강은지는 장애인 남자 친구 한영석과 결혼을 하기 위해 인사하려고 집으로 찾아 오는데 자리를 피하는 아버지와 어머니로 인해 속상해 한다.

극 중 장애를 가진 남자 친구는 정말 장애를 가진 친구처럼 연기를 해 충격을 받았다. 작가도 연기자도 연구를 많이 한 모습이 보여 감동을 받았다.

이상심리학 중에서 자폐스펙트럼장애를 가진 한영석.
그는 반복적인 질문, 질문 따라 하기, 주변 서성이며 비언어적 행동 보이기, 자신이 관심 있어 하는 야구에 대해서는 놀라울 정도로 기억력을 나타내기도 했다.

톰크루즈와 더스틴 호프먼 주연의 영화 〈레인맨〉에서도
자폐스펙트럼장애를 가진 더스틴 호프먼 이야기가 나온다.

그는 규칙적인 생활이 깨어지면 불안해 하고, 당황스러운 일에 부딪히면 큰 소리를 지르면서 자신의 머리를 두드렸다. 팬티를 갈아 입으라 해도 자신이 다니는 동네 마트에서 파는 팬티가 아니면 입지 않겠다고 했다.

비행기는 회사 마다 일어난 사고를 정확하게 기억하고 있어서 사고 난 회사의 비행기는 절대 타지 않았다. 카페에서 잠시 본 노래 순서지의 순서와 가수 이름을 모두 정확하게 외웠고, 한 번 본 전화번호 책에 적힌 이름과 전화번호도 모두 외웠다.

더스틴 호프먼은 DSM-5 자폐 스펙트럼 장애 진단기준에 따라 보면 사회적 정서적 상호성의 결핍을 가지고 있다. 번갈아 말하기가 안 되고, 관심사에 대한 공유가 안 되었다. 동생이 아버지 어머니에 대해서 질문 할 때면 묻는 말에만 답을 했다.

강은지의 남자 친구 한영석 역시 영화 〈레인맨〉에 나오는 더스틴 호프먼처럼 DSM-5 자폐 스펙트럼 장애 모습을 나타냈다.

딸의 결혼을 반대하는 부모의 모습도 결혼해서 잘 살겠다는데 왜 만나주지도 않는지 따지는 딸의 모습도 모두 이해가 되었지만, 조금 걱정되기는 사실이다.

자식이기는 부모 없다는 말이 진리인지, 딸은 한영석과 결혼을 한다. 시간이 흘러 노인의 모습으로 휠체어 앉은 이필례를 강봉식이 뒤에서 밀면서 나타났다.

나 죽거든 노인대학이나 노인정도 다니면서 할멈도 만나고 그래요. 대신 선은 넘지 말고, 이필례가 강봉식에게 웃으며 말한다.

무슨, 그런 소리 말어. 강봉식이 야단을 치지만 목소리에는 아내에 대한 걱정이 묻어있다. 40년 함께 살아온 부부의 마지막 모습, 삶의 끝자락 앞에 선 두 사람의 모습이 아름다웠다.

중간중간에 나오는 결혼해 줄래, 그땐 그랬지! 킬리만자로의 표범, 동반자, 님과 함께 등 노래에 맞추어 추는 춤은 연극을 보는 즐거움과 재미를 더해주어 시간 가는 줄 모르게 했다.

연극 - 리미트 / 트라우마

봉필과 수지는 초등학교 동창이다. 봉필이 미국으로 감독 공부를 하기 위해 떠나려고 하고 수지는 봉필이가 같이 가자고 하면 미국으로 따라갈 판이다. 그런데 봉필은 미래가 불확실한 처지에 수지가 고생할 것을 뻔히 알면서 같이 가자는 말을 못하고 혼자 미국으로 떠난다.

그리고 15년 후. 서울 펜트하우스 vip room 에서 봉필이 유명한 감독이 되어 돌아와 수지를 기다린다.

15년 만에 만난 두 사람. 어색하다. 봉필은 어떻게든 수지와 사랑을 나누고 싶어 하고 수지는 옛 추억을 떠올리며 지난날을 이야기하고 싶어 한다.

봉필이 투숙하고 있는 호텔에는 영화배우가 꿈인 호텔 직원 필상과 병자가 있다. 두 사람은 서로 사랑하는 사이이다. 유명한 영화 감독 봉필을 본 필상과 병자는 어떻게든 봉필의 눈에 띄고 싶어 하는데 봉필은 두 사람에 대해서는 관심이 없다.

봉필은 수지에게 두 번 다시는 실수하고 싶지 않다며 자기와 미국에 가서 살자고 한다. 흔들리는 수지. 그러나 너무나 잘 나가는 옛사랑 봉필이 부담스럽다.

그녀는 6년 전 남편과 사별하고 혼자 미술학원 강사로 아들을 데리고 어렵게 살고 있다. 나랑 같이 미국 가서 살자. 봉필의 말에 수지가 말한다. 봉필아 나 흔들린다.

잠시 지난 과거. 대학을 다니는 두 사람.
추운 겨울 강촌으로 엠티를 떠났다. 날씨가 점점 추워지자 봉필은 수지에게 장갑을 사서 주려고 엠티 촌에서 멀리 떨어진 곳에 있는 슈퍼를 찾아가 목장갑을 사 왔다.

그런데 수지는 이미 손에 고급스러운 장갑을 끼고 있다.
누가 사줬어? 응 진우 선배가 사준 거야. 진우 선배가 너 좋아하나 보다. 응 나 너무 좋아한 데 엠티도 나 때문에 왔데 나 안 왔으면 선배도 안 왔을 거래. 그래? 그 선배 돈 많은가 보다. 응 많아. 집 있어? 아니 없어, 건물 있데.

봉필은 자기가 사 온 목장갑이 갑자기 초라해 보여 등 뒤로 숨긴다. 이때 수지가 손에서 장갑을 빼더니 멀리 던져버리며 말한다. 야 너 등 뒤에 장갑 빨리 내놔라.

어떻게 알았어? 장갑을 던져버리면 어떡해? 선배한테는 뭐라고 할 거야? 응. 괜찮아 선배한테 나 너랑 사귄다고 말했어. 오늘부터 우리 1일이다.

그렇게 사랑했던 두 사람이었는데 공항에서 봉필이 미국으로 같이 가자고 말을 못했던 점이 아픔으로 남아 있다. 그리고 지금은 봉필에게 어울리지 않는다고 생각하며 답을 못한다.

수지는 15년 전 공항에서 봉필이 자신만 남겨두고 떠난 일과 사랑하는 아이 아빠와의 사별로 인한 이별의 강한 두려움을 가지고 있다. 자라보고 놀란 가슴 솥뚜껑 보고도 놀란다고 그녀는 봉필의 사랑 고백 앞에 또 다른 이별의 트라우마를 느끼며 받아 들이지 못한다.

트라우마는 기억과 감정이 해소되지 않고 무의식에 저장되어 생기는 신체적 증상을 말한다. 재해를 당한 뒤에 생기는 비정상적인 심리적 반응으로 외상에 대한 지나친 걱정이나 보상을 받고자 하는 욕구 따위가 원인이 되어 우울증을 비롯한 여러 가지 신체 증상으로 나타난다.

수지는 여기까지. 더 이상 아니라고 선을 긋는다. 덕분에 펜트하우스에서 와인도 하고 유명한 감독과 수다도 떨고 그것만으로도 충분히 감사하다고 한다.

사실 봉필은 혼자 미국에 갔지만 그동안 계속해서 수지를 잊지 않고 한국에 올 때마다 그녀를 보고 돌아갔다. 지금 의 수지가 어디에서 어떻게 무얼 하며 살고 있는지 너무나 잘 알고 있다.

사실 오늘 같은 날은 수지와 잘 생각만 하지 말고 좀 더 편안하게 그녀의 마음을 잡아 주었으면 하는 안타까운 생각이 들었다. 봉필이 같이 미국에 가서 살자고 하자, 그녀가 흔들린다.

봉필에게 한 번만 안아 달라고 하는 수지. 봉필은 15년 전 누구나 나 같은 처지였다면 혼자 떠날 수 밖에 없었을 거라며 자신의 변명을 보여주기 위해 배우 지망생인 호텔 직원 필상에게 배우로 키워줄 테니 미국으로 같이 가자는 제안을 한다.

호텔 직원이면서 배우 지망생인 필상과 병자는 너무너무 좋아하는데, 여자친구는 데리고 가면 안된다는 조건을 봉필이 건다.

봉필의 제안에 병자는 이별보다 필상의 성공을 위해 미국으로 가라고 하는데, 필상은 성공도 중요하지만 여자친구가 더 중요하다며 감사하지만 가지 않겠다고 거절한다.

그리고 여기까지. 더 이상은 아니라고 멈추는 두 사람이 멋져 보였다. 필상을 보며 수지가 봉필에게 말한다. 누구나 다 너 같지 않아. 너도 그랬으면 좋았을 텐데. 나는 지금의 너를 만나러 온 게 아니라 과거의 너를 만나러 온 거야, 라고 말을 하며 펜트하우스를 떠난다.

이 부분은 마치 라라랜드의 마지막 부분에서 미아와 세바스찬을 보는 느낌이 들었다. 서로 사랑하지만 현실 앞에서 다른 길을 가는 미아를 보는 듯했다.

수지가 떠나고 봉필은 필상과 병자를 대스타로 만들고 연말 시상식에서 감독상을 수상한다. 수상 소감 자리에서 봉필은 사랑하는 수지 덕분에 좋은 극본을 쓸 수 있게 되었다며 수지에게 감사의 인사를 하며 연극은 끝이 났다. 그 뒤 봉필과 수지 두 사람 어떻게 되었을까!

연극 - 나와 할아버지 / 공감 심리학

며칠 전 외할아버지 댁에 다녀오신 아버지가 외할아버지 댁 냉장고, 전기장판, 김치냉장고의 코드를 빼놓고 온 것 같다며 빨리 가서 확인해 보라신다.

준희는 서울에 계시는 외할머니를 모시고 인천에 계시는 외할아버지 댁으로 갔다. 외할아버지는 외할머니를 보자 큰 소리를 지르며 잔소리를 널어놓으신다.

제발 운동 좀 해. 다리가 아파서 운동을 못해요. 그러니까 운동을 해야지. 다리가 아파서 못한다니까요. 그러니까 운동을 더 해야지. 두 분은 하고 싶은 말만 하며 서로에게 잔소리를 그치지 않는다. 잔소리는 잔소리로 들으면 잔소리지만 마음으로 들으면 사랑인데 내 생각만 말하니 모두가 잔소리다.

외할아버지 집 안에 전기 콘센트들이 다 잘 꽂혀 있는 것을 확인 하고 다시 서울로 돌아가는 차 안에서 다리가 아픈 외할머니는 손자 준희에게 옆집 할머니 이야기를 자꾸만 하신다.

내 친구 할멈은 혜화동에 있는 병원에 가서 주사 몇 번 맞더니 걸어 다닌다네 '주사를 맞고 말이야.' 할머니는 '주사를 맞고 말이야'를 강조하시지만 손자는 할머니 주사 말고 운동을 하셔야 해요. 라며 계속 자기 말만 한다.

다리가 아파서 운동을 못해. 다리가 아파서. 그러니까 운동을 더 하셔야 해요. 운동을. 준희는 할머니가 소문에 들은 병원에 가서 주사를 한 번 맞고 싶으시다는 마음을 계속 읽지 못한다.

연세가 드시면 그 나이 친구들끼리 정보를 자주 공유하는데 대부분 건강 이야기다. 그 중에서도 특히 용하다는 병원 이야기가 많은데 누가 어디 가서 주사 한 방에 무릎이 다 나았다고 하면 어떻게든 다들 그곳에 가고 싶어 하신다.

그렇지만 그런 곳은 하루 치료비가 수십만 원을 내야 하고 기본 몇 달은 다녀야 하기에 자식들 눈치를 볼 수밖에 없으시니 에둘러 이야기 할 수밖에 없으시다.

듣기만 하는 대화. 거기에는 빠진 게 있다. 그것은 마음이다.

사랑하는 여인들이 행복한 이유는 그들은 입에서 나오는 말을 글자로만 듣지 않고 마음의 소리로 듣는다. 그러니 하늘의 별을 따준다 해도 믿는 것이다.

'공감적 이해'라는 심리학 용어가 있다. 이는 상대방의 처지에서 사물을 생각하고 상대방의 기분이 되어보거나 상대방의 기분을 헤아리는 것을 말하는데 할아버지와 준희는 공감적 이해를 하지 못했다.

공감은 타인에 대한 지적(知的) 이해라기보다는 정서적 이해로 자기도 그렇다고 느끼는 것으로 상대방의 생각을 존중하고 상대방의 문제를 그의 입장에서 이해하는 태도를 말한다.

공감에서 중요한 것은 표현하는데 있다. 내가 거울이 되어 상대방의 모습을 그대로 보여주면 상대방은 자신을 이해하고 인정받았다는 믿음에 정서적으로 위로를 받는다. 공감은 마치 내가 그 사람이 된 것처럼 느끼고 생각하지만, 사실은 2인칭 관점에서 객관성을 유지하고 있는 것이기에 반드시 표현을 해 주어야 알 수 있다.

공감과 비슷하지만 엄연히 다른 동정은 타인의 슬픔이나 고통을 1인칭 관점으로 나에게 전이 시키는 것이다. 긍정적인 정서가 아닌 부정적인 정서에 대한 동정은 자칫 내가 우울해질 수도 있다.

준희는 작가 지망생이면서도 할머니의 마음을 이해도 못하고 공감도 못하는데 무슨 글을 쓴다는 건지 답답했다. 어느 날. 준희는 글을 잘 쓰고 싶어서 교수님을 찾아가 조언을 듣는데 겉으로 번지르르한 이야기 말고 내면의 이야기를 쓰라고 따끔하게 지적을 받는다.

준희가 생각해 간 세 가지 소제 중에 그나마 준희 외할아버지의 이야기를 쓰면 좋을 것 같다는 소리에 용기를 얻는다.

외할아버지는 황해도가 고향이시다. 부모님과 함께 농사를 짓고 살고 계셨는데 6.25 전쟁이 일어나자 남으로 내려와 군에 입대하셨다.

전쟁 중에 할아버지 가까이에 폭탄이 터지는 바람에 많은 전우들이 희생되고 할아버지는 오른쪽 다리를 잃으셨다. 그 일로 할아버지는 상이 군인이 되셨다.

1950년 대. 당시 사회는 팔이 하나 없거나 다리가 없는 상이 군인을 모두 무서워하며 피해 다녔다. 더군다나 그들에게 일자를 주는 곳은 어디에도 없었다. 할 수 있는 것은 그들끼리 모여 매일 술을 먹는 일 밖에 없었다.

그렇게 힘든 시절 할아버지는 하숙을 하셨는데 그 하숙집 딸을 지금도 못 잊고 계신다. 얼마나 보고 싶으셨으면 동사무소에 가서 임수임 이라는 이름을 대고 어디에 사는지 가르쳐 달라고 하시기도 하셨다.

준희는 할아버지를 위해 동사무소를 찾아가 할아버지의 사정을 이야기하고 어렵게 주소를 구했다. 춘전에 사는 임수임은 세 명이었다.

이렇게 해서 준희와 외할아버지는 임수임 할머니를 찾아 나섰다. 도착 시간이 늦어 모텔에서 밤을 지낸 뒤 아침 일찍 식사를 마치고 첫 번째 주소에 적힌 집에 도착했다.

첫사랑 임수임은 살아 있을까? 찾을 수는 있을까? 연극은 궁금에 궁금을 더하게 했다. 그들은 조심스럽게 문을 열었다.
한 쪽 벽에 놓인 의자에 백발의 여인이 다소곳이 앉아 있다.
수임 이라고 이름을 부르자, 고개를 들어 할아버지를 쳐다보던 그녀가 일어나 할아버지 앞으로 다가왔다.

한참을 쳐다보던 두 사람. 서로 손을 잡고 눈물을 흘린다.
왜 이제야 왔어요. 얼마나 기다렸는데. 그녀는 말을 잇지 못한다. 할아버지는 너무 기뻐 목 소리에 물기가 촉촉하다. 소리가 입 안에서 맴돌 뿐 나오지 않았다. 이때 문이 열리면서 청년이 들어오자, 그녀는 할아버지에게 당신 아들이라고 소개한다.

아. 첫사랑이 아니라 애타게 사랑했던 사이였어. 그래서 찾고 싶었던 거야. 연극을 보는 동안 가슴이 찡 해졌다.

그런데 할아버지의 아들이라는 청년은 할아버지와 준희를 데리고 집 밖으로 나가더니 물었다. 누구세요? 여기가 임수임 씨 댁 맞죠? 할아버지 목소리는 반가움과 감격과 놀라움에 마치 비포장 시골길을 달리는 우마차 위에 앉은 농부의 목소리처럼 떨리고 있었다.

청년은 화를 내며 할아버지에게 청천벽력 같은 소리를 했다. 아니에요. 여기는 김수임 씨 댁 이고요. 저희 어머니는 치매세요. 그러니 어서들 나가세요. 아니 아니야. 저 사람이 그 사람 맞아. 살면서 성을 바꾸었거나. 내가 김 씨를 임 씨로 잘못 기억하는 걸 거야. 할아버지는 너무 놀라 아니라며 발버둥을 쳤다.

준희는 할아버지를 모시고 김수임 씨 댁을 나와 식사를 하기 위해 식당에 들렀다. 식당 벽 메뉴판에는 할아버지가 하숙할 때 하숙집 아주머니가 자주 해 주시던 국밥 이름이 적혀있었다. 국밥을 시키는 동안 몸이 안 좋으셔서 입원해 계시던 할머니가 상태가 더 안 좋아져 중환자실로 옮기신다는 연락이 왔다.

서울로 가는 길에 준희가 물었다. 다시 춘천 가셔야죠?
아니 만났어. 아까 식당에서 그 여주인. 벽에 사진이 걸려 있더라구. 옛날 사진이 말이야.

서울에 도착하자, 할머니는 곧 돌아가셨다. 돌아가신 할머니 방 벽에 걸려있는 액자 속에는 많은 사진들이 들어 있었는데 그 중 깊숙한 곳에 숨겨진 사진 한 장이 준희 눈에 들어왔다.

두 다리가 멀쩡했던 할아버지와의 결혼 사진이다. 할머니는 드러내고 싶어도 할아버지의 자존심 때문에 드러내지 못하고 숨겨 놓아야만 했던 추억이 있었고, 할아버지는 숨기지 못하고 찾아 나선 첫 사랑이 있었다.

연극 - 변신 / 신경쇠약

세상이 나를 필요 없는 존재로 만든다면 나는 어떻게 살 것인가. 어느 날, 갑자기 내가 필요 없는 존재로 느껴진다거나 세상이 나를 필요 없는 존재로 만든다면. 나는 어떻게 살아야 하나? 이 질문은 카프카의 변신을 연극으로 보면서 내가 나에게 던진 질문이다.

우리는 세상에 태어난 이유를 잘 모를 수 있다. 누구는 일찍 깨닫고 누구는 평생 그 이유를 찾아 방황할 수도 있을 것이다. 그렇다고 그 이유를 찾지 못한다고 해서 내 존재가 사라지거나 내 삶이 무의미 해지는 건 아니다.

그런데 내가 세상에 필요 없는 존재가 된다면 문제는 달라진다. 세상이 나를 필요로 하지 않는다면 거기에는 무슨 이유가 있겠지만, 그때는 나는 어떻게 살아야 하나?

어느 날, 아침에 자고 일어났더니 주인공 그레고르는 벌레가 되어 있었다. 영업사원이며 한 집안의 기둥인 그는 아버지 어머니 여동생 모두 백수인 가족들을 부양하기 위해 출근을 해야만 하는데 침대에서 일어나지 못하고 있다.

가족들은 아침 식사 시간에 그레고르가 보이지 않자, 그의 방문을 두드리며 회사 갈 시간이 늦었으니 빨리 일어나라며 재촉을 하지만, 그레고르는 일어날 수 없다.

그는 자신의 처지를 호소하려고 하지만 벌레가 된 그의 목소리는 아무도 알아들을 수 없다. 방문을 걸어 잠그고 자는 습관이 있던 그의 방은 열리지 않고, 가족들은 들어가지 못하고 이해할 수 없는 상황에 안타까워 하는데 출근하지 않은 그를 찾기 위해 매니저가 집으로 왔다.

매니저는 그레고르가 꾀병을 부린다고 생각하고 데리러 왔는데, 문은 열리지 않고 이상한 목소리만 내는 그레고르에게 결국 매니저는 화를 낸다.

아버지의 사업 부도로 그레고르는 회사에 큰 돈을 빌리기도 했는데, 만약 메니저를 화나게 해서 해고라도 당하면 가족의 생계가 위험해질 것을 알기에 그레고르는 온 힘을 다해 문을 열었다.

그러나 벌레로 변한 그레고르 모습을 본 메니저는 기겁을 하며 집을 뛰쳐나가고 가족들 역시 놀라움에 기절초풍을 한다.

가족들은 그레고르를 위해 먹을 것을 주기도 하고 방 청소도 해 주지만, 벌레로 변한 그레고르가 회복은 되지 않고 먹을 것만 축내는 존재가 되자, 식구들은 그를 버리기로 한다.

아들, 오빠 라고 부르던 호칭은 어느새 저것이라고 바뀌어 갔다. 저것이 없어졌으면 좋겠어.

그레고르는 문 밖으로 나왔다가 아버지가 던진 사과에 맞아 상처가 덧나고 먹을 것을 먹지 못해 서서히 죽어갔다. 그가 죽자, 남은 가족들은 파티를 열고 벌레가 없어진 것을 축하했다.

연극 변신에서 인간 존재의 이유는 생산성에 있었다. 생산하지 못하는 존재는 벌레가 되어 잊혀지고 남은 자들은 그의 존재를 잊었다.

만약 인간 존재의 이유가 정말 생산성에 국한된다면 이 세상은 얼마나 삭막할까. 남편도 아내도 자식도 친구도 애인도 모두 생산하지 못하면 잊혀져야 한다면, 어느 관계가 살아남을 것인가.

인간의 존재에 대해 〈죽음의 수용소〉에서 작가 빅터 프랭클

박사는 다음과 같이 정의했다. 내가 기대하는 것이 무엇인가가 아니라, 내 삶이 이 일로 나에게 무엇을 기대하는가를 찾아내는 것이다.

내 인생은 왜 이렇게 꼬이는가? 왜 나에게 이런 일이 일어나는가? 생각의 늪에 빠지는 것이 아니라, 이일은 나에게 무엇을 요구하는가? 이 일로 나의 삶을 가치 있고 보람있게 하기 위해 나는 무엇을 해야 하는가? 삶이 나로부터 무엇을 기대하는가를 찾아내는 것이 인간 존재의 이유를 찾아내는 것이라 했다.

만약 우리가 질문을 바꾸면 삶을 바라보는 시각이 달라진다는 말이다. 우리는 모두 내 기준에서 문제를 바라본다. 문제는 대부 분 돈과 사랑이고 누군가를 아프게 하거나 외롭게 한다.

그러나 하늘에서 바라보면, 비록 그가 변했다 하더라도. 나는 할 일이 생기고 누군가를 이해하게 된다.

카프카는 체코 프라하에서 6남매 중 장남으로 태어났다. 아버지는 카프카에게 매우 엄했다. 그는 아버지를 무서워 했고 신경쇠약과 우울증을 앓았다.

신경쇠약은 보통 사람들과는 다르게 어떤 일에 지나치게 과민 반응하거나 초조해지고 쉽게 피로해지는 신경통을 말한다. 신경쇠약은 극심한 스트레스로 육체적, 정신적 피로를 쉽게 느끼고, 불면증, 집중력 저하, 두통 등과 같은 증상이 나타난다.

아버지로 인한 카프카의 신경쇠약과 우울증은 그의 작품 변신에도 그대로 반영되었다. 그는 22세 때 폐결핵에 걸렸고, 32세에는 〈변신〉을 출판하였다. 그리고 41세 되던 해 6월 3일 폐결핵으로 숨을 거두었다.

연극 - 라스트 세션 / 프로이드 심리학

C.S 루이스(Clive Staples Lewis, 1898~1963)는 영화 〈나니아 연대기〉의 작가로 무신론자였다. 프로이드의 이론을 따르다가, 1933년을 전후 물질주의에서 그때까지 붙들고 있었던 프로이드식 무신론적 변증법을 버리고, 기독교적 변증법을 택했다.

1939년 프로이드가 런던에서 죽을 때 루이스는 41살이었다. 루이스와 프로이드는 직접 만나 대화한 일도 없었고 토론한 일도 없다.

루이스가 태양과 같이 떠오를 무렵 프로이드는 세상을 떠났기 때문에 프로이드는 자신이 루이스의 책을 읽고 반박할 시간적 여유도 없었다. 만약 프로이드가 좀 더 오래 살았었다면 재미있는 논전이 벌어졌을 지도 모른다.

지그문트 프로이드(Sigmund Freud, 1856~1939)는 오스트리아의 정신과 의사. 정신분석학의 창시자. 환자의 정신 병리를 대화를 통해 치료하는 방식 창안자이다.

꿈을 통한 무의식적 욕구 관찰. 치료로 유명하다. 무의식이 행동에 영향을 준다는 것을 대중화 했다. 무의식 차원에서 혹은 현실을 왜곡하는 차원에서 불안을 해소하려는 자기 방어기제를 설명했다.

42살 나이가 차이 프로이드와 C.S루이스는 동시대에 살았지만 실제로는 한 번도 만난 적은 없다. 연극 〈라스트 세션〉은 무신론자인 프로이드와 기독교 변증가인 루이스의 만남을 상상해서 미국 극작가 마크 세인트 저메인(Mark St. Germain)이 쓴 작품이다.

프로이드가 신의 존재에 대한 루이스의 변증을 듣고자 런던 자신의 서재로 초대해서 나누는 논쟁이다. 공간적 배경은 런던의 프로이드 서재. 시간적 배경은 1939년 3월 9일.영국이 제2차 세계대전에 참여하기로 결정한 날이다.

프로이드의 서재 주변은 온통 세상의 유명한 신들의 조각상들로 가득 차 있다. 구강암으로 심한 고통을 겪으며 죽음을 가까이 둔 프로이드는 신을 부정하면서도 사실은 많은 신들

뒤에 숨어 있는 모습을 보여준다.

서재 가운데 놓여있는 큰 책상 왼쪽을 따라 벽면에는 둥근 조명 아래 작은 라디오가 놓여있다. 라디오에서는 연신 전쟁 소식이 치지직 잡음과 함께 들려왔고, 소식이 끝나면 새로운 소식이 있기까지 음악을 보내고 있다.

프로이드는 음악이 나오면 라디오를 껐다. 음악을 좋아하지만, 음악이 좋은 이유를 설명할 수 없음이 답답해서 음악을 끈다고 했다.

'설명할 수 없으면 존재하지 않는 것인가?' 루이스는 음악은 머리로 듣는 게 아니라 가슴으로 듣는 거라 했다.

이야기 중에 들리는 비행기 공습 사이렌 소리에 급히 방독면을 쓰고, 어쩔 줄 몰라 하는 두 사람은 하늘의 이야기는 순식간에 사라지고 지금 이 땅에 엄습한 전쟁과 죽음에 대해 두려워하는 모습을 보였다.

신이 있다면 왜 우리에게 고통을 주는 거야? 프로이드는 고통 속에서 힘들어 하며 질문을 했다. 루이스의 답을 굳이 풀어보면 이러했다.

태양은 선악을 불문하고 누구에게나 그 빛을 비춘다. 악한 사람도 악의 열매가 익기 전에는 선을 누릴 수 있다.

그러나 그 열매가 익을 때에는 악의 열매를 얻게 된다.
선한 사람도 선의 열매가 익기 전에는 고통을 받을 수 있다.
그러나 그 열매가 익을 때에는 선의 열매를 얻게 된다.

프로이드는 다윈을 신봉한다고 했다. 세상 사람들은 다윈의 이름을 빌어 진화론을 제창했지만, 다윈은 그의 말년에 자신이 젊었을 때 빛어내었던 황당무계함을 한스러워했다.

그는 임종을 눈앞에 두고 병으로 시달리면서도 성경을 읽으며 가까이 했다. 당시에 호프 부인은 이렇게 말했다.

다윈은 임종이 되어 많은 후회를 했어요. 자신이 주장했던 진화론은 어린 시절 무지할 때의 추측과 공상이었다고 자인했고, 자신의 책이 불길처럼 번져서 세상 사람들이 진화론을 하나의 종교로 여기게 될 줄을 전혀 예상하지 못했다고 말했어요.

루이스가 프로이드 서재를 떠나자, 무대는 어두워지면서 스크린에 프로이드는 몰핀 중독으로 죽었고, 어떠한 종교의식도 하지 말라는 유언을 남겼다는 프로이드의 죽음에 대한 자막이 나왔다.

나는 개인적으로는 프로이드보다 융의 심리학을 더 좋아하지만, 연극 속에서 인간적인 프로이드를 만나게 되어 좋았다.

프로이드가 삶의 에너지를 인간의 생물학적 성에 제한된 에너지로 보았다면, 융은 삶의 에너지를 성뿐만 아니라 다른 삶의 에너지도 포함한 정신에너지로 보았다.

그리고 프로이드가 인간의 성격이 주로 과거의 사건이나 과정들에 의해 결정된다고 보았다면, 융은 인간은 과거의 사건들뿐만 아니라, 미래에 무엇을 열망하는가에 의해서도 결정된다고 보았다. 그래서 융을 더 좋아하는 이유다.

라스트 세션에서 보여준 두 사람의 토론과 유머도 좋았지만, 음악은 머리로 듣는 게 아니라 가슴으로 듣는 거에요. 라는 루이스의 한 마디가 오히려 소나기처럼 가슴을 시원하게 적셨다.

연극 - 테너를 빌려줘 / 오셀로 증후군

교만, 패망의 지름길이다. 세계적으로 유명한 테너 티토의 공연을 하루 앞두고 오페라 단장의 걱정이 태산이다. 지금쯤이면 나타나서 총연습을 끝내고 내일 공연을 위해 호텔에서 쉬어야 할 시간인데 주인공 티토가 나타나지 않고 있다.

단장은 티토가 도착했다는 전화를 애타게 기다리면서도 혹시나 사고가 났다는 전화를 받게 될까 봐. 전화가 울려도 전화를 받지 못한다.

그때 오페라 단원들의 심부름꾼인 맥스가 단장이 너무도 걱정을 하기에 혹시 만약에 티토가 올 수 없게 된다면 자신을 써보라는 제안을 한다.

자신도 노래를 잘한다며 맥스는 단원들이 연습할 때 처음부터 끝까지 다 지켜보았기 때문에 셰익스피어의 '오셀로'역을 충분히 할 수 있을 거라고 했다.

티토가 올 시간이 넘어도 오지 않자 두 사람은 생각을 해 보았다. 맥스가 흑인으로 분장해서 공연을 한다? 사람들은 티토의 진짜 얼굴을 모르기 때문에 티토의 이름으로 무대에 서기만 해도 그 이름 앞에 까무러칠 것이다.

좋아. 좋은 생각이야. 아니야. 아무리 생각해도 그건 말이 안 돼. 두 사람이 걱정하고 있을 때. 세계적인 테너 티토가 예약에도 없는 부인과 함께 나타났다. 단장은 부인의 등장이야 아무런 문제가 되지 않는다 생각했는데 그녀가 질투의 화신이라는 것을 몰랐다.

그녀는 티토가 좋아하는 것은 젖가슴이라 했다. 여배우들의 젖가슴. 티토는 젖가슴만 보면 무조건 좋아하지. 정신을 못 차려. 그리고 돼지처럼 먹기만 해.

부인을 빼고 모든 사람들은 세계적인 테너 티토를 한 번만보기만 해도 소원이 없겠다는데 그녀는 티토를 잡아 먹을듯 야단친다. 그리고 제발 정신 차리고 내일 공연을 위해 약을 먹고 잠을 자라고 한다.

티토는 공연을 앞두고는 긴장 때문에 잠을 잘 못 자는 성격이었다. 긴장하면 몸이 굳고 몸이 굳으면 노래를 할 수 없어 공연은 끝장나고 만다는 것을 알기에 약을 먹고 잠을 자야만 했다.

아내는 남편 티토를 아이 다루듯 입을 벌리게 한 뒤 약을 먹이고 침대로 데리고 갔다. 그녀가 티토를 재우려는 진짜 이유는 공연이 아니라 섹스에 있었다.

티토는 공연을 앞두고는 아내와 섹스를 하지 않았다. 오늘도 그랬다. 그러기를 3개월. 자존심에 상처를 입은 아내는 화가 나서 메모를 남기고 호텔을 나가 버렸다.

티토는 아내가 자신 때문에 떠났다고 생각하고 죽으려고 하자, 맥스가 겨우 달래 잠을 재운다.

아침에 일어나서 공연장으로 가야 할 시간. 맥스가 티토를 깨우려고 하자, 티토는 일어나지 않았다. 너무 놀란 맥스는 단장에게 티토가 죽었다며 벌벌 떨었다.

맥스의 소식에 단장이 뛰어와 티토를 보니 움직이지 않았다. 단장은 공연이 취소되면 손해가 어마어마하게 커서 망하게 되느니 차라리 티토의 대타를 내보내기로 한다. 누구? 시간은 없고, 어쩔 수 없이 오페라 막일꾼 맥스를 분장시켜 오셀로 역으로 내보낸다.

맥스가 오셀로 역을 맡아 공연이 올랐다. 결과는 대성공. 티토의 진짜 얼굴을 관객들은 모르기 때문에, 그저 그의 이름으로만도 다들 미쳤다. 맥스가 대역이 가능한 이유였다. 연극은 무대의 좁은 공간에 등장인물이 많이 나와 자칫 어수선 할 수 있을 텐데 깔끔하고 자연스러웠다.

티토 대신 맥스가 성공시킨 〈오셀로〉는 세익스피어의 4대 비극 중 하나다.

 베니스의 원로의 딸 데즈데모나는 흑인 장군 오셀로를 사랑하게 되자, 아버지의 반대에도 무릅쓰고 오셀로와 결혼을 한다. 때마침 투르크 함대가 사이프러스 섬으로 향하고있다는 보고가 있자, 오셀로는 섬의 수비를 위하여 처와 함께 사이프러스로 떠난다.

오셀로의 기수 이아고는 갈망하던 부관의 자리를 캐시오에게 빼앗긴 데에 앙심을 품고 두 사람에게 복수할 것을 계획한다. 사이프러스에 도착한 날 밤.

이아고는 캐시오에게 일부러 술을 먹인 뒤 소동을 일으키게 하고 부관의 자리에서 파면당하게 꾸몄다. 그리고 데즈데모나를 통하여 복직 운동을 하도록 권한다.그렇게 해놓고 오셀로에게는 캐시오와 데즈데모나가 밀통을 하고 있다고 넌지시 비춘다.

이아고는 오셀로가 데즈데모에게 주었던 귀중한 손수건을 자기 처를 시켜 훔쳐 캐시오의 방에 떨어뜨려 놓고 가짜 증거를 만들었다.

경솔하게도 오셀로는 이아고의 말에 조금씩 빠져들었다. 아내를 의심하기 시작하고 어느 날, 데즈데모나를 침대 위에서 눌러 죽이고 만다.

나중에야 모든 것이 폭로되자 오셀로는 슬픔과 회한으로 자살을 하고 이아고는 가장 잔혹한 처형을 받았다.

흑인 장군 오셀로는 전혀 문제가 없는 자기 부인을 진급의 문제로 화가 나서 화풀이를 하려는 부하직원의 농간으로 의심이 일어나 어이없는 상황을 만들었다.

자신의 배우자(연인)에게 명확한 증거가 없음에도 불구하고 불륜을 저지르고 있다고 지속해서 상대방을 의심하고 자신이 피해를 입고 있다 생각하는 망상을 심리학에서는 오셀로 증후군이라 부른다. 오셀로 증후군은 질투형에 속하는 정신적 질환이다.

영화 속 심리학

영화 - 안나 카레니나 / 실존주의 심리학

1874년 제정 러시아, 모스크바. 커튼이 열리고, 한편의 거대한 뮤지컬을 보는 것처럼, 세트장이 움직인다. 그 모습은 무대와 영화를 자연스럽고도 묘하게 연결하면서 영화 속으로 더욱 빠져들게 했다. 영화이면서 뮤지컬 같은. 영화의 제작 기법만 따라가는 것만으로도 충분히 볼거리가 있는 영화다.

안나의 친오빠 오블론스키와 오빠의 친구 레빈이 대화를 한다. 너무 불공평해 사랑해서 결혼하고, 아이도 낳고 그렇게 시간을 보내지. 그런데 어느 날, 갑자기 아내가 피곤함에 지친 할망구가 돼 있는 거야. 머리도 빠지고 몸은 또 어떻고, 그런데 남자는 아직 힘이 남아 있거든 넘쳐나는 여자들로 정신을 차릴 수가 없어.

이런 생각을 하며 사는 안나의 오빠. 결국은 외도 문제로 부부 싸움이 생기게 되고, 페테르부르크에 사는 미모의 정부 고관 부인인 안나가 오빠와 새언니를 중재하기 위해 모스크바로 찾아왔다.

모스크바로 오는 도중, 기차에서 함께 합석했던 부인을 마중 나온 부인의 아들 브론스키(아론 테일러 존슨) 백작과 첫 번째 마주쳤다.

오빠 집에 도착한 안나(키이라 나이틀리)는 가정교사와 바람이 난 친오빠 오블론스키의 아내 돌리에게 용서해 줄 것을 부탁한다.

다음 날. 안나는 새언니 여동생인 키티의 초대로 무도회장에 참석한다. 올림머리에 연분홍 허리띠를 하고 가슴에는 작은 꽃 장식을 한 키티. 하얀색 꽃 모양 리본을 하고, 어깨에서 발끝까지 하얀색 드레스를 입었다. 마치 눈 속에서 활짝 피어난 동백꽃처럼 눈부시다.

키티와 함께 온 안나는 블랙 드레스와 블랙 모자를 쓰고 가슴에는 세 겹으로 늘어진 줄에 꽃 모양이 달려 있는 목걸이를 목에 걸고 무도회장 안으로 들어섰다.

안나의 옷은 무도회장 불빛에 따라 감색으로 보이기도 하고 검은색으로 보이기도 했다. 그녀의 화려한 미모는 블랙 드레스와 몸에 걸친 액세서리들과 어우러져 호수 위 흑조처럼 우아해 보였다.

남자라면 누구나 한 번쯤. 그녀와 춤추고 싶으리라. 모두가 안나를 바라보는 가운데, 브론스키가 안나에게 춤을 신청한다. 두 번째 만남.

기차역에서 한 번 본 사람하고는 춤을 안 춰요. 안나의 거절에 준비했다는 듯이 브론스키는 춤을 거절하시면 저는 집으로 가겠습니다. 라고 한다.

안나는 자신이 춤을 거절하면 브론스키와 연인 사이인 키티가 난처해질까 봐 그럼, 키티를 위해 추죠. 라며 브론스키의 손을 잡고 러시아 전통춤인 마주르카를 춘다.

이들이 '마주르카' 춤을 추는 추는 동안 주변은 정지된 모습으로 움직이지 않았다. 안나와 브론스키가 춤을 추며 지나가면 다시 추던 춤을 계속 추었다. 두 사람은 마치 동화 속 요정들처럼 아름답게 추었다. 브론스키가 안나의 허리를 두 손으로 안아 들어 올리자 안나의 호흡이 점점 거칠어져 갔다.

안나가 공중에서 내려지자, 무대 위 모든 사람들이 순식간에 사라지고 두 사람만 솔로 춤으로 이어졌다. 이 장면은 많은 사람들이 함께 춤을 추지만 사실 춤을 추기 시작하면 주인공은 두 사람뿐인 것을 영화의 기법을 통해 아주 잘 표현했다.

안나는 키티에게 미안해서 더 이상 춤을 추지 못 하고 무도회장에서 나와 모스크바를 떠나는 기차를 타러 역으로 향하는데 문제는 브론스키가 모스크바를 떠나는 안나를 따라 역에 나타났다. 세 번째 만남.

그 후 페테르부르크에도 나타난 브론스키는 그녀가 다니는 스케이트장, 미술관, 음악회를 따라 다니며 안나의 마음을 흔들어 놓는다.

브론스키가 자주 나타나는 것은 안나에게 빈발효과를 기대하고 있는지도 모른다. 빈발효과는 첫인상이 나쁘더라도 꾸준히 진솔한 모습을 보이게 되면 점차 좋은 인상으로 바뀌게 된다는 이론이 있다.

젊고 잘생기고 집안 좋은 브론스키는 안나에게 적극적으로 다가갔다. 그가 이렇게 할 수 있었던 이유는 모스크바 무도회장에서 두 사람이 춤을 출 때, 안나가 심하게 흔들리는 모습을 이미 보았기 때문인지도 모른다.

브론스키는 진급해서 페테르부르크와 멀리 떨어진 타슈켄트로 전출 명령이 떨어졌는데도 진급을 포기한다. 그것은 안나와 떨어지게 하려는 브론스키 어머니의 개입이었지만 브론스키는 진급에는 관심이 없다.

브론스키 앞에서 존재의 이유가 흔들리는 안나. 인간에게 중요한 것은 실존(육체)이지 이성이라든가 인간성과 같은 보편적 본질(사랑, 믿음, 소망, 윤리, 도덕 등)이 아니라는 생각에 사로잡힌다.

이러한 실존주의 앞에서는 결혼이라는 신성한 의무라든가 윤리 도덕은 늘 후 순위가 된다. 실존주의는 인간은 죽을 수 밖에 없는 운명의 존재라는 것을 인식하고 미래보다 '지금-여기'에 보다 진지하고 충실한 삶을 살아가도록 자극한다.

특히 실존은 본질에 앞선다라는 전제는 안나처럼 인간이 자신의 본질을 결정하는데 있어서 절대적으로 자유로운 존재임을 강조함으로 자칫 이기적이고 주관적이고 욕망적인 선택을 할 가능성이 높다.

실존에 대해서 사르트르는 '인생은 B(brith, 탄생)와 D(death, 죽음) 사이의 C(choice, 선택)다 '라며 삶을 끝없는 선택의 존재로 이야기 했다.

인간은 자신이 선택의 주체이지만, 그 선택은 미래를 결정하는 기준이 되며 그런 결정의 모든 책임은 자신이 져야 하는 존재이다. 삶을 주체적으로 선택하고 책임을 지는 인간이 되도록 하는 것이 실존주의 심리학의 핵심이다. 그러나 안나는 선택에 대한 책임을 간과했다.

브론스키와 안나의 사이를 눈치 챈 남편 카레린은 안나에게 질투란 단어는 당신에게는 모욕. 내게는 굴욕이 되겠지. 내게 당신 감정을 물어볼 권리는 없어, 오직 당신 양심에 달린 일이기도 하니까. 하지만 우리는 신 앞에서 하나가 됐고, 이 결합을 끊는 건 신에 대한 범죄라는 걸 말해주고 싶다며 경고한다.

그러나 안나의 마음은 콩밭에 가 있다. 들으려 하지 않았다. 당신에겐 아들이 있어. 남편 카레린이 안나에게 마지막 경고를 하지만, 안나는 브론스키를 만나 끝내 사랑을 나누고 만다.

너무 늦었어요. 신이여 용서해 주세요. 모든 게 끝났어요. 이젠, 브론스키. 당신 말곤 내겐 아무것도 없다는 걸 기억해요. 라며 안나가 속삭이자, 브론스키는 어떻게 잊겠어요? 당신은 나의 행복인데 라며 안나의 마음을 송두리째 앗아간다.

그 후, 모든 사실이 드러나고 브론스키의 아이를 가지게 된 안나는 오히려 남편에게 당당하게 말을 한다. 나는 그를 사랑해요. 나는 그의 정부예요. 라며 이혼해 줄 것을 호소한다. 그리고 집을 뛰쳐나온 안나는 브론스키의 집에서 지내면서 젊고 인기 많은 브론스키에게 집착하기 시작한다.

브론스키는 그런 행동을 하는 안나로부터 멀어져만 가고, 안나는 신경쇠약으로 잠을 잘 수 없어서 모르핀을 맞으며 잠을 청하는 삶을 살아간다.

어느 날, 안나는 사교장에서 우연히 오빠의 아내 돌리를 만나 스스로 '나쁜 여자'라 했다. 그러자 돌리는 나라도 똑같이 했을 거예요. 같이 도망가자는 사람이 없어서 그렇지, 오빠는 여전해요, 남자는 다 그런가 봐요. 라며 여자의 솔직한 마음을 이야기하며 가정을 지키기 위해 자신은 일정 부분 포기하며 살아가고 있다고 했다.

안타까운 일이지만 어쩌면 돌리의 말이 삶의 정답 같아 보였다. 안나는 돌리를 통해 키티가 안나의 오빠 친구 레빈과 결혼한 것도 들었다. 그 후, 안나는 브론스키에 대한 집착과 신경쇠약과 외로움으로 인해 견딜 수 없게 되자 기차에 몸을 던지고 만다.

행복이란 과연 어떤 것인가? 안나와 브론스키처럼 첫눈에 반한 사람과 사는 것인가? 돌리와 오블론스키처럼 살면서 서로의 삶을 인정하며 살아가는 것인가? 아니면 키티와 레빈처럼 함께 맞추며 살아가는 것인가?

욕망 앞에서 무너지며 방황하는 안나. 배신 앞에서 모욕감에 아파한 새 언니의 여동생 키티. 안나를 놓아주지 못하는 외로운 남편 카레린. 욕망에 눈이 멀어 한 가정을 파탄 시킨 브론스키. 형제를 끝까지 사랑하며 성실하게 삶을 지킨 레빈. 가정을 버리지 않은 돌리.

이들의 결과는 모두 자신들이 자유로이 스스로 선택한 것들의 결과이다. 상황이나 과거의 경험이나 유전에 의해 결정한 것이 아니다. 모든 것은 자신의 선택에 의한 것이다. 자기 자신을 찾기 위해, 자신의 존재 회복을 위해 서로 각자의 길을 선택했다.

인간은 지금, 여기를 살아가면서도 지속적으로 변화되는 지금, 여기를 만난다. 동시에 삶의 주체인 스스로를 인식하고 매 순간 자유로운 의지로 선택과 결단을 한다. 그러나 그 선택의 뒤에 따라오는 결과에 대해서도 책임을 져야 한다는 사실 또한 간과해서는 안된다.

인간은 그렇게 자신의 행복을 위해 실존적 존재로 살아가지만 톨스토이가 진정으로 원하는 삶은 본질적 존재의 삶을 선택한 레빈과 키티의 삶이었다고 한다.

영화 - 블랙스완 / 정신분열증

흠이 없는 구슬이라는 뜻으로, 결점이 없이 완전함을 사전에서는 완벽, perfect 라고 하는데, 이 영화는 뉴욕 발레단의 발레리나인 니나가 완벽을 추구하기 위한 심리적 갈등의 변화를 아주 잘 표현한 영화이다.

니나(나탈리 포트먼)는 엄마와 함께 지내고 있는데 그녀의엄마 또한 니나처럼 발레리나였다. 니나의 엄마는 너무 어린 나이에 사랑을 하고 니나를 임신하게 되자, 니나를 키우기 위해 자신의 꿈을 포기해야만 했던 상처를 가지고 있다.

니나의 엄마는 딸이 자신의 지난 과거를 닮을까 걱정을 하며 식사부터 연습량 그리고 모든 스케줄까지 하나하나 주의 깊게 체크 한다.

딸의 앞날이 걱정되어 24시간을 검사하는 부모의 행동에 어느 정도는 이해가 가는 부분도 있다. 하지만 니나의 입장에서는 자칫하면 숨을 쉴 수 없는 스트레스가 될 수도 있다. 엄마의 모습은 요샛말로 투머치다. 심하다.

그러던 어느 날 〈백조의 호수〉 각색 작품의 새 주인공을 뽑는 자리가 생겼다. 많은 발레리나들이 오디션에 도전을 했다. 특이한 점은 이 번 작품의 주인공이 되면 한 명이 선과 악을 대변하는 '화이트스완'과 '블랙스완'의 연기를 모두 해내야 하는 자리였다.

니나도 주인공이 되고 싶어 열심히 연습을 하지만, 그녀에게는 단점이 있다. '화이트스완'으로써는 더없이 완벽하고 아름답지만 '블랙스완'을 표현하기에는 너무나 틀에 박혀있으며 착하고 순수하다는 문제를 가지고 있다.

어느 날, 자신의 의지와 상관없이 발레단 단장의 기습 키스를 받게 되자 니나는 단장 르로이(뱅상 카셀)의 혀를 물어버렸다. 발레단 단장은 자신의 혀를 물어버린 니나의 순간적인 모습에서 블랙스완의 가능성을 보고 그녀를 주인공 자리에 세운다.

어린 시절부터 엄마의 과보호 아래 살아온 청순한 니나. 이기적이고 다른 사람의 사랑을 유혹하고 빼앗아야 하는 파격적인 '블랙스완'의 표현에는 마냥 서툴기만 하다.

그녀는 '블랙스완'을 표현하기에 너무 소녀답다.

그런 니나에게 발레단 단장 르로이는 '블랙스완'의 유혹을 표현하기 위해 소녀가 아닌 여성의 몸을 발견하도록 자위를 권유하기도 하고, 그동안 가지고 있던 틀에서 벗어나기를 계속 주문을 한다. 기본적인 자신의 본성을 바꾸기가 쉽지만 않은 일. '블랙스완'이 되기 위해서 니나는 혼란스러워 한다.

이런 니나 앞에 문제 하나가 생겼다. 최근 뉴욕 발레단 단원으로 들어온 릴리가 춤을 추면 발레단 단장은 그녀에게 '블랙스완'으로 완벽한 표현을 했다며 칭찬을 하는 것이 아닌가.

그녀에 대한 단장의 칭찬은 니나에게 수치심을 느끼게 하고, 언젠가 그녀에게 자신의 배역을 빼앗길지도 모른다는 불안감에 시달리게 했다.

틀에 박힌 춤으로 부드러움과 유혹이 부족했던 니나는 '블랙스완'의 자리를 놓치지 않기 위해 한 번도 해보지 않았던 자위를 하기도 하고, 엄마의 말을 거역하고 늦게까지 클럽에서 엑시터시를 먹고 처음 만난 젊은 남자와 섹스를 하기도 하면서 그렇게 내면의 '블랙스완'을 불러냈다.

치명적인 유혹을 해야만 하는 '블랙스완' 그 속에는 순수와 선함이 존재하지 않아야 했다. 오로지 욕망의 에너지만 가득해야 가능한 자리.

드디어 시작된 '백조의 호수'공연. 그런데 너무나 긴장한 니나의 파트너가 '화이트스완'의 니나를 들다가 실수로 떨어뜨리고 말았다. 니나는 자기의 실수가 아니었다고 단장에게 말을 하지만, 단장은 다음 공연이나 잘 마무리 지으라며 화를 낸다.

'화이트스완'과 '블랙스완' 두 가지 배역을 완벽하게 하고 싶었던 니나는 다음 공연을 위해 배우 대기실에서 잠시 쉬고 있는데 그녀 앞에 릴리가 나타났다. 그리고 자신 없으면 배역을 포기하고 자신에게 넘기라고 한다.

릴리의 말에 화가 난 니나. 릴리를 벽에 있는 거울 쪽로 심하게 밀어 붙이고 깨어져 나온 거울의 파편으로 그녀를 찔렀다. 그리고 쓰러진 그녀를 그대로 놓아둔 채 무대 위로 올랐다.

그날 그녀의 '블랙스완' 연기는 최고였다. 그리고 다시 니나는 '화이트스완'이 되어 '블랙스완'에게 왕자를 빼앗긴 고통 때문에 절벽 위에서 아래로 뛰어 내리는 장면을 연출했다.

그런데 절벽 아래로 떨어진 니나의 배에서 피가 흘렀다. 릴리가 찔렸던 그 자리, 그 위치. 절벽 아래로 뛰어내린 니나는 마지막 대사를 남겼다. I was perfect. 나는 완벽을 경험했어.

릴리는 니나였다.
니나는 그렇게도 닮고 싶었던 '블랙스완'을 완벽하게 하기 위해 자신도 모르는 제2의 릴리를 만들어 낸 것이다. 백조의 호수 주인공에 대한 그녀의 집착과 어머니의 딸에 대한 집착은 망상과 환청을 불러일으키며 정신분열증 증상을 가져왔다.

정신분열증(조현병) 환자는 흔히 환각을 경험하거나 누군가 말하는 목정신분열증은 정신적으로 혼란된 상태, 현실과 현실이 아닌 것을 구별하는 능력의 약화를 유발하는 뇌 질환에 속한다. 소리가 끊임없이 들리거나 실제 존재하지 않는 대상이 보이기도 한다.

그 중에서 환청은 정신분열증(조현병)의 가장 흔한 증상이다. 환자는 환청이 있을 때에는 환청에서 들리는 목소리와 대화를 주고 받거나 환청에서 시키는 대로 행동을 하기도 한다.

주위에 사람이 없는 데도 혼자서 중얼거리거나, 뚜렷한 이유 없이 혼자서 웃거나 울기도 한다. 주의가 산만하고 어떤 생각에 몰두하여 말을 걸어도 즉시 대답하지 못한다.

정신분열증의 원인으로는 생물학적인 요인, 심리학적 요인, 환경적인 요인이 있을 수 있는데 생물학적 요인으로는 부모나 형제자매 등이 조현병을 가지고 있는 경우나 뇌의 구조적, 기능적 이상과 뇌의 신경전달물질 이상으로 도파민이 과다

분비되는 경우가 있다.

심리적 요인으로는 인지적 기능 장애나 부적절한 정보를 제대로 처리하지 못함으로써 혼란을 겪는 경우가 있고, 사회환경적 요인으로는 과잉보호나 가족 간 갈등이 심하거나 부정적인 감정 표현이 잦은 경우 혹은 경제적으로 열악한 계층이 사회적인 스트레스와 부당한 대우 등으로 인해 좌절을 경험하는 경우 등이 있다.

영화 - 미드나잇 인 파리 / 무드셀라 증후군

왜 사람들은 그때가 좋았지, 라고 할까? 1984년 MBC 강변 가요제에서 〈J에게〉 라는 노래로 대상을 받았고, 2011년 한국인 가수로는 조용필, 패티 김, 인순이를 이어 4번째로 미국 뉴욕에 있는 카네기홀에서 단독 공연을 펼친 가수 이선희. 그가 부른 노래 중에 〈아 옛날이여〉 라는 노래가 있다.

그 노래 가사를 보면 '아 옛날이여, 지난 시절 다시 올 수 없나 그 날'이라는 부분이 나온다. 헤어진 옛 연인을 잊지 못해 좋았던 옛 시절을 그려보지만, 그 날들은 다 지난 시절. 다시 올 수 없음을 깨닫고 잊어야 한다는 내용이다.

1977년 쌍둥이 가수 바니걸스가 부른 노래 중에도 '그때가 좋았지 한 없이 좋았지 그러나 이젠 꿈이야'라는 노래도 있다. 사람들은 모두 그때가 좋았지, 라고 한다.

'왜 그때가 좋았지'라고 할까. 오늘 나오는 영화에서도 비슷한 이야기가 나온다. 과거가 아름다워 과거로 돌아가고 싶어하는 사람들의 이야기. 과연 그때가 좋았던 걸까? 왜 그렇게 생각하는 걸까?

영화는 주인공 길이 결혼을 앞둔 약혼녀 이네즈와 사업가인 이네즈의 부모를 따라 파리로 여행을 온 장면으로 시작한다. 당시 길은 시나리오 작가로 과거에 대한 향수를 주제로 소설을 쓰고 있었다.

그의 약혼녀 이네즈는 미모의 여인으로 길이 현재 쓰고 있는 책보다는 학문이나 지식을 마음껏 뽐내는 그녀 친구 케럴의 애인인 교수 폴에게 관심이 더 많은 듯 하다.

폴의 모든 말에 심하게 칭찬하는 이네즈의 모습을 보며 약혼자 앞에서 저렇게 말을 해도 되나? 궁금했다. 이네즈는 호텔 식당에서 여자 친구 케럴과 폴을 따라 춤을 추러가고길은 적당히 마신 술이지만 술을 깨기 위해 파리의 밤거리를 홀로 걷기로 하고 헤어진다.

길(오웬 윌슨)과 이네즈는 약혼한 사이로 미국에서 프랑스파리로 여행을 왔는데 각자의 계획에 따라서 다른 행동을 하는 모습은 조금 낯설었고 길과 이네즈 사랑 전선에 희미한 금이 보이는 것 같았다.

적당하게 술을 마시고 파리의 아름다운 밤거리를 따라 걸으며 풍경을 즐기던 길은 숙박 장소인 호텔을 찾지 못 하고 어느 계단에 앉아 쉬고 있는데, 자정을 알리는 종이 울렸다.

그때 한 쪽 모퉁이에서 1920년대 구형 자동차 한대가 나타나 길 앞에 서더니 차에 타라며 사람들이 손짓을 했다. 무슨 영문인지 모르지만 차에 올라탄 길은 차 안에서 〈위대한 게츠비〉와 〈벤자민 버튼의 시간은 거꾸로 간다〉 등을 쓴 유명한 미국 작가 '스콧 피츠제럴드'를 만났다.

그 후 어느 한 술집에 도착하게 되는데, 그곳은 그가 그토록 살고 싶어 하던 1920년대 파리의 술집이었다. 술집에서 길은 〈노인과 바다〉 〈누구를 위해 종을 울리나〉, 〈무기여 잘 있거라〉의 작가 '헤밍웨이'를 만났고, 술집에서 피아노를 치며 노래하고 있는 사람은 수많은 뮤지컬과 영화 음악들을 작곡한 작곡가 '콜 포터'였다.

2010년에 영화 작가로 개인 소설을 쓰고 있던 길이 유명한 '스콧 피츠제럴드'와 '헤밍웨이'를 직접 만난다는 것은 흥분되지 않을 수 없는 일이다.

길의 흥분은 그들을 보며 커지는 눈동자를 통해 전해졌다.
살면서 길처럼 흥분되는 사람을 만날 수 있다는 것은 복중에

복이라 생각되었다.

술집에서 나와 이동한 그들의 친구 집에서는 20세기를 대표하는 〈아비뇽의 처녀들〉 〈울고 있는 여인〉으로 유명한 화가 ' 파블로 피카소'와 그의 모델이자 여인인 '아드리아나'가 있었다. 그 집은 수 많은 예술가들을 후원했던 '거트루드 스타인'의 집이었다.

길은 전설적인 예술가들과 친구가 되어 흥분된 날을 보내면서 본인이 쓰고 있던 소설을 '헤밍웨이'의 추천으로 '거트루드 스타인'에게 선보였다.

길은 2010년과 1920년대 프랑스 파리를 왔다 갔다 하면서 ' 피카소'와 '모딜리아니'가 사랑했던 아름다운 여인 '아드리아나'를 만나 사랑에 빠진다.

그런데, 그녀는 길이 1920년대를 동경하듯 자기가 살고 있는 1920년 시대를 따분해 하며 아름다운 시대, 벨 에포크라는 후기 인상파 화가들이 살던 1890년대를 동경하고 있었다.

길과 '아드리아나'는 가로등 불빛이 자욱한 안개에 가려 뿌옇게 퍼지는 파리의 몽마르뜨 언덕에서 마차를 타고 1890년대 벨 에포크 시대로 이동한다.

벨 에포크 시대로 이동한 길과 '아드리아나'는 블루스 춤을 추며 서로를 바라보는데 시선이 사랑스럽다. 춤추는 두사람의 시선은 심장을 뛰게 만들고, 말은 하지 않았지만, 춤을 통해 사랑을 몸으로 표현하고 있어서 행복했다.

길과 '아드리아나'는 〈우리는 언제 결혼할까〉로 유명한
19세기 후기 인상파 '폴 고갱'을 만나 대화를 나누는데 벨 에포크 시대에 사는 '폴 고갱'은 르네상스 시대가 더 좋다고 했다.

'아드리아나'는 길에게 벨 에포크 시대에서 같이 살자고 이야기를 하는데 길은 그 순간 깨달았다. 2010년을 사는 자신은 1920년의 파리를 동경하고, 1920년 살고 있는 '아드리아나'는 1890년대를 동경하고, 1890년을 살고 있는
'폴 고갱'은 이전 시대인 르네상스 시대를 동경하고 있다는 것을.

길은 자신이 살아가는 시대를 만족하지 못하는 예술가들을 보며 과거로의 향수가 아닌 지금 항생제가 필요하다는 것을 그제야 알았다.

추억은 항상 아름답다고 생각하며 나쁜 기억은 빨리 잊어버리고 좋은 기억만 남겨두려고 하는 심리 상태를 심리학에서는 '무드셀라 증후군'이라고 한다. 이것은 일종의 도피심리다. 좋은 기억만 떠올리고 싶은 심리. 현실 도피적 성향으로

과거의 아름다운 모습만을 간직하고 싶어 하는 심리다.

현실이 어두울수록 과거로 돌아가 그 아름다운 시절의 기억만을 간직하고 기억하는 일종의 연민이 느껴지는 증상이다. 싫어서 헤어졌지만 좋은 사람이었다고 기억하려는 심리. 특히 유년시절, 학창시절, 첫사랑을 회상할 때 나쁜 기억보다 좋은 기억을 떠올리는 경향과 같다.

무드셀라는 구약성서에 노아의 할아버지로 969살까지 살았다. 그는 나이가 들수록 과거를 회상할 때 좋은 기억만 떠올리고, 좋았던 과거로 돌아가고 싶어 했다. 무드셀라의이러한 모습을 빗대어 무드셀라 증후군이라는 심리학 용어가 생겼다.

TV 드라마에도 과거의 좋았던 시절과 아름다웠던 시절로 돌아가고 싶은 심리를 이용해 만든 2015년 11월 6일부터 시작한 '응답하라' 시리즈가 있다. 이런 마케팅을 '레트로 마케팅' 이라고 하는데 이 역시 무드셀라 증후군 의 심리를 이용한 것이다.

길은 과거에 만족하며 황홀해 하는 '아드리아나'와 헤어지고 2010년의 파리로 돌아왔다. 그런데 2010년으로 돌아와서 보니 자신의 약혼녀인 이네즈와 폴이 연인 사이가 된것을 알고 그녀와 미련 없이 헤어진다.

과거와 현재의 연인과 모두 헤어진 길은 파리의 몽마르뜨 언덕을 걷는데 우연히 골동품 가게에서 LP판을 살때 잠시만났던 아가씨를 만난다.

우연히 만난 두 사람이 웃으며 이야기 하는 동안 하늘에서 비가 내렸다. '비오는 파리가 더 아름다워요'라는 골동품 가게 아가씨의 말에 길도 같은 마음이라며 함께 웃으며 빗속을 걷는데 영화는 끝이 났다.

길의 과거로의 경험을 보면서, 길처럼 가슴 떨리며 흥분되는 일은 무엇이 있을까? 생각해 본다.

영화 - 튤립 피버 / 욕망

오랜 기간 장사에 헌신하여 성공한 거상 코르넬리스. 그는 늙었지만 재력의 힘으로 젊고 예쁜 여인 소피아를 아내로 맞아 결혼 한다. 아내의 치명적인 미모를 초상화로 남기기 위해 그는 화가 얀을 부른다. 그렇게 매력적인 젊은 화가 얀과 아름다운 여인 소피아의 첫 만남이 이루어진다.

결국 서로에게 이끌려 불꽃 같은 위험한 사랑에 빠지게 되고. 둘은 미래를 위한 자금을 마련하기 위해 도박같이 위험한 튤립 투자를 시도한다.

17세기 네덜란드는 튤립 꽃의 열풍이 한창이었다. 튤립의 가격이 평균 임금의 10배를 넘어갔다. 코르넬리스집 하녀인 마리아는 젊은 생선 장수와 연인 사이다. 그 남자는 생선을 광주리에 담아 팔러 다니면서 지나가는 길에 마리아에게 와서 생선도 주고 사랑도 주고 떠난다.

그러던 어느 날, 마리아는 임신을 하게 되었다. 하녀가 임신을 하면 쫓겨나는 시대라 마리아는 계속 그 집에서 머물고 싶어 코르넬리스의 아내 소피아의 불륜을 가지고 그녀와 거래를 한다.

소피아는 자신이 임신을 했다고 남편을 속인다. 그리고 마리아가 아이를 낳을 때, 자신은 아이를 낳다가 산모의 진통으로 인해 죽었다고 하고 관속에 들어가 무사히 탈출한 후, 젊은 화가 얀과 외국으로 도망 칠 계획을 마리아와 짠다.

그러나 나중에 우연히 이 사실을 다 알게 된 남편 코르넬리스. 아이가 자기 아이인 줄 알고 너무너무 이뻐했는데 실망과 배신이 이만저만이 아니다. 그는 조용히 편지를 써서 하녀인 마리아에게 집과 아이를 모두 주고 외국으로 여행을 떠난다.

한편 치솟던 튤립값은 정부의 개입으로 모두 휴지 조각이 되고 얀은 무일푼 거지가 되고, 소피아는 죽은 사람이 되어 다시 고아원인 수녀원으로 들어간다.

수녀원에서 그림을 그리러 온 얀과 그 옆을 지나는 소피아가 서로를 알아보고 살짝 웃는 장면에서 영화는 끝이 났다. 치명적인 매력의 젊은 소피아와 젊은 화가 얀. 그리고 나이 많은 재력가인 남편과 그 집 하녀 마리아와 생선 장수 애인.

그들의 삶을 보면서 유혹에 대해 생각해 보았다. 갖고 싶은 욕망 때문에 유혹을 하는 걸까? 유혹에 걸려 갖고 싶은 욕망이 생기는 걸까? 순서야 어찌 되든 가질 수 없는 것에 대한 눈빛의 흔들림이 유혹의 시작이 되는 것을 보았다. 결국은 보암직하고 먹음직하고 충분히 행복할 것 같은 소유의 욕심이 자신을 불태워 없어지게 했다.

욕구는 채워지면 멈추지만, 욕망은 채울수록 더 원하게 된다. 욕구는 누구나 원하는 보편적인 절대성을 말하지만 욕망은 상대성을 갖는다. 욕망은 욕보다가 망한다 라는 게 욕망이고 욕구는 '모든 동물'이 행하는 가장 원초적인 활동이 욕구이다. 욕구는 '모든 동물'이 가지고 있는 것이고, 욕망은 오직 '인간'만이 가지고 있는 요소이다.

욕구는 그것이 어느 정도 충족되면 만족을 하지만, 욕망에는 그 끝이 없다. 나는 너무나 배가 고파, 빵 한 조각이라도 먹고 싶어. 라고 생각하는 것은 욕구이지만, 나는 돈도 명예도 사랑도 모두 갖고 싶어 라고 생각하는 것은 욕망이다.

심리학자 매슬로우가 말하는 욕구는 크게 3가지로 정리할 수 있는데 그것은 본능과 양심(화인 맞은 양심, 선한 양심)과 사랑이다.

선한 양심은 선악을 판단하고 선을 명령하며 악을 물리치는 도덕 의식이다. 양심의 가책이나 양심에 부끄럽지 않다고 말하듯이 자기가 행하거나 행하게 되는 일. 특히 나쁜 행위를 비판하고 반성하는 의식을 말한다.

화인 맞은 양심은 외식과 거짓말 하는 자. 외식은 보여주기 위해 하는 행위로 겉과 속이 다르다. 마음이 음흉하여 겉으로 보이는 언행과 속마음이 서로 다르다는 의미이다. 이러한 표리부동은 부정부패를 일삼는 사회지도자들에게서 흔히 볼 수 있다.

육신의 욕구는 우리 인간의 속에서 일어나는 강렬한 육체적 욕망으로 식욕과 성욕을 말한다. 안목의 욕구. 눈이 원하는 것. 안목의 욕구는 외부에서 오는 유혹을 말한다.
충분히 선하고 충분히 예술적이고 충분히 아름답고 매혹적으로 보이는 정신적 욕망을 말한다.

이생의 욕구. 마음이 원하는 것. 허영심과 자기 과시와 오만하게 자기 능력을 남들 앞에서 으스대고 싶은 과시 욕과 허세에 빠진 것을 말한다.

미국의 황야지대에는 방울뱀이 살고 있다. 이 뱀은 무서운 독을 가지고 있어서 물리면 치명적이라고 한다. 이 방울뱀이

다람쥐를 잡는 방법은 특이하다. 먼저 꼬리를 흔들어서 소리를 낸다. 이때 나무 위에 있던 다림쥐가 그 소리를 듣고 호기심이 발동하여 소리 나는 곳을 내려다본다.

그 순간 다람쥐의 눈과 독사의 눈빛이 마주치게 된다. 다람쥐가 겁을 먹고 떨고 있을 때 독사는 입을 쩍 벌리고 기다린다. 떨던 다람쥐는 비실비실 중심을 잃고 나무 아래로 떨어진다. 이때 독사는 다람쥐를 한 입에 꿀꺽 삼켜버린다.

유혹의 함정에 빠지는 것도 이와 같다. 유혹은 먼저 다가간다. 달콤한 소리, 그럴듯한 소문, 가슴을 설레게 하는 음성으로 다가간다. 그러다가 이를 눈으로 확인하고 싶은 욕망을 갖게 하고, 눈이 욕망의 대상에 고착되면 자기도 모르게 그 대상에 이끌려 유혹의 덫에 걸리고 만다.

영화 - 웨스트 사이드 스토리 / 투사

웨스트 사이드 스토리는 미국 뉴욕 맨하탄과 허드슨 강 사이에 위치한 웨스트 사이드 거리에서 동유럽 폴란드 이민자 젊은이들과 미국령에 속하는 쿠바의 동남쪽 카리브해에 위치한 푸에르토리코 나라에서 온 젊은이들 사이에 일어나는 사랑과 결투의 이야기다.

스토리 전체는 로미오와 줄리엣의 흐름을 가지고 따라가면 이해하기가 쉽다. '제트파' 남자 주인공 토니는 어느 날, '제트파' 옛 친구 리프의 권유로 무도회에 갔다가 푸에르토리코에서 이민온 '샤크파'의 리더인 베르나르도의 여동생 마리아를 보고 첫눈에 반한다. 무도회 장소는 젊은이들의 열기로 가득하다.

음악이 흐르고, 남성들이 밖에서 원을 만들어 도는 동안 여성들 은 안 쪽에서 원을 만들어 돌고 있다. 음악이 멈추면, 서로 마주 보는 사람과 춤을 춘다.

이 장면은 로미오와 줄리엣과 비슷하다. 로미오와 줄리엣에 나오는 무도회에서는 '모레스카' 춤을 추었지만, 웨스트 사이드 스토리에서는 발레와 현대무용이다.

문제는 분위기가 무도회 분위기가 전혀 아니라는데 있다. 사실은 '제트파'의 리프가 무도회에서 '샤크파'의 베르나 르도를 혼내주기 위해 파티를 만들었던 것이라 서로가 화목하게 춤을 출 수 없는 분위기다.

그러나 토니와 마리아는 로미오와 줄리엣처럼 첫 눈에 서로 반한다.

운명을 느끼며 춤을 추는 두 사람. 젊은이의 열정으로 키스까지 한다. 무도회가 끝난 후, 토니는 마리아의 아파트 발코니 아래에서 있다. 마리아는 토니를 바라보며 딱 1분만 있다가 가란다. 토니가 1분으론 모자란다 하자, 마리아는 그럼 한 시간만 있다가 가라고 하는데 두 사람의 모습이 귀엽고 예쁘다.

사랑하는 모습은 어디나 예쁘다. 냉정과 열정 사이에 나오는 쥰세이와 아오이의 사랑도 예쁘고, 게이샤의 추억에 나오는 이와무라 전기회사 회장이 사유리를 만나는 마지막 장면도 예쁘고, 그리스 신화에 나오는 에로스가 프시케를 살포시 안고 함께 하늘로 올라가는 그림도 예쁘다.

토니는 그렇게 해서 마리가 사는 아파트 4층 발코니까지 올라간다. 웨스트 사이드 스토리 주제가인 'tonight' 을 함께 노래를 부르며 사랑을 다짐한다.

토니와 마리아가 사랑의 노래를 부르는 동안 제트파와 샤크파는 오늘 밤 12시에 허드슨강 옆 다리 아래에서 만나 결투를 하기로 한다. 샤크파를 기다리는 동안 제트파 젊은이들이 노래를 하는데 사회에 대한 증오와 불만으로 가득하다.

우리가 길거리에 나와 돌아다니는 것은 제대로 된 가정이 없기 때문이야. 집에 가도 누가 반겨주는 사람 하나 없어. 아빠는 매일 술만 먹고 엄마를 때리고 엄마는 우리를 때리고, 우리는 갈 때가 없어. 사회가 우리를 이렇게 만들었어.청소년 비행은 다 사회가 만드는 거야.

자신들의 행동을 부모와 사회에 떠넘기는 제트파 젊은이들이 가지고 있는 성향을 심리학 에서는 '투사'라고 부른다. 투사. 던질 투, 쏠 사, 던지고 쏘기이다. 자신의 생각이나 감정, 또는 문제를 남에게 던져버리는 심리가 투사이다.

아이가 엄마에게 말한다. 내일 중요한 시험이 있으니 5시에 깨워달라고, 엄마는 아이를 깨우기 위해 잠을 깊이 자지 못한다. 그리고 정확히 5시에 깨운다. 아이는 안 일어난다.

흔들어 깨워도 안 일어난다. 엄마는 공부에 지친 아이가 안타까워 더 이상 깨우지 못한다. 결국 늦게 일어난 아이는 엄마가 안 깨워서 오늘 시험 다 망쳤다고 한다. 자기가 아침에 늦게 일어나고는 엄마한테 시험 못 본 책임을 덮어씌운다. 이것이 투사이다.

투사는 자신의 불편한 상황을 밖으로, 너에게 내던지는 것이다. 이렇게 해서 내부의 위험을 외부로, 너에게 제거하는 것이다. 마치 뜨거운 감자를 손에서 바로 내던 져 버리는 것과 같다. 도저히 견딜 수 없어 던져버리는 것이다.

이들이 밖으로 던지는 이유는 '모두가 다 네 잘못'이라는 것에 있다. 어떤 학원에 수강생이 적을 경우 원장은 자신이 노력하지 않았다고 생각하지 않고 교사들이 노력 하지 않았다고 생각하며 잘못을 교사들에게 넘기는 경우와 같다.

어느 한 친구와 사이가 좋지 않아 절교를 했는데 내가그를 미워하기 보다 그가 나를 미워하기 때문에 벌어진 일이라고 생각하며 잘못을 그에게 넘기는 경우. 혹은 국가 자격증 공부를 할 때 내가 노력이 부족했다는 생각 보다 시험이 어렵다고 생각하는 경우 등이 투사에 해당 한다.

이들의 심리를 기본적 귀인 오류라고도 부른다. 자신이 행위자일 경우. 자신의 행동에 대해서는 외부에서 원인을 찾고, 자신이 관찰자일 경우. 행위자의 내부에서 원인을 찾는 것을 말한다.

자신이 길을 걷다가 미끄러져서 넘어졌다면 바닥이 미끄럽기 때문이라고 생각하고, 다른 사람이 그랬다면 조심성이 없기 때문이라고 생각하는 것과 같다.

한편 제트파 젊은이들이 모여 결투 시간을 기다리는 동안 토니는 일을 마치고 마리아의 일하는 곳을 찾아가 둘만의 결혼식을 가진다. 부유할 때나 가난할 때나, 해가 뜨나 달이 뜨나, 죽음이 갈라 놓을 때까지 하나가 되게 하소서. 그리고 둘은 마리아의 침실로 함께 올라가서 사랑을 나눈다.

문제는 제트파의 대장은 토니였고, 샤크파의 리더는 마리아의 오빠 베르나르도였다. 시간은 흘러 밤 12시. 제트파와 샤크파가 만나 결투를 벌이는데 샤크파 패거리가 제트파의 리프를 찔러 죽이고 만다. 화가 난 토니가 엉겁결에 마리아의 오빠 베르나르도를 죽이면서 비극이 시작된다.

베르나르도의 애인이던 아니타는 제트파 토니에게 마리아를 짝사랑하던 치노가 마리아를 총으로 죽였다고 거짓말을 한다. 흥분한 토니는 치노를 찾으며 절규한다.

그러자 치노가 나타나 토니를 총으로 쏘아버린다. 뒤늦게 찾아온 마리아는 토니의 죽음 앞에 통곡하고 두 세력은 뒤늦게 후회하면서 토니의 시신을 들고 걸어간다. 그렇게 뮤지컬은 끝이 났다.

영화 - 눈먼 자들의 도시 / 이기주의

이 영화는 어느 날, 갑자기 앞을 보지 못하게 된 사람들의 이야기로 시작한다. 노란 불이 들어왔다. 차 두 대가 빨간 불에 걸리지 않으려고 가속으로 내달았다. 횡단 보도 신호등의 걸어가는 사람 형상에 파란 불이 들어왔다. 기다리던 사람들이 아스팔트의 검은 표면 위에 칠해진 하얀 줄무늬를 밟으며 길을 건너기 시작했다.

그 줄무늬를 얼룩말이라고 부르지만, 세상에 그것처럼 얼룩말을 닮지 않은 것도 없을 것이다. 어느 회사원 한 명이 도로에서 운전을 하던 도중 갑작스럽게 모든 것이 하얗게 보이게 되자 안과를 방문했다. 그가 병원을 방문하는 동안 주변 사람들이 차례로 실명되는 일이 무서운 속도로 퍼져나갔다.

정부는 눈먼 자들을 버려진 정신병동에 수용하고 군인들이 지키게 한다. 눈먼 자들은 점점 많아지고 병동에 먹을 것은 보급이 잘 안되고 그나마 그들 중에 총을 가진 힘센 남자와 13명은 그 음식을 독차지하고 각자 가지고 있는 것 중 귀중품을 내놓아야 배급을 했다.

내놓을게 없게 되자, 각 병동마다 여자를 모두 보내면 음식을 병실로 보내준다고 했다. 한 병동에 7~8명 정도의 여자와 40여 명의 남자들이 있는 곳도 있고 병동마다 인원수가 틀리지만 400명 정도 수용된 몇 개의 병동에서는 돌아가며 음식을 얻기 위해 힘센 남자들의 병동으로 가서 성 상납을 해야만 했다. 가장 충격적인 장면이었다.

같이 눈이 멀고 감금이 되고 자유를 빼앗기고 먹는 것과 위생시설이 전혀 제공되지 않는 공간에서 힘 있는 남자들은 힘없는 사람들을 가지고 놀았다.

남이야 어찌 되든 나만 좋으면 그만이라는 생각은 탐욕이다. 욕심이요 이기적이다. 무엇을 갖고 싶다고 하는 바램은 어찌 보면 당연한 것이기도 하다. 그러나 그것을 갖기 위한 수단이나 방법에 있어서, 스스로 노력을 하거나 정당하게 자연의 이치에 따르지 않고 다른 사람을 희생으로 삼아, 그것을 발판으로 자기만의 이익을 채우는 것이라면 지나친 이기주의다.

이들은 다른 사람이나 사회 일반에 대해서 배려하지 않고 자신의 이익이나 행복만을 고집하는 사람들이다. 사람의 이기적인 심리상태를 점검하는 방법 가운데 하나는 그 사람이 사용하는 말, 단어, 문장 중에서 '나'라는 단어를 얼마나 자주 쓰는가를 조사하는 방법이 있다.

'나'라는 단어를 자주 쓰는 사람일수록 그 사람의 심리상태는 건전하지 못하다는 말이 있다. 그들은 자기중심적이기 때문이다.

아주 오래 전 나 밖에 모르는 한 부자 노인이 살고 있었다. 어느 날, 그 땅에 엄청난 기근이 찾아왔다. 하지만 그 노인은 많은 곡식을 창고에 저장해 두었던 터라 아무런 걱정이 없었다.

마을 사람들은 먹을 것이 궁해지자 그 노인에게 찾아와서 식량을 팔라고 했다. 그러나 그 노인은 마을의 모든 식량이 다 바닥나기 전에는 결코 팔 수 없다며 한마디로 거절했다. 나중에 많은 돈을 받고 팔 속셈이었던 것이다.

많은 사람이 기아로 죽어갔지만 노인은 곡식을 팔지 않았다. 굶주림에 지친 사람들은 어쩔 수 없이 그 노인이 요구하는 대로 비싼 값을 지급하기로 하고 식량을 달라고 애원했다.

노인은 비로소 입가에 웃음을 지으면서 창고 문을 열고 들어

갔다. 그러나 창고 안에 가득 쌓여 있던 곡식은 벌레들이 다 망쳐놓았다. 노인은 충격을 받고 그 자리에서 죽고 말았다. 자기 밖에 모르는 사람들은 세상에서 함께 살기 어렵다. 세상은 혼자 사는 게 아니기 때문이다.

이 영화는 내용 자체가 어둡고 따라가기 힘든 영화지만 다 보고 난 뒤에는 정말 좋은 영화라 느꼈다. 감사가 저절로 생겨났다.

본다는 것이 얼마나 큰 축복인가! 매일 아침 일어나 샤워를 하고 식사를 하고 물을 마시고 차를 마신다는 자체가 기적이고 행복이다. 가족과 대화하고 친구와 술을 마시고, 지인과 전화를 하고, 가고 싶은 곳에 가고 보고 싶은 곳에 갈 수 있는 삶에 감사하고 또 감사한다.

영화 - 시카고 / 욕망

서커스. 요즈음은 서커스 구경하기가 어렵지만 옛날에는 시골에 장이 생길 때면 가끔 큰 천막이 쳐지고, 서커스 단원 들이 나와 동네 한 바퀴를 돌면서 선전을 하고, 사람들이 모이면 아슬아슬한 재주나 짐승 재주 부리기 혹은 신기한 마술들을 보여 주었다.

영화 시카고에도 인생을 서커스쯤으로 생각하는 남자 주인공 변호사 빌리가 나오는데 그는 진실보다 겉으로 만들어진 눈물겨운 이야기를 더 중요하게 생각하는 사내다.

당시 대중들은 진실보다는 화려한 서커스 같은 뉴스에 환호하고 관심을 가졌다. 누구든 그들의 관심을 받게 되면 가짜도 진짜가 되고, 스타가 되고, 관심이 떠나면 1분도 안되어

버려지는 존재 가 되는 그런 시대였다. 이 영화는 1920년대 시카고에서 실제 있었던 살인 사건 을 두 주인공 벨마 켈리와 록시 하트를 통해 보여주지만 지금도 우리의 주변에서는 드라마나 신문을 통해 비슷한 일들이 일어나고 있다. 무엇이 진실이고, 무엇이 만들어진 것인지 알 수 없게 하는 힘 있는 사람들의 모습을 보면 마음 한구석이 허전하다.

변호사 빌리(리차드 기어)는 벨마 켈리와 록시 하트의 이야기를 신문과 방송에 서커스처럼 화려하게 보기 좋게 꾸며 대중들이 원하는 볼거리로 마구마구 뿌린다.

이 영화는 벨마(캐서린 제타 존스)가 'All that jazz' 노래에 맞추어 눈부시게 춤추는 장면으로 시작된다. 벨마의 노래 와 춤 그리고 눈빛 연기는 보는 순간 최고라는 소리가 입에서 저절로 나오게 했다. '앤서니 홉킨스' 그리고 '안토니오 반데라스'와 출연한 〈마스크 오브 조로〉로 세계적인 인지도를 얻게 되었던 그녀는 역시 멋진 배우다.

짧은 검은색 단발머리에 이목구비가 뚜렷한 그녀의 연기 는 보는 이로 하여금 무대 속으로 끌어들여 함께 춤을 추고 싶게 만들었다. 록시의 소망은 벨마처럼 큰 무대 위에서 주목을 받는 최고의 배우가 되는 것이었다. 그러한 욕망에 사로잡힌 록시는 착하고 헌신적인 남편이 있음에도 불구하고, 자신을 무대 위에 서게 해 준다는 말만 믿고, 나이트클럽 사장의 친구인 프레드와 연인 관계를 맺는다.

그런데 내연 남 프레드는 단순한 가구 장사 일 뿐, 그저 록시의 몸만을 원하는 사기꾼이었다. 그의 정체를 알게 된 록시. 스타가 되고 싶었던 그녀의 희망이 사라지는 순간.
프레드를 죽이고 만다.

록시의 착한 남편은 그녀의 살인을 단순 강도로 위장하고 아내 대신 감옥에 가려고 하는데 경찰 조사 도중 두 사람이 연인 사이였다는 사실을 알게 되자, 그녀를 감옥으로 보내버린다.

우스운 것은 그녀가 바람을 피우기 시작한 이유가 침대 에서 점수가 빵점인 정비공 남편 때문이라 했다. 그리고 그녀가 정말로 최고의 배우가 되고 싶은 이유는 어릴 때 사랑 을 받지 못했기 때문이라고 했다.

사랑을 받지 못해 최고의 배우가 되어서라도 '사랑을 받고 싶었나 보다'라고 생각을 하니 영화 속 록시가 불쌍해 보였다. 벨마는 어느 날, 여동생과 남편이 한 침대에 누워 있는 것을 목격하고 두 사람에게 총을 쏜 후 일급 살인 혐의로 체포되어 감옥으로 들어왔다.

인간은 누구나 욕심과 욕망이 있다. 욕망은 욕보다가 망한다는 것이 욕망이고 욕구는 지속적인 생명의 유지를 위해 모든 동물이 가지고 있는 것이 욕구다. 욕구는 그것이 어느 정도 충족되면 만족을 하지만, 욕망에는 그 끝이 없다. 욕망은 오직 '인간'만이 가지고 있는 요소이다. 나는 너무나 배가 고파, 빵 한 조각이라도 먹고 싶어 라고 생각하는 것은 욕구이지만, 나는 돈도 명예도 사랑도 모두 갖고 싶어, 라고 생각하는 것은 욕망이다.

심리학자인 매슬로우에 의하면 인간의 욕구에는 5단계가 있다고 하는데 생리적 욕구(식욕, 성욕, 수면욕), 안전 의 욕구, 애정과 공감의 욕구, 존경의 욕구, 자아실현의 욕구가 그것이다.

벨마와 록시는 생리적 욕구와 애정과 공감의 욕구, 자아실현의 욕구에서 채우지 못한 욕망으로 무너져 내렸다. 그렇게 록시가 감옥에 들어 오면서 벨마와 함께 있던 5명은 각자 감옥에 들어오게 된 사연을 춤과 노래로 풀어 내는데 그 장면만으로도 영화는 충분히 만족했다.

그들의 첫 번째 사연이 나오면서 정지와 움직임의 춤이 시작되었다. 사연들이 하나씩 나올 때마다 환상적인 빛이 강하게 무대 위를 휘감아 올랐다. 호흡이 멈추듯 애틋하게 춤을 추는 그들의 이야기는 마치 수채화처럼 아름다워 보였다.

그들이 추는 춤은 탱고였다. 아르헨티나 탱고와 스탠다드 탱고가 골고루 나왔다. 흐르는 음악은 심장을 쿵쿵 뛰게 만들었고, 부드러운 아르헨티나 탱고를 추는 여인들의 발은 무대 위에서 붓처럼 휘감기를 반복했다.

스탠다드 탱고가 나올 때에는 강하게 몸을 좌우로 옮겨 가며 점을 찍듯이 톡톡 거리며 바닥을 스쳐 지나갔다. 그들은 말로 하기 힘든 그녀들의 감정을 춤으로 풀어 놓았다.

6분 정도의 시간이 흐르고 6명의 사연이 담긴 탱고 춤은 끝이 났다. 춤 속에 있는 그녀들의 아픔은 땀과 함께 마루 바닥 속으로 흘러들었다.

이렇게 해서 먼저 감옥으로 오게 된 벨마와 나중에 들어 온 록시가 만나게 되는데 두 사람은 돈이면 다 되는 교도 소장 마마를 통해 한 번도 변호에 실패한 적이 없다는 변 호사 빌리를 소개받는다. 그 후 두 사람의 사연은 그들에 의해 불쌍하게 만들어져 언론과 배심원을 이용해 무죄로 풀려나게 했다.

두 사람의 변호를 맡은 빌리. 그는 교도소장 마마처럼 돈이면 다 되는 사람으로, 그가 하는 모든 재판은 본인처럼 확실한 스타와 함께 하는 것이니 두려워하지 말고 그저 늘 서커스쯤으로 생각하라고 말하며 큰 소리치며 다니는 사람이다.

빌리 덕분에 감옥에서 풀려난 벨마와 록시는 함께 무대 위에서 공연을 하게 되는데 영화 중 최고의 장면인 'Hot Honey Rag'에 맞추어 춤을 추는 장면이 나온다.

그들이 'Hot Honey Rag'에 맞추어 춤을 추기 위해 두 사람은 '7천 번' 이상 연습을 했다고 했다. 마치 한 사람이 춤을 추듯이 추었다.

칠백 번도 아닌 칠천 번이라니 이 사실을 알고 한참 동안 먹먹했다. 나는 '내가 좋아하는 것을 이루기 위해 얼마나 노력하는가?' 생각하게 된 장면이었다.

영화 시카고에 나오는 재즈댄스와 탱고는 그들이 살아있다는 증거를 보여주는 에너지의 표출이었다. 춤을 추며 몸으로 말을 하는, 춤을 추며 몸으로 그림을 그리는 모습은, 오직 춤이 있기에 가능한 일이다.

진실이 거짓이 되고 거짓이 진실로 만들어지는 힘 있는 자들의 서커스 같은 재주 속에서 그나마 숨을 유지하며 춤을 추며 살수 있다는 것은 어찌 보면 행복일 것이다.

춤은 솔직하기에 그 순간만큼은 오로지 내가 된다. 춤은 나를 찾는 과정이다. 시카고를 보면서 그들과 함께 춤추고 있는 나를 보았다.

영화 - 여인의 향기 / 외로움

친구들과 달리 가난한 고학생 찰리(크리스 오도넬)는 크리스마스 때 집에 갈 차비를 구하기 위해 아르바이트 자리를 찾다가 앞이 보이지 않는 퇴역 중령인 프랭크(알파치노)를 도와주는 집으로 가게 되었다.

그 집은 프랭크의 조카 집이었고 조카는 가족여행을 가고 싶은데 앞이 보이지 않는 프랭크를 혼자 두고 가기가 걱정이 되어 찰리를 부른 것이다. 조카의 가족이 여행을 떠나자 프랭크는 찰리와 뉴욕으로 여행을 떠났다.

프랭크는 죽기 전에 하고 싶은 몇 가지를 하고 스스로 죽을 계획이었다. 뉴욕으로 가는 비행기 안에서 승무원의 이름을 맞추는 프랭크를 보며 찰 리가 어떻게 이름을 알 수 있냐고 묻자, 작은 것을 종합해 보면 큰 것을 알 수 있다고알려주는 프랭크의 말은 참 신선했다.

찰리가 프랭크를 만나기 전, 명문 고등학교 교내에서 교장에게 심한 불쾌감을 주는 행동을 한 학생 3명을 보게 되는데 함께 본 친구와 모르는 척하기로 했다.

교장은 찰리에게 누가 그랬는지 말해주면 하버드 대학교 장학생 추천을 해 주겠지만, 그렇지 않으면 퇴학을 당할 것이라는 제안을 했다. 찰리는 말을 해야 되나 말아야 되나 고민을 가지고 프랭크를 만났는데 그와 만나면서 고민이 하나 더 늘어났다.

프랭크가 뉴욕에 머무는 동안 가장 비싼 호텔에서 가장 비싼 음식을 먹으며 하고 싶은 몇 가지를 하고 난 뒤 스스로 목숨을 끊으려 한다는 것을 알게 된 것이다. 프랭크가 죽게 놔둬야 하나 막아야 하나? 새로운 고민을 하게 된 찰리는 결국 프랭크의 자살을 말리고 만다.

눈이 멀게 되어 가족들로부터 외면당하게 되자, 자신이 그렇게 대단한 존재가 아니라는 것을 느끼며 존재의 이유를 잃어버린 프랭크. 찰리에게 누구도 나에게 관심이 없는데 너는 왜 나에게 관심을 가지느냐? 묻자, 찰리는 제 양심 때문이에요. 라며 프랭크를 걱정한다.

프랭크가 죽으려 하는 진짜 이유는 소외감으로 인한 외로움이었는데 찰리의 순수한 마음에 자살을 포기한다. 누구나 삶을 지탱하는 힘이 있을 것이다. 그것은 가족일 수도, 예술일 수도, 명예일 수도 있을 것이나 사실은 건강하게 살아있는 자체만으로도 충분한 이유이지 않나 싶다.

프랭크는 여자를 좋아하고, 페라리 자동차를 좋아하고, 위스키 잭다니엘 술을 좋아했지만, 사실은 마음을 나눌 사람을 더 원한 건지도 모르겠다.

시간이 지나 프랭크는 찰리와 아름다운 탱고 음악이 흐르는 넓은 고급 식당에 앉아있다. 그리고 옆 테이블에 앉아 있는 젊은 아가씨에 대해 이야기를 나눈다.

프랭크는 "여자에게 관심이 없다면 우린 죽은 거야 찰리"라는 말을 남기며 여인의 테이블로 다가갔다. 그리고 그녀와 합석을 하고, 탱고 신청을 하는데 그녀는 탱고를 배우고 싶었지만, 그동안 한 번도 배우지 못해 스텝이 꼬일까 걱정이라며 살며시 미소를 지었다.

"스텝이 꼬이면 그게 탱고에요. 인생과 달리 탱고는 실수할 게 없어요. 만약에 실수하면 그냥 추면 돼요"라며 프랭크는 그녀와 손을 잡고 탱고를 추기 시작한다.

프랭크의 탱고에 대한 정리는 춤에만 해당하지 않고, 삶에도 해당하는 말이라 생각된다. 살면서 (춤추며) 조금 실수하면 어때요, 그냥 또 살면 (춤을 추면) 되지요. 식당 앞쪽으로는 춤을 출 수 있는 홀이 넓게 자리 잡고 있었고 홀 주변으로는 테이블들이 여기저기 놓여있었다. 춤추기 좋은 장소.

두 사람은 영화 여인의 향기 OST 'Por Una Cabeza'가 흐르는 가운데 탱고를 추기 시작했다.

탱고, 누구나 한 번쯤 추고 싶은 그 춤. 처음 본 여인과 탱고를 추는 프랭크. 춤은 유혹의 시작이다. 거부할 수 없는 치명적인 몸의 유혹. 그것이 바로 탱고다. 탱고를 추는 두 사람의 끌리는 에너지가 스크린을 통해 전해졌다.

'유혹하고 싶지 않으면 추지 마세요'라고 프랭크가 이야기하고 있는 듯하다. 프랭크는 '땅게로'가 되어 리드를 잘 했고, 여인은 '땅게라'가 되어 프랭크를 잘 따랐다. 춤은 처음 만난 사이라도 기초만 알고 있으면 누구나 바로 출 수 있는 것이 춤이다.

춤의 맛은 리드와 팔로우의 긴장감에 있는데 프랭크와 그녀는 서로의 긴장감을 느끼며 춤을 잘 추었다. 식사를 하면서 누구나 춤을 추고 싶으면 홀에 나가 춤을 출수 있는 장면을 보며 우리와 다른 그들의 환경이 부러웠다.

춤이 끝나고 다시 호텔 방. 프랭크는 자기의 죽음을 말리는 찰리에게 내가 죽지 말아야 하는 이유를 하나만이라도 말해 보라고 한다.

찰리는 프랭크에게 당신은 탱고도 잘 추고, 페라리 운전도 잘 한다며 눈물을 흘리자 프랭크는 찰리의 말에 자살을 온전히 포기한다.

그 후 찰리는 프랭크와 함께 학교로 돌아오고 찰리는 징계위원회에서 친구들을 끝까지 지목을 하지 않고 퇴학을 당할 위기에 처하는데 프랭크의 도움으로 계속 학교에 다닐 수 있게 된다. 당시 학교 징계위원회 앞에서 프랭크의 연설은 압권이었다.

그는 자기 장래를 위해서 누구도 팔지 않았소 여러분, 그건 바로 순결함이고 용기죠. 그게 지도자들이 갖추어야 할 덕목이오. 난 지금도 인생의 갈림길에 서 있어요. 언제나 바른 길을 알았죠. 잘 알았지만 그 길을 뿌리쳤어요. 왜냐면 그 길은 너무 어려워서죠.

여기 있는 찰리도 지금 갈림길에 있어요. 그가 지금 선택한 길은 바른 길입니다. 신념을 바탕으로 만들어진 길, 바른 인격으로 이끄는 길이죠. 그가 계속 걸어가게 하세요. 여러분들 손에 그의 장래가 달렸습니다.

위원님들. 가치 있는 장래 말이오. 날 믿고 파괴하지 마십쇼. 보호하고 포용하십시오.

영화는 그렇게 끝이 났다. 여인의 향기. 향기가 여인에게만 있는 것일까? 우리는 누구나 향기가 있다. 아름다운 향기는 말에서도, 글에서도, 행동에서도 나타나고 반짝이는 눈빛 속에서도 나타난다. 그런데 이 모든 것들은 타인을 사랑하는 마음이 있어야 나온다는 것을 알아야 한다.

영화 - 위대한 개츠비 / 집착

위대한 개츠비는 제1차 세계대전 속에서 금주령과 재즈시대라는 분위기에서 태어났다. 영화 속 화자인 닉은 제1차 세계대전이 끝나고 경제와 주식이 폭발적으로 성장하던 때 채권을 팔아보기로 하고 뉴욕으로 왔다.

뉴욕으로 온 닉은 친척 여동생인 데이지와 예일대 동 창이며 엄청난 부자인 데이지의 남편, 톰 뷰캐넌의 집을 방문한다.

오랜만에 닉(토비 맥과이어)과 데이지(캐리 멀리건) 그리고 톰 뷰캐넌(조엘 에저튼)이 함께하는 흥겨운 식사 자리에 갑자기 벨 소리로 흥겹던 식사 자리가 망가진다.

톰의 정부 머틀로(자동차 정비공의 아내)에게서 걸려온 전화였다. 톰은 공공연히 바람을 피우지만 톰의 아내 데이지는 오히려 그로부터 예쁜 바보 취급을 받으며 지내고 있었다.

톰의 이웃 저택에는 매일 밤 이해하기 힘들 정도의 술과 재즈와 댄스로 호화 파티를 벌이는 억만장자인 개츠비(레오나르도 디카프리오)가 살고 있다.

가난한 노동자 집안에서 태어났지만 어릴 적부터 스스로 신의 자식이라 여겼던 개츠비. 그는 켄터키 주 캠프 테일러에서 장교로 근무하던 어느 날, 파티에서 데이지를 보고 첫눈에 반한다. 어릴 적, 부자가 되는 게 꿈이었던 개츠비는 데이지를 본 후 자신의 꿈을 접을지라도 그녀가 필요하다고 생각을 한다.

제1차 세계대전이 발발하자 개츠비는 유럽 전선으로 떠나고, 그가 없는 사이 데이지는 시카고 출신인 돈 많은 톰 뷰캐넌과 결혼한다. 5년 후 전쟁이 끝나고 개츠비가 귀국했을 때 그녀는 이미 남의 아내가 되어 있었다.

수단과 방법을 가리지 않고 억만장자가 되어 돌아온 개츠비는 닉을 통해 닉의 친척 여동생인 데이지를 자신의 집으로 초대한다. 반갑고, 미안하고, 기쁘고, 놀라운, 온갖 감정들이 교차하는 두 사람. 그 사이에 어색한 닉이 서 있다.

화려한 개츠비의 성을 본 데이지는 당신과 세상 모든 걸 함께 하고 싶어요, 지금이 영원했으면, 이라며 감탄을 금치 못한다. 데이지는 개츠비에게 우리 음악에 맞추어 찰스턴 춤을 춰요. 라며 유혹의 손으로 개츠비를 잡아끈다.

찰스턴 음악이 흐르고 두 사람은 리듬에 맞추어 춤을 추는데 춤을 추는 대 저택 거실 바닥에는 'JG'라는 제이 개츠비의 머리글자가 새겨져 있다. 두 사람은 찰스턴을 추면서 간절한 욕망을 서로에게 전한다.

개츠비는 헤어져 있던 5년을 다시 과거로 돌려보내고 싶은 욕망을 붙잡고 데이지는 새로운 부의 미래를 손에 잡고 싶은 욕망을 붙잡고 춤을 춘다.

데이지는 자기만 바라보는 개츠비의 열정의 모습에 마음이 흔들린 걸까! 아니면 억만장자로 나타난 모습에 마음이 흔들린 걸까? 개츠비의 엄청난 재력에 어찌할 줄 모르는 그녀의 흔들리는 눈동자가 보였다. 그날 찰스톤 춤은 두 사람을 다시 5년 전 개츠비와 데이지로 돌려놓았다.

데이지는 개츠비에게 모든 걸 버리고 도망가자고 하지만 개츠비의 생각에 그들은 완벽해야 하고, 저택과 축제는 필수적인 요소이기에 도망가지 말고 톰과 헤어지고 자기에게 오라고 한다.

어느 날, 톰의 집으로 닉과 개츠비가 초대받은 자리에서 톰과 개츠비는 신경전을 버린다. 개츠비는 데이지에게 톰을 한 번 도 사랑한 적 없었다고 말할 것을 재촉하고 톰은 개츠비의 수상한 과거를 헤집기 시작 한다.

그러자 참고 있던 개츠비가 톰을 향해 죽일 듯 달려드는데, 개츠비가 톰처럼 크게 화를 내자 데이지는 충격을 받아 밖으로 뛰쳐나가고 개츠비가 따라 나간다.

이즈음 자동차 정비공 조지 윌슨의 집에서는 그의 아내가 톰과의 부적절한 관계임을 알고는 심하게 말다툼 중이었다. 화가 난 남편을 피해 집 밖으로 정신없이 도망쳐 나오던 조지 윌슨의 아내 머틀은 데이지와 개츠비가 타고 달리던 노란색 차에 치여 죽게 된다.

차 운전은 데이지가 했는데 데이지의 남편 톰은 자동차 정비공 조지 윌슨에게 차 운전도 개츠비가 했고, 차 주인도 개츠비라며 그가 어디 사는지 알려준다.

사건 다음날, 개츠비 역시 데이지가 안정을 되찾고 자신에게 전화를 걸면 그녀와 단둘이 뉴욕을 떠날 생각으로 텅 빈 수영장에서 홀로 수영을 하며 초조하게 전화를 기다리고 있다.

마침내 전화벨이 울리고 반가운 마음으로 수영장 밖으로 나오는 개츠비 앞에 머틀의 남편 자동차 정비공 조지 윌슨이 나타났다. 그리고 권총으로 개츠비를 쏘아 죽이고 자신도 자살한다.

개츠비가 죽자 화자인 닉은 개츠비의 죽음을 여기저기 알리지만 톰도, 데이지도, 밀주를 같이 하던 많은 자들도 매일 밤 화려한 파티에 큰 저택이 비좁을 정도로 찾아왔던 사람들 그 누구도 찾아오지 않았다.

행복이란 어디에 있는 걸까? 매일 밤 벌어진 화려한 파티 속에서도, 아름다운 데이지의 웃음 속에서도, 백만 년 만에 한 번 볼 듯한 개츠비의 미소 속에서도 행복은 없었다. 데이지와 사랑을 위해 죽음까지 맞이하는 개츠비의 잡힐 듯 잡히지 않았던 그 행복은 어디에 있는 걸까!

억만장자가 되어 돌아온 개츠비에게 도망가자고 했던 데이지, 그러나 본인이 자동차 정비공 조지 윌슨의 부인 머틀을 죽였으면서도 개츠비에게 죄를 뒤집어씌우며 배신하는 그녀의 모습을 볼 때, 개츠비를 향했던 그녀의 사랑은 사랑이 아니라 욕망이었음을 알게 된다.

이 영화의 제목을 잠시 들여다보면, 개츠비 앞에 돌아온 개츠비도 아니고, 첫사랑 개츠비도 아니고, 위대한 개츠비라고 적혀있다.

무엇 때문에 작가는 개츠비를 위대하다고 했을까? 젊고 미남인 억만장자인 개츠비 입장에서는 언제든지 마음만 먹으면 예쁘고 젊은 아가씨를 언제나 만날 수 있는 입장임에도 불구하고 오로지 첫사랑인 데이지만 을 바라본 개츠비의 모습을 크게 보았을까?

아니면 제1차 세계대전이 끝난 후 미국은 물질적 풍요와 정신적 빈곤과 불안을 안고 있던 시대로, 향락과 소비문화를 탐닉하던 시절이지만, 자신의 사랑을 위해 목숨을 잃기까지 데이지를 한 마음으로 사랑한 그 마음을 위대하게 본걸까?

매일 밤, 화려한 파티를 연 이유가 오직 데이지였던 개츠비. 자신은 운전을 하지도 않았고 데이지가 운전을 하고 사고가 났음에도 불구하고 조용히 넘어 간 개츠비의 모습에 많은 점수를 준 걸까?

영화 - 고요한 돈강 / 소시오패스

고요한 돈강은 영화 대장 부리바(율부리너)를 연상시킨다.대장 부리바는 16세기 터키가 폴란드를 침공하자 폴란드 국경에 인접해 있던 기마민족인 코사크족(우크라이나 영토에 살던 민족)이 폴란드를 도와 터키와 전쟁을 하는 장면이 나오는데 말을 타고 넓은 초원을 달리며 싸우는 코사크족의 용맹한 모습은 고요한 돈강에 나오는 이들의 모습을 보는 듯 하다.

공기 좋고 햇살 좋은 러시아 남부에 위치한 돈강 유역인 타타르시키 마을 코사크인들은 끝없이 펼쳐진 들판에서 자연과 더불어 평화롭게 살고 있다.

여인들이 얇은 막대를 어깨에 메고 돈강의 물을 양동이에 담아 지고 가는 모습이나, 키보다 긴 봉에 오른팔 길이만큼 큰

낫을 달고 남자들이 풀을 베면 여인들이 갈고리로 풀을 모으는 모습은 이국적이다.

주인공 그리샤는 일을 하다 지쳐 잠시 낡은 마차 아래 쉬고 있는 악시냐에게 다가가, 네 머리에서는 향기가 난다며 치근덕거린다.

어느 날, 동네 가게에 들른 그리샤의 아버지에게 가게 주인이 말을 건다. 스테판의 부인 악시냐를 며느리로 들이신다면서요? 네? 그녀의 남편을 놔두고? 날 놀리는 거요? 아뇨, 사람들이 그러던데요?

집에 돌아온 그리샤의 아버지는 그리샤를 보자 큰 소리로 이웃을 헤집고 다녀? 나를 망신 주고 다니다니 모든 사람 앞에서 껍질을 벗길 테다, 이 악마의 자식아, 너를 암소한테 장가들일 거야, 이 불알을 까버릴 놈아. 이놈 장가보내야겠어. 어서 꺼져.

집을 뛰쳐나온 그리샤. 다시 악시냐와 몰래 만난다. 내 사랑 그리샤, 내 남편 스테판이 돌아오면 우린 어쩌지? 그 사람을 왜 내가 무서워해 네 남편인데, 네가 무섭지. 스테판이 돌아는 게 문제가 아니라 아버지가 나를 나탈리야하고 장가보내려는 게 더 문제야.

악시냐는 남편이 걱정이고 그리샤는 나탈리야가 걱정이다.

두 사람은 대화를 하면서도 서로 답답해 한다. 얼마 후 군대에 갔던 악시냐의 남편 스테판이 돌아오자 악시냐는 잘못을 시인하고 남편에게 마음대로 하라고 하는데, 스테판은 우선 먹을 것을 좀 달라고 하고 식탁에 앉아 빵 한 조각과 우유 한 모금을 마셨다. 그리고 잠시 후 식탁에서 일어나더니 그때부터 악시냐를 두들겨 패기 시작했다.

그녀는 참지 못하고 집 밖으로 도망치지만 악시냐를 따라 나온 스테판은 계속해서 손과 발로 매질을 하는데 옆집에서 이 광경을 지켜보던 그리샤가 뛰어나와 두 사람의 싸움으로 번지고 난리가 났다.

화가 난 그리샤 부모는 그리샤를 데리고 나탈리야 집으로 찾아가 청혼을 한다. 해바라기가 활짝 핀 돈강 언덕 위, 그리샤를 만난 악시냐는 그에게 투정을 한다. 남편에게 매일 맞아 죽을 것 같아, 너도 잘못했잖아, 같이 죄를 저질러놓고 왜 나만 힘들어 해야해? 남자는 다 똑같아.

가만히 누워 듣고만 있던 그리샤가 말을 한다. 많이 생각해 봤는데 나도 살아야 하니까. 그만 하자. 악시냐가 그리샤와의 만남으로 남편에게 매일 맞아 죽을 것 같다는 이야기를 해도 그리샤는 악시냐를 걱정하거나 그녀에게 미안해 하지 않고 오로지 자신의 안전만 걱정이다.

그리샤처럼 자신의 이익만 중요하게 생각하고 양심이나 동정심이나 죄책감이 전혀 없는 이러한 심리를 가진 자를 소시오패스라 부른다.

소시오패스는 타인에 대한 공감 능력이나 죄책감이 없고,자신의 이익과 목적 달성을 위해서라면 남을 전혀 배려하지 않는다. 소시오패스가 정말 무서운 이유는 자신의 행동이 잘못된 것임을 인지하면서도 자신의 이익을 위해서 양심의 가책과 관계없이 남에게 피해를 주는 행위를 한다는 점이다.

소시오패스는 자신의 잘못된 행동을 얼마든지 숨길 수가 있다. 소시오패스는 자신의 이익을 위해서 치밀한 계획을 세우는 경우가 많다. 소시오패스는 타인의 정이나 슬픔을 공감하지 못한다.

그들은 스스로의 이익이 가장 중요하고, 양심과 동정과 죄책감이 없다. 소시오패스는 타인에게 해를 끼친 후에, 자신의 행동의 원인을 사회나 타인의 탓으로 돌리며 자신의 행동을 정당화, 합리화한다.

그렇게 악시냐와 헤어진 그리샤는 나탈리아와 결혼식을 올린다. 예식이 끝나자 손님들은 흥겨운 '코사크' 춤을 추면서 축하를 하는데 젊은이는 젊은 대로, 노인은 노인대로 모두 술을 마시고, 양고기를 먹으며, 즐겁게 노래를 부르며 춤을 춘다. 춤은 언제 어디서나 사람들에게 삶을 축복 하고, 행복하게 만드는 힘이 있다.

결혼한 두 사람은 열심히 농장에서 일하며 성실하게 산다. 일을 마치고 저녁이 되자 농장 들판에 세워둔 낡은 마차 안에서 가죽으로 된 이불을 덮고 잠을 자면서 그리샤는 나탈리아에게 마음속 이야기를 꺼낸다.

나탈리아 당신은 이방인 같소, 마치 저 달 같이, 냉기도 온기도 느껴지지 않아, 당신한테는 미안하지만, 당신을 사랑하지 않아, 들판에서 혼자 서 있는 느낌이야. 공허해. 그가 말하는 사이 하늘에서는 그리샤의 말처럼 차가운 하얀 눈이 가죽으로 된 이불 위로 가득 쌓인다.

다음날 그리샤 아버지는 그리샤에게 나탈리아가 집을 떠나겠다고 하는데 모두 너 때문인 거 아니까, 너도 나가라고 한다.

그녀는 제 선택이 아니었어요, 아버지가 저를 장가들인 거지요. 그리샤의 이 말은 소시오패스들이 가지고 있는 이기적인 편향이다. 이기적 편향은 일이 잘되면 자신이 잘해서이고, 일이 잘못되면 네가 잘못해서 그렇다고 잘못을 전가시키는 경우를 말하는데 지금 그리샤의 말이 꼭 그렇다.

어린아이 같은 말을 하며 집을 나가는 그리샤. 그는 다시 악시냐를 만나 함께 야고드노예 리스뜨닛스끼 장군 관사로 도망친다.

어느 날, 장군집에 있는 그리샤에게 나탈리아로부터 편지가 왔다. 제가 어떻게 살아야 하는지 알려 주세요. 제 삶이 끝난 건지 아닌지도, 당신이 돌아오리라고 기대했어요. 두 사람을 떼어 놓으려는 게 아니에요. 절 불쌍히 여긴다면 답장을 주세요.

나탈리아가 그리샤에게 편지를 보낼 즈음 악시냐는 임신을 하고 있었다. 그리샤는 나탈리아에게 답장을 보낸다. 답장이 나탈리아에게 전해지고 나탈리아는 종이를 펼쳐보는데, 거기에는 '혼자 살아'라는 단 한 줄만 적혀있었다.

돈강은 바람에 이리저리 출렁이는데 편지를 받아본 나탈리아는 배신에 대한 분노로 죽으려고 목에 칼을 그었지만 잘못되어 목이 조금 돌아간 장애인이 되고 말았다.

성탄절 다음날, 그리샤의 아버지는 입영하는 그리샤에게 말 안장을 가져다주고, 그리샤와 악시냐가 낳은 딸도 잠시 보여 준다.

1914년 7월 18일, 제1차 세계전쟁으로 모든 코사크 젊은이들은 기차역으로 모여 전쟁터로 떠났다. 그 속에는 그리샤도 있었다.

끝도 없이 펼쳐진 광활한 전쟁터. 들판을 달리는 코사크 기마병의 위세는 대단했다. 말을 타고 달리며 창을 날리고, 칼을 꺼내어 휘두르는 코사크인들은 무적이다.

그들 앞에 적들은 나뭇잎처럼 떨어져 나갔다. 남자들이 모두 전쟁터에서 생사를 걸고 싸우는 동안 남편의 생사를 걱정하며 기다리는 여자들의 삶도 전쟁터이긴 마찬가지였다.

나탈리아가 악시냐에게 찾아와 악시냐 당신은 제 남편을 훔쳤어요, 돌려줘요라며 부탁을 하자, 악시냐가 화를 낸다. 너는 내가 그와 살고 있는 것을 알면서 왜 그와 결혼한 거야? 나는 내 것을 다시 가지고 간 거야. 난 그의 아이를 낳았고, 나탈리아 당신은 아이한테 아빠를 빼앗으려는 거야? 라며 소리를 지른다.

악시냐 소리치지 마요. 당신은 제 남편을 떠났었잖아요. 그럼, 왜 온 거야? 너무 고통스러워 찾아왔어요. 나탈리아를 보내며 악시냐도 괴로워한다.

나탈리아가 떠나고 어느 날 저녁, 악시냐의 딸이 병으로 죽고 만다. 악시냐는 괴로워하고 있는데 악시냐를 평소 탐내던 장군의 아들인 청년 장교가 나타나 그녀를 위로하는 척하며 그녀를 품에 안았다.

그 시간 그리샤는 전쟁터에서 부상을 당해 병원 침대에 누워 있었다. 병원에 누워 있으면서 같이 있는 환자들로부터 지주들은 인민을 충분히 괴롭혔기에 권력을 무너뜨려야 한다는 사상에 심취하게 된다.

성 조지 훈장(극도로 위험한 상황에서 가장 영웅적인 행위나 가장 용기 있는 행위를 한 군인에게 수여하는 훈장)을 받은 그리샤는 곧 악시냐가 있는 장군의 막사로 돌아오지만, 악시냐의 불륜을 알게 되자 그들을 실컷 두들겨 팬다.

1916년, 다시 전쟁터로 나간 그리샤는 가슴에는 훈장이 주렁주렁 달려있다. 전쟁에서 후퇴하던 그리샤는 어깨에 총상을 당해 집으로 돌아오고 그 후 나탈리아는 아들, 딸 쌍둥이를 낳는다.

1917년 3월 15일 러시아 제국 황제 니콜라스 2세는 퇴위 되고, 임시정부로 권한이 이양되었다. 당시는 레닌의 추종자들로 구성된 볼셰비키와 코르닐로프 두 분파가 있었고, 임시정부는 그 둘 사이에 있었다.

1917년 가을 코사크 병사들은 돈강 유역의 마을로 돌아오고 있었다. 1917년 11월 6일 러시아는 10월 혁명이 일어났다.

우리는 수백 년 동안 노예로 부리며 착취해오던 이들과 싸울 것입니다. 우리는 늑대를 잠재우고 양들을 지키는 것이 목표라며 코사크 마을로 볼셰비키 혁명위원회가 쳐들어 왔지만 마을을 지키려는 그리샤와 코사크 병사들에 의해 볼셰비키 혁명위원회는 잡혀서 처형을 당한다.

그 후, 다시 혁명군들이 코사크 마을로 쳐들어왔다. 그리샤 집안에서는 남을 건지 피난할 건지 회의를 하는데 집과 가축을 두고 거지가 되어 떠날 수 없다고 결론을 내리고 남기로 한다.

그리샤와 같이 싸웠던 동료들은 혁명군 위원장으로 들어왔지만 그리샤는 코사크 마을을 지키기 위해 혁명군과 싸운다.

그리샤는 전쟁 중 술이 취해 다른 여인을 품게 되고, 나탈리아는 그런 그리샤에게 자기를 힘들게 한다며 울먹인다.
그리샤는 전쟁 걱정만 하고, 나탈리아는 그 때 죽었어야 하는데 살아서 잘못 했다며 그리샤 걱정만 한다.

어느 날, 그리샤와 악시냐는 그들의 사랑이 처음 시작한 돈강 나루에서 다시 만났다. 악시냐가 먼저 말을 열었다. “나무에 꽃은 한번 밖에 안 피는 거야? 우리 꽃잎은 다 떨어진 건가?” 그러자 그리샤가 미련이 남아 있는 말을 한다. “꽃잎이 다 떨어진 건 아니야. 이상하지 너를 마음에서 털어낼 수가 없어.”

그렇게 두 사람은 다시 만나기 시작한다. 두 사람이 다시 만나는 사실을 안 나탈리아는 비바람이 불고 천둥이 치는 어느 날, 약을 먹고 하늘을 바라보며 더 이상 나를 괴롭히지 말고 그리샤에게 죽음을 내려 달라며 절규한다.

나탈리아는 죽어가면서 그리샤의 어머니에게 레이스 달린 녹색 치마를 입혀 주세요. 그이는 그 옷을 좋아해요. 라며 눈을 감는다. 나탈리아의 마지막 말에 도대체 사랑이란 무엇인가? 라는 생각이 들었다.

전에는 볼셰비키 혁명위원회 소속으로도 있었고 임시정부 쪽에도 있었던 그리샤는 이쪽도 저쪽도 있을 수 없어서 악시냐와 말을 타고 코사크 지역을 떠나기로 한다.

그런데 마을을 지키던 반란군에 의해 악시냐가 총을 맞아 죽자 그리샤는 들고 있던 총을 돈강에 버리고 마을로 다시 돌아오는데 동네 어귀에서는 나탈리아가 낳은 아들이 놀고 있다.

그리샤가 아들을 품에 안고 쓸쓸히 집으로 돌아가면서 영화는 끝이 났다. 시간이 흘러도 돈강은 변함이 없는데 우리 인간은 너무도 변화가 많다.

영화 - 마타 하리 / 순수 이타심

여자 스파이의 대명사 마타 하리. 마타 하리는 태양, 인도네시아 말로 낮의 눈동자란 의미다. 무희였던 어머니와 사제 아버지 사이에서 태어난 마타 하리. 이혼한 그녀의 남편은 네덜란드 사람으로 그에게 폭행을 일삼던 손버릇이 나쁜 사람이었다.

1917년 1차 세계대전 중이던 프랑스 파리에서는 반역자와 간첩을 척결하는 움직임이 있었고 나라 안팎으로 어수선했다.

그 와중에서도 파리에 있는 어느 극장에서는 마타 하리(그레타 가르보)의 공연이 열리고, 그녀의 춤을 보기 위해 남자들이 구름처럼 몰려들었다.

푸른색, 붉은색 각종 조명이 정신없이 움직이는 현란한 무대 위에서 부드러운 천을 휘감으며 그녀가 한 걸음씩 움직일 때마다 남자들의 입에서는 탄성이 절로 나온다.

태어날 때부터 하나였던 것처럼 몸에 딱 붙은 그녀의 옷은 보석들로 반짝거렸고, 머리카락 사이로 찰랑거리는 인도산 귀걸이와 동양적인 춤은 그녀의 매력을 더욱 돋보이게 했다. 그녀의 춤은 춤이 아니라 살아 움직이는 꽃이다.

구름 같은 무리 중에서 그녀의 춤을 보는 것만으로도 기분이 좋아서 어찌할 줄 모르는 젊은 러시아 공군 장교 로자노프가 있다. 그는 위험을 무릅쓰고 비행기로 러시아에서 프랑스에 전령으로 와 있었다.

로자노프의 상관인 슈빈 장군은 마타 하리와 연인 사이로 그녀의 간첩 활동을 적극적으로 도와주면서 총알이 심장에 박힌 것 같아. 네가 날 죽인 거야라며 그녀의 사랑을 구걸하고 있다.

파리에는 '파빌리온'이라는 도박장이 있는데 그곳 주인은 독일군 소속이다. 그는 본국으로부터 지령을 받아 파리 내의 스파이들에게 명령을 지시하기도 하고, 감시하기도 하는데 마타 하리에게 새 임무를 준다. 임무를 받기 위해 도박장을 찾은 마타 하리. 그를 따라온 젊은 러시아 공군 장교 로자노프. 그는 도박장 안 테이블 주변에 둘러앉은 사람 중에 돈을 모두 잃고도 도박을 계속하고 싶어 반지를 팔아 도박을 하려는 어느 부인의 반지를 사서 마타 하리의 집으로 따라간다.

로자노프가 그 반지를 마타 하리에게 전하자 마타 하리가 묻는다. 왜? 이걸 제게 주는 거죠? 그러자 로자노프가 답하기를 당신을 존경하니까요. 소중한 걸 잊어버릴까 두려워요. 그건 바로 당신이에요. 어느 봄날 파리에서 당신을 한번 봤는데 너무 아름다웠지요. 당신이 밤나무 사이로 사라질 때까지 쳐다봤어 요. 그런데 여기 당신이 있네요.

하지만 지금은 가을이잖아요? 그건 중요하지 않아요, 내년 봄엔 전쟁도 끝날 테니 같이 지내요. 그때는 절대 혼자 두지 않겠어요. 항상 제 맘은 당신과 함께 일 거예요. 라며로자노프가 마타 하리에게 키스하려고 하자, 그녀는 손으로 가로막으며 피아노 쪽으로 걸어간다.

피아노를 치는 그녀의 뒤에서 허리를 안으며 당신은 너무나 아름다워요. 라며 키스를 시도하는 로자노프에게 그녀는 또다시 거부한다. 젊은 로자노프의 마음을 애타 게 하는 마타 하리.

아무 말 하지 말아요. 저는 이제 자야겠어요. 피아노와 침대 사이에 길게 쳐진 커튼을 천천히 닫으며 잘 가라는 인사를 하는데 커튼을 다 닫지 않고 살짝 열어둔 채, 침실로 들어간다.

다음 날 아침. 마타 하리는 후작, 남작 등 약속들이 줄줄이 생기지만 거절한다. 누구를 기다리는 걸까. 그때 마타 하리 앞에 두 팔 가득 꽃을 들고 나타난 로자노프. 그녀의 발아래 꽃을 놓고 프랑스의 가장 아름다운 여인을 위해 인사한다는 로자노프.

새들이 울며 봄의 기운이 넘쳐나요. 따뜻한 햇살 속에 새들이 당신을 노래해요. 당신 생각으로 가득 찼어요. 같이 점심 먹어요. 선약이 있어요. 깨면 되잖아요. 약속이 있다니까요. 깨라니까요. 당신 같은 바보는 처음 봐요.

두 사람의 대화 속에서 젊은 러시아 공군 장교 로자노프 의 애타는 마음이 훤하게 보여서 귀여웠다. 로자노프와 헤어진 마타 하리는 러시아 슈빈 장군 집에서 단둘이 저녁을 하고 있는데 프랑스 첩보 기관장 두부아가 나타나 마타 하리는 독일 간첩이라며 조심하라고 한다.

슈빈 장군은 두부아에게 확실한 증거가 필요하다고 말 하면서 마타 하리에게 이 친구가 당신이 간첩이라네, 라고 하자 모든 사람이 다 아는 간첩 맞아요. 모르셨어요? 라며 농담처럼 말하는 그녀의 모습은 참으로 대범하다.

그 시간, 러시아 대사관에서는 젊은 러시아 공군 장교 로자노프가 대사로부터 새로운 임무를 받고 있다.

총리의 손에 들어갈 때까지 이걸 절대 놓쳐선 안 돼, 적지에 추락하면 박스에 달린 줄을 당겨 즉시 파괴 시켜, 르 부제 비행장에서 비행이 가능할 때, 연락을 다시 줄 거야, 페트로그라드에 최대한 빨리 도착해야 하네. 슈빈 장군에게 추가 전달 사항이 있는지 물어보게. 대사의 말이 끝나자 로자노프는 작은 상자를 들고 나온다.

슈빈 장군의 숙소 문이 열리고, 젊은 러시아 공군 장교 로자노프가 들어와 인사를 한다. 오늘밤 돌아갑니다. 추가 명령이 있는지 여쭤보러 왔습니다. 라고 말하자,

슈빈 장군은 추가 명령은 없다고 말을 하는데 옆에 함께 있던 마타 하리는 비가 이렇게 많이 내리는 날씨에 비행하려고요? 라며 걱정을 한다. 늦은 저녁 시간인데 슈빈 장군 숙소에 마타 하리가 있는 것을 보자, 장군에게 보고를 마친 로자노프는 화를 내며 나간다.

로자노프가 나가자, 마타 하리는 슈빈 장군과 자신과의 정보를 없애기 위해 자기도 나가야 한다며 로자노프를 따라 나선다. 그녀가 급하게 나가는 이유가 로자노프를 따라가 그의 손에서 정보를 알아내기 위한 그녀의 속임수 같아 보여 영화는 재미를 더했다.

독일 스파이 근거지에 도착한 마타 하리. 사람을 시켜 젊은 러시아 공군 장교 로자노프 중위 집으로 보내라고 지시한 다

음, 자신은 로자노프 중위 집을 방문한다. 로자노프의 책상 위에는 메시지가 담긴 비밀 상자가 놓여있다.

아무것도 모르는 로자노프. 왜 왔어요? 장군과 빨리도 헤어졌네요. 슈빈 장군과 둘만 있다니. 화가 나요. 라며 철없는 소리만 한다.

도망쳤어요. 당신을 보러 왔어요. 나 같은 예술가들은 도움이 필요해요. 그는 많은 도움을 주는 사람이에요. 오해하지 말아요. 라며 돌아서서 화가나 있는 로자노프 가까이 다가가 그의 허리를 안으며 내가 잘못 찾아 왔나요? 라며 남자의 마음을 흔든다.

어린아이같이 떼쓰는 로자노프를 엄마처럼 달래는 마타 하리. 겉옷을 벗어 메시지가 담긴 상자 위에 올려놓고, 흰 장갑을 표적의 표시로 다시 옷 위에 올려 놓는다. 쇼파에 앉아있는 마타 하리에게 로자노프가 키스를 하려는 순간, 그녀는 로자노프를 저지하며 불이 너무 밝다고 한다.

스위치를 내리는 로자노프에게 저 불도 꺼요, 라며 성모 마리아 그림 앞에 놓여 있는 촛불도 꺼달라고 한다. 저건 성모 마리아의 신성한 불이에요. 내가 가장 중요 하다면서요? 꺼트리지 않겠다고 맹세했어요. 날 위해 그것도 못해요?

왜 나에게 그런 것을 시키나요? 정말 사랑하는지 보고 싶어요. 진심으로 사랑해요. 그럼 꺼요. 나를 위한다면. 뭐든지 할 테니 제발 그것만은 시키지 마요. 그럼 가겠어요. 일어나서 성모 마리아 그림 앞으로 걸어가는 로자노프 그를 쳐다보는 마타 하리.

집안의 모든 불은 꺼지자 조용히 낯선 남자가 들어와 마타하리의 옷을 걷어내고 메시지가 담긴 상자를 가지고 사라진다. 얼마 후 그 남자는 메시지를 한 장씩 꺼내 촬영을 마치고, 다시 나타나 마타 하리의 옷 아래 놓아두고 떠났다.

그동안 로자노프는 아무것도 모르고 마타 하리와 자고 있다. 안개 낀 파리. 아침이 되자 마타 하리는 편지 한 장과 로자노프가 주었던 반지를 빼어 책상 위에 올려놓고, 꺼져있는 성모 마리아 그림 앞 촛불을 다시 밝혀주고 집을 빠져 나온다.

독일 본부에서는 마타 하리에게 스페인으로 가라는 새 임무가 내려지고, 그녀는 파리를 떠나 스페인으로 가느니 차라리 파리 경찰에 다 이야기 하고 죽겠다고 말 하지만, 본부의 말을 듣지 않으면 즉시 죽음이 기다리고 있던 시절이라, 어쩔 수 없이 승낙을 하고, 로자노프의 비밀 상자에서 빼낸 사진들을 슈빈 장군을 통해 외교문서로 네덜란드로 보내게 하라는 새 임무를 받는다.

새끼손가락 보다 작은 용기에 담긴 사진들을 장식용 액세서리 꽃잎에 감추어 가슴에 달고 슈빈 장군에게 다시 가는 마타 하리. 그녀가 슈빈 장군의 숙소로 가고 있는 동안 슈빈 장군의 숙소에서는 프랑스 첩보 기관장이 마타 하리가 어젯밤 로자노프와 잠을 잤다는 이야기를 흘리고 떠난다.

마타 하리가 숙소에 도착하자 슈빈 장군은 질투에 화를 내고, 화를 내는 슈빈 장군에게 그녀는 둘러대며 말한다. 로자노프에게 필요한 정보가 있어서 같이 있었어요. 설마? 나를 의심해요? 내가 그를 사랑한다면 이런 걸 가지고 왔겠어요? 하며 가슴에 단 장식용 꽃 속에서 비밀 사진들을 건네준다.

우리 늙은이들은 돈을 대지만 젊은이들이 나타나면 우 린 찬밥신세지. 질투에 눈이 먼 슈빈 장군은 비밀 사진들을 확인하고, 첩보 기관장에게 전화를 건다.

그리고 마타 하리의 간첩 증거를 가지고 있다면서 오라고 한다. 너는 평생 남자들을 속여 왔지, 그러나 총은 속이지 못할 거야. 라며 로자노프도 함께 체포하라고 계속 통화한다.

마타 하리는 어쩔 수 없이 그에게 권총을 쏜다. 비밀문서가 든 증거는 벽난로 불에 태우고, 슈빈 장군의 죽음을 자살로 위장하는 마타 하리. 그때 로자노프가 도착한다.

로자노프가 마타 하리에게 나는 당신의 과거가 어떠한지 중요하지 않아요. 나는 당신을 사랑해요. 라고 하자 마타 하리는 잊으라고 한다. 날 잊어요. 나는 그렇게 훈련받았어요.

마음을 주면 안 돼요. 모든 일이 끝나고도 나를 사랑한다면 그때 당신에 게 달려갈게요. 어서 떠나요. 라고 한다.

로자노프는 마타 하리가 놓고 간 반지를 다시 그녀에게 끼워 주고는 네덜란드로 비행기를 타고 떠났다. 그런데 로자노프가 탄 비행기 가는 도중에 추락한다. 로자노프의 사고 소식을 들은 마타 하리는 모든 걸 포기 하고 그를 찾아간다. 로자노프는 눈을 다쳐 그녀를 못 알 보고, 마타 하리는 면회를 갔다가 붙잡힌다.

그녀는 법정에서 스파이 근거가 없어 무죄로 나올 수 있었음에도 불구하고, 로자노프를 증인으로 채택 해야 한다고 하자, 그를 다치지 않게 하기 위해 죽음을 택한다. 죽으러 가면서도 손가락에 끼워진 반지를 보며 행복해 하는 마타 하리.

그녀는 정말 행복해 보였다. 타인을 위해 자신의 목숨을 버리는 사랑은 계산으로 되지 않고 이성으로 이해할 수 없다. 그것은 최고의 사랑. 순수한 사랑이기 때문이다. 언제 어디서나 우리의 마음을 울렁이게 하는 것은 모두가 사랑이다.

영화 - 라라 랜드 / 자존심

세상에서 가장 아름다운 것은 무엇일까? 남녀노소를 떠나 시대와 나라를 떠나 아마도 그것은 사랑이 아닐까 싶다. 이 말은 누구도 부인하지 못 하리라 생각된다.

그러나 우리는 어떻게 해야 그 사랑이 아프지 않고 잘 자라는지에 대해서는 아는 게 별로 없다. 가장 아름다운 사랑을 사실은 가장 모르고 있다는 이야기다. 그래서 세상은 온통 사랑으로 아파하고 사랑으로 힘들어 하는지도 모르겠다.

여기 영화에 나오는 세바스찬과 미아 역시 사랑하는 사이다. 재즈와 춤과 음악을 사이에 두고 두 사람은 어떻게 사랑을 만들어 갈지? 어떻게 이 사랑을 키워나갈지? 생각하며 따라가 본다. 라라 랜드는 꿈의 나라, 할리우드가 있는 도시 로스앤

젤 레스(Los Angeles, Hollywood)를 가리키는 말이다.

이 영화는 주인공 세바스찬(라이언 고슬링)과 미아(엠마 스톤)가 서로의 꿈을 위해 도착한 L.A에서 우연히 만나 일어나는 이야기를 춤과 노래와 재즈를 통해 풀어가는 아름다운 이야기다.

배우가 되고 싶어 하는 많은 사람들 중에 여주인공 미아도 6년째 오디션을 보러 다니지만 오디션을 볼 때마다 떨어진다. 또 다른 남주인공 세바스찬은 재즈 피아노 연주자로 클럽에서 피아노 연주를 하며 돈을 모아 전통 재즈클럽을 직접 운영하는 꿈을 가지고 있는 친구다.

어느 날, 오디션 장소로 가고 있는 미아. 도로 위에서 차가 너무 오래 정차되자 오디션에서 할 대사를 외우느라 차가 앞으로 조금씩 움직이는 것도 모르고 계속 서 있다.

미아의 차 뒤에 서 있던 세바스찬은 미아의 차가 앞으로 가지도 않고 꼼짝을 하지 않자, 화가 나 앞으로 빠져나가 며 미아에게 화를 내는데, 화를 내는 세바스찬에게 미아도같이 화를 낸다.

두 사람은 이렇게 꽉 막힌 도로 위에서 첫 만남을 가졌다.
고생해서 찾아간 오디션에서 또 떨어진 미아는 힘이 하나도 없다. 지나가는 길에 어느 레스토랑에서 아름다운 피아노 소리가 들리기에 아무 생각 없이 문을 밀었다.

그런데 그곳에는 꽉 막힌 도로 위에서 잠시 스쳐 지나갔던 세바스찬이 피아노 연주를 하는 장소였다. 미아가 문을 열고 들어선 순간은 세바스찬이 레스토랑의 사장의 주문 곡을 뿌리치고 자신이 치고 싶은 곡을 치고 있던 중이었다.

미아는 세바스찬의 재즈 피아노 연주에 감명을 받고 음악을 잘 들었다며 가까이 다가서는데 세바스찬은 자신이 원하는 곡을 못 치게 하는 사장에게 화가 나서 미아를 지나 레스토랑 밖으로 나가버렸다. 두 사람의 두 번째 만남도 그렇게 스쳐 지나갔다.

오디션에 떨어져 우울해 하는 미아를 위로해 주기 위해 친구들은 그녀를 데리고 파티에 도착하는데 파티 장소에서 세바스찬을 세 번째로 만난다. 우연히 자주 만나게 되면 그것은 인연이 아닐까?

두 사람은 파티가 끝나고 함께 나왔다. 하늘은 파랗고 주변은 하늘 빛에 아름답게 물들어 있다. 세바스찬과 마리는 공원 벤치에서 탭댄스를 추기 시작한다. 춤은 부드러우면서 절제되고 호흡도 잘 맞았다. 별이 빛나는 아름다운 밤, 도시 위에 불빛들도 그들과 함께 춤을 춘다.

미아는 새로운 오디션의 영감을 얻기 위해 영화를 보는 게 좋겠다는 세바스찬의 의견에 찬성하고 저녁에 리알토 극장에서 상영 중인 '이유 없는 반항'을 보기로 약속한다.

약속 시간이 돌아오고 집에서 나가려는 미아에게 갑자기 남자 친구가 찾아와 형과의 식사 자리가 잡혔다며 강제로 미아를 데리고 나간다. 세바스찬과의 약속을 지키지 못하고 식당으로 가게 된 미아. 앉아서 지루한 이야기를 듣고 있다.

한편 리알토 극장 앞에서는 세바스찬이 미아를 기다리다 혼자 영화관으로 들어간다. 미아는 식당 스피커에서 세바스찬이 평소에 연주하던 음악이 흘러나오자 세바스찬과의 약속을 생각하며 자리에서 일어난다. 그리고 영화관으로 뛰어가 영화를 보고 있던 세바스찬을 찾아 곁에 앉는다.

미아의 치마 위에 놓여있는 미아의 두 손 가까이 세바스찬의 손이 조심스럽게 다가온다. 세바스찬의 눈이 미아의 눈가까이 다가가고 미아는 눈을 감는데 갑자기 영화 필름이 불타면서 영화는 중단되고, 영화관 은 대낮처럼 밝게 불이 켜졌다.

영화관을 뛰쳐 나온 두 사람은 영화 속 '이유 없는 반항'에나왔던 그리피스 천문대를 찾아간다. '이유 없는 반항'에서 '제임스 딘'이 학교의 불량 학생들과 싸움을 벌이던 그리피스 천문대에서 미아와 세바스찬은 춤을 추면서 사랑을 속삭인다.

천정에 펼쳐진 하늘의 별자리 속으로 들어간 두 사람. 그곳에서 아름다운 왈츠를 춘다. 가장 아름다운 곳에서 가장 아름다운 왈츠를 추는 미아와 세바스찬.

오디션을 볼 때마다 떨어지는 미아. 면접관 앞에서 미아가 슬피 울어도 그들은 웃고 있고, 그녀가 대사에 몰입되어 있으면 누군가 들어오고, 같은 처지의 많은 여자들은 자기보다 다들 예쁘기만 하니 미아는 점점 자신감이 사라져갔다.

세바스찬은 그런 허접한 오디션은 그만 다니고 자기만의 이야기를 써보라고 한다. 네가 가장 잘할 수 있는 것을 해. 세바스찬의 조언에 힌트를 얻어 연극을 기획하는 미아.

어느 날, 세바스찬은 일정한 직업은 없지만 곧 직장을 구해서 정착할 거고 돈도 모을 거니까 걱정하지 마세요. 라며 미아가 그녀의 어머니와 통화하는 소리를 듣게 되면서 갑자기 혼란스러워졌다. 어떻게 해야 하나.

세바스찬은 최고의 피아노 실력을 가진 재즈 뮤지션이다. 시대가 바뀌어 많은 정통 재즈를 연주하던 bar에서는 브라질 음악인 삼바를 들려주고, 스페인 음식인 타파스를 파는 곳으로 바뀌어, 간판 이름도 '타파스 & 뮤직' 이라고 걸고 장사를 하고 있다. 그래도 세바스찬은 자신의 재즈만을 고집해 왔는데 걱정이다.

결국 돈을 벌기 위해 어쩔 수 없이 동창이 이끄는 퓨전재즈

팀에 들어가는 세바스찬. 하지만 미아는 돈 때문에 하고 싶은 음악을 못하고 몇 달이 될지, 몇 년이 될지, 평생이 될지, 기약도 없는 짓은 하지 말라고 한다. 돈으로 자존심을 상한 세바스찬은 네가 원하던 돈을 벌고 있는데 무슨 소리를 하느냐며 화를 낸다.

'화'는 사전적 의미로 몹시 못마땅하고 언짢아서 생기는 불쾌한 감정을 말한다. 화를 내는 사람들은 내 탓은 없다. 다 너의 탓이다. 이 사람들은 자존심이 매우 강하다. 예민하다고도 할 수 있다. 자존심이 매우 강하기 때문에 자신의 자존심을 건들면 바로 분노가 끓어오르는 것이다.

화를 잘 낸다는 건, 어리다는 것이다. 이런 사람들은 자신의 말에 동의를 해주면 더할 나위 없이 잘 해주는데 조금이라도 반대하면 바로 역정을 낸다. 화를 잘 내는 사람은 이해심이 매우 부족하다.

마음속으로는 사랑받고 싶어 하면서도 상대방을 거부하거나 공격하는 상반된 감정을 보이는 청개구리 성향의 분노가 있고, 원치 않은 삶을 강요당했을 때, 분노가 쌓여 자신의 인생을 망가뜨리게 되었다는 자신을 기만한 것에 대한 분노가 있다.

돈으로 자존심을 상한 세바스찬. 자존심은 남에게 굽히지 아니하고, 자신의 품위를 스스로 지키는 마음. 심리학으로 자기에 대해 일반화된 긍정적인 태도이다.

자존심은 사회심리학적으로 자기의 개념과 관련하여 자신의 가치, 능력, 적성에 대해서 자기평가가 긍정적이라는 것을 의미한다. 그렇다고 단순히 자존심만 차 있는 사람은 내실이 없다. 마치 돈키호테처럼 풍차 날개를 향해 창만 휘두르는 꼴이다. 약한 육신을 가진 사람이 방패 뒤에서 그저 꽥꽥 소리만 지르는 것과 같다. 이런 사람은 자존심에 상처를 입으면 금방 망가진다.

세바스찬과 미아는 그저 사랑만 할 줄 알았지, 어떻게 해야 사랑이 자라는지에 대해서는 몰랐고 서로 대화도 없었다. 충분하게 문제를 가지고 대화를 하고, 해법을 찾고 풀어나갔으면 세바스찬은 자존심을 상하지 않았을 것이고 미아는 세바스찬을 힘들게 하지 않았을 것이다.

세바스찬은 퓨전재즈 음악 투어를 계속하고 미아는 자기가 쓴 대본을 가지고 여성 단독 공연을 무대 위에 올리지만 관객은 몇 사람뿐 공연장은 텅 비었고 그녀의 연극은 망했다.

극장을 빌린 대관료도 나오지 않았다. 공연이 다 끝나고 난 뒤에야 세바스찬이 달려왔지만, 미아는 그의 곁을 떠나 고향으로 내려가 버렸다.

미아가 떠나고 며칠 뒤 세바스찬에게 미아를 찾는 전화가 왔다. 미아가 연극 공연을 할 때 그 자리에 영화와 관계된 일을 하는 사람이 있었는데 미아의 연극을 인상 깊게 봤다며 오디션을 한번 보러 오라고 전해 달라고 했다.

세바스찬은 미아의 고향으로 내려가 전화 내용을 전해주고 자신 없어 하는 미아를 권유해 L.A로 데리고 돌아온다. 두 사람은 다시 재회에 성공하고 미아는 다시 오디션을 보러 간다.

시간은 흘러 5년이 지나 미아는 유명한 배우가 되어 돌아왔다. 커피 가게에서 커피를 마셔도 이미 계산이 되었다며 커피 값도 받지 않을 정도로 유명해진 미아.

그런데 그녀의 집에는 세바스찬이 아닌 다른 남자가 남편으로 있고 두 사람 곁에는 어린 딸도 있다. 미아와 그의 남편은 영화의 시작처럼 꽉 막힌 도로 위에서 길을 돌려 근처 식당에서 잠시 저녁을 먹기로 하고 방향을 바꾼다.

차에서 내려 식당을 찾던 남편은 클럽에서 나오는 음악 소리를 듣자 미아의 손을 잡고 클럽 안으로 들어간다. 클럽은 사람들로 꽉 차 있었고 벽 한쪽에는 식당 이름인 듯한 SEB'S 라는 마크가 붙어있다. SEB'S 라는 이름을 보고 굳어 버리는 미아. 그 이름은 미아가 세바스찬에게 만들어 주었던 이름. 클럽의 주인은 세바스찬 이었다.

세바스찬과 미아는 눈이 마주치는 순간 서로를 알아본다. 그리고 세바스찬은 클럽 SEB'S 에 오신 것을 환영합니다,라며 간단히 인사를 하고 그녀와 사귈 때 늘 연주했던 피아노 연주를 시작한다.

세바스찬의 피아노 연주가 시작되자 그의 연주를 들으며 미아는 세바스찬과 결혼을 하고, 아이를 낳고, 유명 배우가 되어 함께 행복하게 사는 상상을 잠시 한다. 하지만 세바스찬의 피아노 연주가 끝이 나자, 남편의 손을 잡고 클럽을 나선다.

미아가 연주를 마치고 의자에서 일어나자 소리 없이 웃으며 클럽을 떠나는 미아. 두 사람의 눈에는 이슬이 맺혀있다.

영화 - 코요테 어글리 / 이상심리 불안장애

처음 영화 제목을 마주하면서 '코요테 어글리'가 무슨 뜻인지 물음표(?)가 생겼지만 영화를 다 보고 나서야 그 의미를 확실하게 알 수 있었다.

멋진 분위기 속에서 술에 취해 좋은 기분에 빠져 멋져 보이는 파트너와 처음 만나 하룻밤을 보낸 다음 날, 같은 침대에 팔을 베고 누워 있는 못생긴 파트너를 보고서 너무 놀라서 빨리 도망가고 싶은 그런 기분을 '코요테 어글리'라 한다는 것을.

밝은 웃음으로 가득 찬 21살의 꿈 많은 여주인공 바이올렛샌퍼드(파이프 페라보)는 작곡과 작사 두 가지 일을 하는 송 라이터(Songwriter)의 꿈을 안고 아버지의 반대에도 굽히지 않고 뉴 저지에서 뉴욕으로 왔다.

당장이라도 꿈을 이룰 수 있을 것 같은 뉴욕. 돌아가셨지만, 가수였던 어머니로부터 숨길 수 없는 아름다운 목소리와 햇빛에 빛나는 금발 머리카락과 사랑스러운 외모까지 물려받은 바이올렛.

그러나 뉴욕에 첫발을 내디딘 순간부터 생각지도 않은 현실의 벽에 부딪히고 만다. 가난하고 지저분한 이민자의 차이나타운 거리, 낡고 정리되어 있지 않은 어수선한 방, 청결함이 전혀 용납되지 않을 것 같은 더러운 욕조, 작곡을 위해 건반을 칠 때면 시끄럽다며 신경질적으로 벽을 치는 성난 이웃.

이러한 주위를 피해 하늘과 어둠이 제일 가까이 맴도는 뉴욕의 허름한 옥상에서 힘들게 바이올렛은 첫 작곡과 첫 녹음을 한다.

밤에 혼자 있는 건 정말 싫어. 내가 옳은데 틀렸다는 말을 듣는 것도 싫어. 신발이 비에 젖는 것도 정말 싫어. 하지만 당신은 사랑해. 그래도 당신은 사랑해. 회색빛 하늘은 정말 싫어. 내 맘대로 안 되는 세상도 싫어. 우울한 내 모습도 싫어.

노래 속에는 그녀의 힘든 삶이 가득 녹아 있다. 다음 날, 바이올렛은 꿈으로 가득 찬 데모 테이프를 들고 여러 음반사를 방문하며 선택되기를 원하지만, 얼음처럼 차갑게 거절을 당하고, 남들처럼 작은 무대부터 서서히 밟아오라는 조언만 모질게 듣는다.

그리고 자신의 노래를 알리고 싶어 힘들게 공개 무대에 올라 보지만 무대 공포증으로 인해 '죄송합니다'란 말만 남기고 무대에서 내려와야 했다.

그녀는 불안장애를 가지고 있다. 불안은 만약 이렇게 되면 어떡하지? 이런 일이 벌어지면 어떡하지? 만약 일이 잘 안 풀리면 어떡하지? 라면서 일어나지 않은 미래를 계속 생각하는 심리를 말한다.

이러한 불안을 '과잉 불안 장애'라고도 한다. 말 그대로 과도한 불안과 걱정을 장기간에 걸쳐서 하는 현상을 말한다. 이들은 안전한 환경에서도 자신에게 부정적일 수 있는 잠재적 요소들에 현저하게 주의를 더 기울이고 예민한 반응을 보인다.

자신이 염려하는 부정적 현상에 대하여 발생할 확률을 과대평가 하거나 초래되는 결과를 과대평가 한다. 그 부정적 결과에 대해 자신이 대처할 수 있는 능력에 대해 서는 과소평가 하면서 불안해 한다. 부정적인 문제 앞에 혼자라는 생각이 들 때 불안은 더 과중 된다.

부정적인 문제가 발생하지 않으면 좋겠지만, 발생을 한다고 해도 '부딪혀 보자. 하나씩 해결해 보자'라는 마음 의 자세를 갖도록 하는 것이 먼저 필요하다. 또한 그 일을 하늘에 맡기고 미리 걱정하지 않는 마음의 습관을 키우는 것도 중요하다.

바이올렛처럼 수많은 꿈을 안고 세상을 향해 당당함으로 기다렸다는 듯 두려움 없이 첫발을 내딛는 젊은 청춘들이 주변에 많이 있다. 그 누군가의 조언 따위도 필요 없이 본인 자신만이 드넓은 세상의 중심점이 된 듯 의기양양하게 거침없이 다가오고 일어나는 수많은 일들을 이겨낼 것 같은 힘을 가진 젊은이들.

하지만 얼마 되지 않아 곧 알게 된다. 무너질 듯이 뼈아프게 느끼게 되는 사회의 첫 경험! 첫 좌절! 젊은 청춘들이 기대하고 꿈꾸고 바라본 세상이 그들만의 생각일 뿐 세상은 그들의 계획대로 그들의 꿈대로 그렇게 돌아가지 않는 다는 것을.

바이올렛 역시 예외 일 순 없었다. 꿈에 가까이 가기 위한 첫 도전에서 슬픔과 좌절을 느낀 그녀. 지친 몸을 이끌고 허름한 집으로 돌아 오지만 소리 없는 밤손님이 다녀갔다. 뉴욕에서 경제적으로 힘듦을 견뎌내던 바이올렛.

순간 깊게 간직했던 의지가 무너지며 주저앉아 울어 버린다. 혼자 계신 아빠가 걱정하실까? 전화도 할 수 없다. 어쩌면 아빠의 다정한 목소리를 들으면 외로움과 힘듦을 핑계 삼아 지금 당장이라도 고향으로 돌아가고 싶은 그런 마음이 생길까 두려워서 전화도 걸지 못한다.

갖고 있던 돈도 바닥이 나고, 이대로 꿈을 포기할 수도 없고, 가족도 친구도 하나 없는 뉴욕에서 그래도 버텨내 기로 결심한 바이올렛은 여성 바텐더들이 운영하는 '코요 테어글리'라는 술집에 오디션을 보기 위해 찾아간다.

여 사장 릴(마리아 벨로)은 바이올렛을 보고 1차 면접에 합격을 시킨다. 그리고 금요일 밤 11시까지 와서 오디션을 보자고 한다.

손님이 가장 많은 금요일 11시. '코요테 어글리' 클럽을 찾아간 바이올렛. 문을 열자, 벽 쪽으로 길게 펼쳐진 테이블 위에서 독한 술을 뿌리고 성냥을 그어 불을 붙인 후, 시끄러운 음악에 맞추어 미친 듯이 온 몸을 흔들며 춤을 추는 여성 바텐더들이 보인다. 그 앞에서는 빽빽하게 모인 손님들이 함께 춤을 추고 있다.

갑작스러운 문화적 충격에 당황해 하고 있을 때 사장이 나타나 바이올렛을 바텐 테이블 안으로 데리고 들어간다. 오디션이 시작 되었다. '코요테 어글리'에는 두 가지 규칙 을 지키지 않으면 바로 해고 된다고 한다.

첫 번째는 손님 과 데이트 하지 말 것. 두 번째는 애인을 여기로 데려오지 말 것. '코요테 어글리'에서는 만인의 연인일 뿐 결코 한 명의 연인이 되어선 안 돼, 라는 당부도 잊지 않았다. '코요테 어글리'에서는 돈 안 되는 생수를 주문하는 손님에게는 물세례를 했다.

이곳에서 주문할 수 있는 건 짐빔, 잭다니엘, 조니워커 레드, 조니워커 블랙, 데킬라 뿐, 그것도 스트레이트 그 외 에는 안 된다고 했다.

사장 릴이 바이올렛을 손님들에게 '저지'라며 소개한다. 오늘 신입 저지를 소개 합니다. 유치원 보모로 있다가 수녀원에서 도망친 수녀입니다. 순결 따윈 진절머리가 난다는군요.

바이올렛의 소개가 끝나자 클럽 안 여기저기에서는 가슴이 뜨거운 남자 손님들로 난리가 났다. 테이블 위에서는 여성 바텐더들의 현란한 텝 댄스가 시작되고 사장 릴은 바이올렛에게 같이 올라가 추라고 한다. 춤을 못 춘다고 하자, 바이올렛은 약간의 수고비만 받고 바로 해고를 당한다.

나가려는 순간 술에 취한 손님들의 말다툼이 생겼다. 지나는 길에 바이올렛이 취객에게 다가가 말했다.

두 분, 두 가지 중 하나를 선택을 하세요. 계속 주먹질을 하고 싸워서 망신을 당하던지, 아니면 제가 주는 이 10달 러(오늘 '코요테 어글리'에서 받은 돈)로 클럽에 있는 아가씨들에게 술을 한잔 사던지?

취객들은 바이올렛의 10달러를 받고 바텐더들에게 술을 한

잔씩 샀다. 그 모습을 지켜보던 사장 릴은 바이올렛의 손님 다루는 솜씨에 두 번째 취직 오디션 기회를 다시 주며 물었다. 그런 것은 어디서 배운 거야? 축구 결승 있는 날 피자집에 있어 보세요.

바이올렛은 정신없이 밀려드는 주문과 손님들이 주는 독한 술을 마시며 힘들어 하는데, 가까이 있던 직원으로부터손님이 주는 술을 일단 마시고 입에 담고 있다가 다른 맥주병을 들고 마시는 척 하다 뱉어 내는 요령도 배운다.

테이블 위에서는 힘 있고 절제 있는 댄스가 계속 되고 있었는데 바이올렛 앞에 앉아있던 신사로부터 물 주문이 들어왔다. 물을 주문하면 물 주문 한 손님에게 물세례를 주는 '코요테 어글리'의 전통이 있음을 본 바이올렛은 즉시 손님에게 열심히 물을 뿌리는데. 어쩌나 그 손님은 이 지역 소방서 서장이었다.

물세례를 받은 소방서 서장은 화를 내고 나가면서 클럽 '코요테 어글리'에 폐쇄 명령을 내리려 하는데 사장 릴이 사정해서 어렵게 250달러로 해결 본다. 사장은 바이올렛에게 오늘 밤 안으로 250달러를 벌면 내일 와서 계속 일해도 된다고 한다. 이때 뉴욕에서 온 요리사 케빈 오더넬(애덤가르시아)이 바이올렛을 찾아 클럽으로 왔다.

바이올렛은 그에게 신세 한탄을 하며 힘들어 하는데 그가 그녀에게 도와주고 싶다고 하자, 그녀는 2시간 만에 250달러를 만들기 위해 케빈을 놓고 노예 경매를 시작 한다.

지금부터 젊고 잘생긴 노예 경매를 시작 하겠습니다. 5달러부터 시작합니다. 잘생기고 멋진 케빈을 보고 여성 손님들의 경매 가격이 점점 오르자, 케빈은 테이블로 올라갔다. 그렇게 바이올렛은 250달러를 만회하고, 정식으로 취직한다. 클럽에서의 두 사람 모습은 신선하고 귀여웠다.

어느 날, 바이올렛이 '코요테 어글리'에서 일을 하고 있는 데 클럽에서 싸움이 일어나고 난리가 났다. 싸움은 점점 더 커지고 도저히 제어가 되질 않는 상황으로 변해가고 있었다. 그 때 희미하게 나오는 노래를 따라 바이올렛이 테이블 위에서 노래를 부르기 시작하자, 여기저기서 싸움들이 정리되며 하나, 둘 바이올렛의 노래를 따라 춤을 춘다.

바이올렛에게는 가장 힘들고 좌절했던 시간이 가장 행복한 오늘이 되는 순간이었다. 그날 이후 클럽에서 노래하는 자신감이 생긴 바이올렛.

케빈은 그녀가 클럽이 아닌 어떻게든 많은 사람들 앞에 서도 노래할 수 있도록 도와주고 싶어서 유명 연예인들의 사진을 크게 뽑아 자기 방한 쪽에 세워두고 그녀를 초대 한다. 그리고 그녀에게 사람들 앞이라고 생각하고 노래를 불러 보라고 한다.

케빈, 정말 내가 사람들 앞에서 노래를 못 하는걸 알려면 두려움이 뭔지 알아야 해, 라고 말을 하면서 사진이 세워 진 뒤쪽으로 걸어가면서 옷을 하나씩 벗으며 이야기를 이어간다. 사람들 앞이라 생각하면 지금 너처럼. 나를 봐, 케빈 어때? 심장이 뛰고 온 몸이 떨리기 시작하지? 그 다음은? 희미해지지? 내 느낌이 그래 케빈. 바이올렛은 속옷만 남겨놓고 케빈의 품에 안겼다.

외로움을 잊고 자신만의 편이 필요했던 시기에 만난 두 사람. 비록 짧은 기간의 만남이었지만 그렇게 깊은 연인 사이가 된다. '코요테 어글리' 클럽은 힘든 일로 지친 몸을 이끌고 하룻밤 탈출구를 찾는 수많은 이방인들로 발 디딜 틈 없이 항상 꽉 차 있다.

그들은 어김없이 독한 술에 취해 미친 듯이 다시는 돌아 오지 않을 오늘에 충실하고, 분위기에 취해, 술에 취해, 춤에 취해 그들만의 세상 속에서 시비에 얽히면서도 오히려 즐기고 있다.

그럴 때면 경쾌한 음악의 리듬에 맞춰서 매혹적인 여성 바텐더들이 아슬아슬하지만 유혹 적이면서도 섹시한 춤이 시작되었다. 모든 눈길이 집중되는 순간. 귀를 사로잡는 게 달콤한 음악이라면, 춤은 한 순간 마음을 사로잡고 시선을 멈추게 할 수 있게 한다.

춤을 추는 그녀들의 표정에선 환희가 가득 차 있었고 손님들은 힘듦을 잊고 이 순간에 미친 듯이 빠져들며 하나가 되었다. 그녀들의 목 줄기를 타고 흘러내리는 물줄기는 그녀들의 힘찬 탭 댄스에 맞춰 춤을 추듯 튀어 오르고 내리기를 반복했다.

독한 술의 온도보다 더 뜨거운 춤의 온도. 그 누구도 예측 할 수 없는 리드미컬한 육체의 움직임. 하나하나의 세포 들이 춤을 추며 만들어 내는 그것은 본능에 가까운 움직임이다.

케빈은 바이올렛의 무대 공포증을 이겨낼 수 있도록 '엘보우룸' 이라는 음악하는 사람들이 모이는 곳에서 바이올렛의 출연 기회를 얻어 왔다.

그러나 무대 공포증 때문에 바이올렛은 망설이는데 포기하지 말고 도전하라는 케빈의 설득에 어렵게 출연 약속을 했지만 바쁜 '코요테 어글리' 클럽 사정 때문에 그녀는 약속을 지키지 못하게 된다.

바이올렛은 '코요테 어글리' 클럽에서 빠져나오지 못한 채 노래를 부르고 있다. 그때 바 테이블 위로 술 취한 남자손님이 올라와 바이올렛의 몸을 만지려 했다. 하필이면 그 광경을 케빈이 나타나 보게 되고, 화가 난 케빈은 손님을 끌어 내리면서 싸움을 하게 된다.

클럽으로 남자 친구를 데리고 오면 해고 라는 규칙을 어기게 되었고, 거기에 싸움까지 하여 단골손님 코를 부러지게 만든 바이올렛은 바로 해고를 당한다.

클럽에서 쫓겨난 바이올렛은 케빈에게 큰 소리로 말을 한다. 왜? 화를 내고 싸우는 거야? 사장이 안 보내주는데 어떻게 가? 화가 난 케빈도 소리친다. 사람들이 네 노래를 들으러 오는 줄 알아? 네 흔드는 몸을 보러 오는 거지. 그렇게 싸우며 둘은 헤어진다.

케빈과 헤어지고 바이올렛은 친구 글로리아의 결혼식에 서 아빠를 만났다.

잠시 후 Elvis Presley의 음악 Can`t Help Falling In Love 가 나오자, 바이올렛은 아빠와 블루스를 추며 자신이 뉴욕으로 떠난 이후부터의 이야기를 아빠로부터 듣는다.

언젠가 딸이 보고 싶어서 '코요테 어글리' 클럽을 찾아 갔다고 했다. 그런데 남자를 유혹하는 듯한 딸의 춤추는 모습을 본 아빠는 창피했다고 했다. 아빠의 말이 끝나자 춤도 끝이 났다. 음악은 계속 흐르고 있었지만 춤추던 손을 놓고 아빠는 결혼식장을 빠져나갔다.

그 후, 아빠는 일터로 가던 중 차에 치여 다리를 다쳐 병원에 입원하게 되고, 아빠 소식에 너무도 놀란 바이올렛은 병원으로 달려간다.

병원에 찾아온 바이올린을 보며 아빠는 노래를 포기 하지 말라고 한다. 엄마는 무대 공포증 때문에 노래를 그만둔 것이 아니라 바이올렛을 임신했기 때문에 노래를 그만 두었다며 무대 공포증은 유전이 아니니까 절대 두려워 하지 말고 한다.

아빠의 응원으로 마음을 새롭게 다진 바이올렛은 오디션 신청을 하고 기다린다. 어느 날, 오디션 날짜가 잡혔다. 다시 무대 위로 올라간 바이올렛. 그런데 마이크 앞에서 또 입을 열지 못하고 서 있다.

그 자리에는 아빠와 그녀의 친구 글로리아와 '코요테 어글리'의 사장과 직원들 그리고 케빈까지 모두 와 있는 자리였다. 다들 걱정을 하자 아빠가 일어나 벽에 있는 조명 스위치를 내렸다.

갑자기 무대가 어두워지자 바이올렛이 노래를 부르기 시작했다. 조명은 하나씩 다시 켜지고 무대는 처음처럼 환해졌다. 바이올렛의 노래는 이미 탄력을 받아서 관중을 사로잡고 있었다. 자신이 가장 사랑하는 사람들 앞에서, 자신이 가장 사랑하는 일을 할 때, 사람은 누구나 빛나 보인다. 그것은 행복이다.

뉴욕의 허름한 옥상 위에서 쏟아지는 별빛을 받는 것처럼 바이올렛은 스스로 빛나고 있다. 지금까지 무대 위에서 늘 망설이던 바이올렛. 그녀에게 필요한 것은 망설이지 않고 바로 시작을 하는 것이었다. 망설임은 절대로 새로운 역사를 만들어 주지 않는다. 원하면 지금 시작을 해야 한다.

바이올렛의 질문에 케빈은 그녀를 안고 웃으며 입맞춤을 하는데 영화는 끝이 났다.

영화 - 빌리 엘리어트 / 편견

11살, 어린 꼬마 빌리는 영국 북부의 가난한 탄광촌에서 파업 시위에 열성인 아빠와 형 그리고 치매 증상이 있는 할머니와 함께 낡은 피아노 한대로 어머니의 기억을 간직한 채 살아가고 있다.

당시 남자아이들은 주로 권투나, 축구를 하고 여자아이들은 발레를 했다. 남자는 이렇게 여자는 저렇게 남자는 남자니까 여자는 여자니까 안된다는 생각이 강했다. 편견이 고정관념화 되어 있었다.

편견(偏見. 치우칠 편, 볼견)은 한 쪽으로 치우쳐 바라 본다는 뜻이다. 공정하지 못하고 한 쪽으로 치우친 생각을 말한다. 편견은 니 편, 내 편처럼 어느 쪽으로 치우쳐 있는심리 상태를 말한다. 편견은 이미 오랫동안 치우쳐 쌓여있는 생각이기 때문에 쉽게 변하지 않는다. 편견이 심하면 고집불통이 된다.

빌리(제이미 벨)가 사는 가난한 탄광촌 동네 체육관 한쪽에서는 남자 아이들은 권투를 하고 한쪽에서는 여자 아이들이 발레 수업을 하고 있다.

어느 날, 빌리는 발레 수업을 구경하다가 우연히 발레 수업에 참여하게 되는데 권투보다 음악과 함께하는 발레 수업을 재미있어하는 빌리. 권투 수업에 내야 할 코칭 비용으로 발레 수업을 다닌다.

발레 선생 윌킨슨(줄리 월터스)은 빌리에게서 프로의 재능을 보았다. 빌리의 허벅지, 무릎 그리고 발가락으로 연결되는 쭉 뻗은 건강한 선이 마음에 들었다.

시간이 지나면서 윌킨슨은 하루에 한 번씩 수업할 때마다 받던 발레 수업료도 받지 않고 빌리가 로열 발레 스쿨 오디션을 볼 수 있도록 일대일 개인 지도를 시킨다.

빌리가 춤에 영감을 얻도록 하기 위해 빌리의 소지품들을 가지고 오게 한 윌킨슨은 빌리의 소지품에 들어있는 사연들을 하나씩 들어본다. 여러 가지 소지품이 가방에서 쏟아지고 그

중 돌아가신 엄마가 빌리에게 쓴 편지를 찾아 손에 들고 천천히 읽는 윌킨슨.

항상, 매 순간, 언제나, 너와 함께 있다는 거 잊지 마라. 윌킨슨이 편지를 읽어가는 동안 옆에서 동시에 편지 내용을 따라 말하는 빌리. 얼마나 많이 편지를 보고 또 보았으면 편지 내용을 따라 말할까, 라는 생각에 11살 빌리가 안쓰러웠다.

엄마의 사랑을 가슴에 안고 아빠 몰래 오디션을 위한 맹훈련을 받는 빌리. 특히 '아이 러브 투 부기'라는 음악에 맞춰 윌킨슨과 빌리가 체육관에서 춤을 추는 장면은 압권이었다.

빌리는 턴 동작에서 중심을 잘 못 잡고 자꾸만 넘어졌다. 그때마다 윌킨슨은 집중해, 노력을 안 해서 그래, 라며 기본적인 기초훈련을 더 열심히 가르쳤다. 거울을 보며 턴 동작을 연습하는 빌리와 빌리의 재능을 보고 제자로 키우는 윌킨슨의 모습이 아름답다.

발레 선생님의 권유로 레슨을 받게 된 빌리는 점점 발레의매력에 빠져들지만, 힘든 탄광 일을 해야 먹고 살아갈 수 있는 탄광촌 광부인 아버지와 형에게 발레는 이해가 되지 않았고, 그것은 수치스러움의 대상이며 있을 수 없는 일이었다.

언제까지나 비밀로 할 수는 없는 일. 발레선생 윌킨슨은 빌리의 가족을 설득하러 빌리의 집을 방문하지만 심한 논쟁만 벌이게 되고, 빌리는 아버지와 형의 반대에 마음이 아파 심장이 터질듯하여 밖으로 뛰쳐나와 거리에서 춤을 춘다.

너무너무 좋아하는데, 이렇게 좋아하는데, 이젠 희망이 없는 건가! 어쩌면 좋단 말인가! 말로 할 수 없는 감정들을 몸으로 길 위에 새기고 또 새기는 빌리.

시간이 흐르고, 크리스마스 저녁. 빌리는 친구에게 발레를 보여주고 싶어 텅 빈 체육관에서 발레를 같이 추는데 우연히 이를 지켜본 아빠의 친구가 아빠를 체육관으로 데리고 오고 아빠를 만난 빌리는 아빠 앞에서 반항하듯 강하게 춤을 보여준다.

빌리가 춤을 추는 모습을 본 아빠는 말을 이을 수가 없다. 빌리가 탄광촌에서 벗어날 수 있는 유일한 길이 발레라는 사실을 깨달은 아빠. 그 후 빌리를 런던으로 보내기 위해 당시 광산파업을 하고 있었던 아빠는 자존심을 버리고 동료에게 배신자로 낙인찍히면서까지 파업을 포기하고 탄광으로 일을 하러 들어간다.

아빠의 모습을 지켜보던 큰 아들은 철조망을 뛰어넘어 막으려 하자, 아빠는 울부짖으며 그 애 인생을 위해, 그에게 기회를 주자, 너하고 나는 망했지만, 빌리마저 우리처럼 그렇게 살게 할 순 없잖아. 라고 말을 하는데 눈물이 났다.

아빠는 빌리 엄마의 시계며 반지들을 전당포에 맡기고 돈을 마련해 빌리와 함께 오디션을 보러 버스를 타고 런던으로 가는데 '보고 싶을 거야'라며 차창 밖에서 손을 흔들며 입을 삐죽거리는 형의 눈시울이 뜨거워져 있다.

런던으로 가는 버스 안에서 빌리의 아빠는 태어나서 한 번도 런던에 가본 적이 없었다고 했다. 그런데 그 이유가 런던에는 탄광이 없기 때문이라는 농담에 빌리는 살짝 웃음을 보였다.

아들을 누구보다 사랑하는 사람 그래서, 그 사랑하는 아들의 꿈에 날개가 되어주고 싶어 무엇이든 최선을 다하는 사람. 그 사람은 바로 아빠였다.

런던에 도착한 빌리. 면접을 보는 자리에서 면접관으로부터 춤을 추면 어떤 느낌이 드는지에 대해 질문을 받는다. 포기하고 나가려던 빌리. 망설이더니 뒤돌아서서 대답을 한다.

춤을 왜 추는지 잘 모르겠어요. 그냥 기분이 너무 좋아져요. 긴장이 되기도 하지만 추다 보면 모든 걸 잊어버려요. 그리고 사라져버려요. 몸 전체가 변하는 것 같고 불이 붙어 한 마리 새가 된 것 같아요. 마치 전기처럼요.

그렇게 면접을 마치고 집으로 돌아온 빌리와 아빠는 결과를 기다리지만 가족들은 떨어졌다는 생각을 하며 발레 보다 더 나은 어떤 것을 찾고 있다.

그러면서 한편으로는 매일매일 결과를 기다리던 어느 날, 빌리가 학교에서 돌아오기 전 로열 발레 스쿨로부터 결과가 담긴 편지가 도착한다. 아빠는 편지를 식탁 위에 놓고 형과 할머니와 함께 식탁 주변에 앉아 빌리가 올 때까지 기다린다.

학교에서 돌아온 빌리는 편지를 조심스럽게 받아 방으로 들어가 문을 닫았다. 문 앞에 서서 결과를 초조하게 기다리는 가족들, 시간이 지나도 아무런 소리가 없자 문을 열고 '떨어지면 어때 힘내'라고 말을 하려는 순간.

빌리가 울면서 말한다. 저 합격했어요. 빌리의 말에 아빠도 형도 할머니도 영화를 보는 나도 모두 울었다. 자식을 위해 마음을 졸이고 걱정하는 부모의 심정은 어디든 다 똑같으리라.

합격 소식을 들은 아버지는 즉시 어디론가 뛰어간다. 그리고 어느 집 문을 열고 들어가 감사 인사를 하는데 그 집은 빌리에게 발레를 가르쳐준 윌킨슨 선생의 집.

감사가 몸에 배어있는 사람, 다음날 가도 될 텐데, 즉시 뛰어가서 감사를 하는 빌리 아빠의 모습에서 사람 사는 냄새가 나서 영화를 보는 동안 기분이 좋았다.

빌리를 런던으로 보내며 작별 인사하는 할머니, 아빠 그리고 형의 행복한 포옹 장면은 가족의 사랑이 스크린을 가득

채워 영화를 보는 동안 마음을 훈훈하게 만들었다.
드디어, 빌리는 그동안의 아픔을 이겨내고, 청년이 되어 무대에 오르고, 아빠와 형이 참석한 가운데 무대 위에서 새처럼 날아올랐다. 영화를 보는 내내 가슴이 잠시도 쉴 틈 없이 뛰게 만들더니 마지막 빌리가 무대 위를 뛰어오르는 모습에서는 함께 심장이 터질 것 같았다.

빌리가 내 아들인 것처럼 대견하고 자랑스러웠다. 영화를 마치고 집으로 돌아오는 동안 가난하지만 빌리 가족의 훈훈한 사랑과 빌리와 윌킨슨 선생의 아름다운 만남이 기억에 오래 남았다.

아름다운 만남은 서로에게 행복한 기쁨을 주고받으며, 삶이 함께 성장해 나가고 주변을 밝게 만들어 주는 힘이 있다는 것을 배웠다.

영화 - 허니 / 사회심리학 순수 이타심

뉴욕 뒷골목 청소년 센터에서 힙합을 가르치는 허니(제시카 알바)는 프로 안무가가 되는 꿈을 가지고 있다.

클럽에서 바텐더 아르바이트를 하기도 하고, 일이 끝나면 친구들과 클럽에서 춤을 추기도 한다. 그녀는 음악을 몸속 깊이 빨아들여 생기 있고 발랄하게 그녀만의 몸짓으로 현란한 춤사위로 뿜어내는 댄서이다.

클럽에서 허니는 그녀의 춤을 보고 있는 모두에게 입에서 감탄사가 절로 나오게 한다. 클럽에서 춤이 끝나면 동네 스포츠 센터에서 쉬지 않고 아이들에게 원 투 쓰리 포, 파이브 식스 세븐 에잇 카운트에 맞추어 열정적으로 힙합을 가르친다.

가난한 동네 센터. 1층 농구 세트에서는 아이들이 농구를 하고 있고, 계단을 지나 2층으로 올라가면 조금 넓은 공간이 나오는데, 정식 학원도 아닌 그저 빈 공간이 있는 장소에서 허니는 춤을 가르친다.

어느 날, 수업을 하는데 바닥에 물이 묻어있어 춤을 추던 한 아이가 갑자기 미끄러졌다. 그때 춤을 멈춘 아이에게 허니가 춤에 대한 핵심적인 이야기를 한다.

넘어져 실수했어도 박자만 놓치지 않으면 돼. 다시 말해서 그 말은 넘어져 원 박자를 놓쳤다고 치자, 그럼 다음 투, 쓰리 박자를 빨리 잡아 일어나면 되는 거야. 넘어졌다고 절대 울거나 포기하지 마라.

춤은 음악과 함께 시작이 되면 음악이 멈추기 전까지는 멈추지 않는 것 춤이다. 음악의 느낌을 온몸으로 받아 말하고 싶은 내용을 표현하고 싶은 대로 박자에 맞추어 몸이 춤을 추게 하는 것이다.

그녀의 말속에는 춤에 대한 개념 정리가 확실하게 들어 있었다. 맞아, 춤이란 저렇게 추는 거지. '박자를 놓치지 않고 흐름을 계속 타는 것' 그것이 곧 춤이다.

어디 이 말이 춤에만 해당 되겠는가. 인생도 기회를 놓쳤다고 절대 울거나 포기하지 말고 하나씩 풀어나가다 보면 어느 새 삶의 리듬을 타고 있는 나를 보게 될 것이다.

힙합은 1970년대 미국에서부터 유행하기 시작한 비트 빠른 춤이다. 어느 날, 우연히 그녀가 춤추는 모습을 보게 된 유명 뮤직비디오 감독 마이클은 그녀에게 스카우트 제의를 하고 허니는 마이클을 따라서 뮤직비디오 팀에 막내로 합류한다.

뮤직비디오를 찍기 전 대기실에 있는 허니. 잘할 수 있을지 걱정하며 이리저리 서성이는 그녀의 긴장하는 모습이 벽 한 쪽에 놓인 긴 거울 속에 보인다.

'그래, 할 수 있어'라는 생각으로 동작을 멈추고 깊은 호흡을 한 뒤 파이팅을 외치는 장면에서는 나도 같은 마음으로 손에 힘을 불끈 쥐었다 놓았다.

뮤직비디오 감독 마이클의 후원으로 허니는 유명 가수들의 뮤직비디오 안무를 맡으며 TV에도 나오고 삶도 풍요로워져 갔다.

허니는 감독 마이클과 가까워지자 가난한 동네에서 마약과 폭력이 난무하고 희망이 없는 자신의 학생들을 뮤직비디오 촬영에 출연시켜 아이들이 꿈과 희망을 가질 수 있도록 도와 달라고 부탁을 하고 설득을 시킨다.

그리고 허니는 뮤직비디오에 사용할 새로운 안무를 위해 동네 아이들이 농구코트에서 드리블과 슛 동작 그리고 줄넘기 하며 놀고 있는 아이들의 동작을 보며 자신만의 춤을 만들어 낸다. 그녀의 안무는 모두 반응이 좋았다.

어느 날, 허니가 힙합 수업을 하고 있는 센터에서 농구도 하면서 동네 작은 미용실을 하고 있는 남자 친구 채즈가 허니에게 자신의 행복에 대한 생각을 말한다.

그는 어릴 때, 가난하고 불량한 삶을 살고 있었는데 어느 날, 동네 미용실 주인이 밥 먹고살려면 미용실에 와서 일을 배우라고 해서 일을 배웠고, 그분이 돌아가실 때 지금의 미용실을 나에게 주었다며 생각해보니 이렇게 '안식처가 있고 믿어주는 사람이 있다는 게 행복이라' 생각한다고 했다.

그의 말을 듣고 있던 허니. '나를 행복하게 만들어 주는 건 뭘까?' 라며 채즈에게 웃으며 물어보는데 그녀의 말은 영화를 보는 동안 내내 같은 생각을 하게 했다.

나를 행복하게 만들어 주는 것은 무엇일까! 어느 날, 허니는 뮤직비디오 감독 마이클과 문제가 생겼다. 그녀는 여자 친구의 생일 축하 자리에 가려고 하는데 데마이클은 제작자와 안무가들이 모두 모이는 중요한 자리가 있다며 허니를 반강제로 그곳으로 끌고 갔다.

어쩔 수 없이 도착한 모임 장소는 화려하고 시끄러운 파티

자리였다. 홀에서 조용한 2층으로 올라가는 허니를 따라 마이클도 따라 올라오더니 갑자기 그녀의 몸을 강제로 원하는 행동을 하자 허니는 그의 뺨을 후려쳤다.

뺨을 맞은 마이클은 너를 스타로 키워주었는데 이 정도의 요구는 받아 주어도 되는 것 아니냐며 화를 낸다. 너는 나를 이용만 하고, 너의 이익만 챙기는 나쁜 년이라며 그 즉시 허니의 모든 위치를 빼앗아 버린다. 그리고 그는 아이들의 뮤직비디오 출연 약속도 취소해 버리고 허니를 해고한다.

엎친 데 덮친다고 청소년 센터 건물 배수관이 터져 물이 새고 그나마 춤 연습하던 장소마저 없어지게 된 허니. 열악한 가정과 학교 사이에 놓여있는 희망이 없는 삶 속에서 오로지 춤만이 탈출구인 아이들에게 맘껏 춤을 출 수 있는 댄스 연습실을 마련해 주고 희망과 꿈을 심어 주려고 했던 허니의 꿈이 무너져 내렸다.

파리나 밀라노를 가 본 적이 없어서 세상은 잘 모르지만 아이들을 위해서 댄스 연습실을 여는 일보다 값진 일은 없어 보인다는 허니, 불만으로 똘똘 뭉친 아이가 춤을 출 때 반짝 이는 눈을 보며 행복해하는 허니였는데. 암담해졌다.

그런데 어느 날, 허니에게 반한 한 유명 가수가 마이클에게 허니가 아니면 뮤직비디오를 찍지 않겠다고 버티는 바람에 어쩔 수 없이 마이클이 허니를 찾아왔다. 마이클은 나랑 다시 손잡으면 고생 안 해도 연습실 하나쯤은 사 줄 수 있다면서 제안한다.

그 말을 들은 허니는 그에게 처음에는 당신이 커 보였는데 지금은 요만해 보여라며 말한다. 허니가 마이클에게 이야기하는 동안 그의 모습은 작아 보였고 허니는 상대적으로 커 보였다. 사람이 커 보이거나 작아지는 이유는 정의 앞에 누가 얼마나 가까이 있느냐에 따라 달라질 수 있다는 생각이 들었다.

허니는 끝까지 좌절하지 않고 아이들이 편하게 댄스 연습을 할 수 있는 공간을 구하기 위해 자선 공연을 준비하고, 남자 친구 채즈의 도움으로 빈 교회를 빌려서 공연을 열었다. 난 할 수 있어, 난 춤을 출 거야, 꿈이 이루어질 거라 믿어, 라는 메시지를 담은 그들의 춤은 대 성공을 거둔다.

허니는 그녀가 간절하게 원하던 프로 안무가의 길도 열려 있었지만 그녀에게 행복을 주는 일을 위해 접어 두는 모습을 보였다.

허니처럼 자신의 이익을 꾀하지 아니하고 남을 위하거나 이롭게 하는 행동을 이타심이라고 하는데 이러한 이타심에는 사회심리학적 이타심, 진화론적 이타심, 정신분석학적 순수 이타심이 있다.

관계가 반복적이고 지속적인 사회 속에서 혼자 이기적인 행동을 하면 모두가 손해를 볼 수 있을 때에는 서로가 이득을 볼 수 있는 호혜적(互惠的,서로호, 은혜혜, 과녁적)인 사회심리학적 이타심이 나타난다.

암사자들이 사냥감을 공격할 때 혼자 공격하지 않고 함께 공격하는 경우가 이에 해당한다. 그러나 이타적인 범위 안에서는 서로가 한 팀이 되지만, 이타적인 범위 밖에서는 무자비하고 잔인한 이기심을 작동시킨다.

약육강식, 적자생존의 진화론적 입장에서는 이타심을 설명할 수 없다. 자기가 살아야 하는 문제가 먼저이고 본능이 먼저인데 이타심이라니. 있을 수 없다. 그러나 혈연을 나눈 자들을 돕기 위한 유전적 명령 앞에서는 진화론적 이타심을 작동시킨다.

예를 들어 꿀벌들이 그렇다. 그들은 다른 벌들이 자기네 벌집으로 들어오면 함께 무자비하게 공격을 하지만 자기들은 서로 공격하지 않는다. 남의 집에 잘못 들어간 꿀벌은 반 죽어서 쫓겨난다. 이것은 나와 유전자를 나눈 혈연을 지키기 위한 진화론적 이타심이 작동되어 공격하기 때문이다.

사회심리학적 이타심, 진화론적 이타심 외 순수 이타심이 있다. 아무런 보상도 없고 가족과 혈연 관계도 아닌데도 불구하고 도움을 주는 정신분석학적 심리학에서 말하는 순수 이타심이 있다.

누구인지 모르는 사람에게 아무런 대가나 보상도 없이 도움을 주는 행동의 순수 이타심. 대표적인 예로는 선한 사마리아인 이야기가 있다.

그것은 사랑. 사랑이다. 프란치스코 교황의 말이 생각난다. 강은 자신의 물을 마시지 않고, 나무는 자신의 열매를 먹지 않으며, 태양은 스스로 비추지 않고, 꽃은 자신을 위해 향기를 퍼트리지 않는다. 남을 위해 사는 것이 자연의 법칙이다.

영화 - 제이콥의 거짓말 / 희망 심리학

희망이란 무엇일까? 영화 〈제이콥의 거짓말〉은 2차 세계대전 당시 유태인 게토 지역 안에 살던 사람들의 이야기다.

유태인 가운데 빅터 프랭클린 이라는 심리학자가 있다. 그는 2차 세계대전 당시 수용소 생활을 했는데 수용소 안에 갇혀 있으면서도 심리학자로서의 시각을 잃지 않았다.

함께 수용소 생활을 하는 유태인들의 모습을 관찰 하면서 인간의 심리를 좀 더 실질적으로 연구할 수 있는 계기로 삼았다. 그가 스스로 부여한 연구 제목은 똑같은 조건에서 왜 어떤 사람은 다른 사람보다 일찍 사망하고 또 어떤 사람은 다른 사람보다 오래 버티는가 하는 것이었다.

관찰 결과 건강하다고 오래 버티는 것이 아니라, 희망이 있느냐 없느냐가 생명 연장의 원동력이었다고 했다.

비록 지옥 같은 수용소 생활이었지만, 삶의 의미를 붙들고 있는 사람은 희망을 포기하지 않았다는 것이다. 전쟁이 끝나고 빅터 프랭클린은 '실존 분석적 의미의 정신 요법'을 창안하는 위대한 업적을 남기기도 했다.

영화 〈제이콥의 거짓말〉도 빅터 프랭클린의 말처럼 희망에 대한 이야기다. 독일, 이탈리아, 일본의 추축국과 프랑스, 영국, 미국, 소련, 중국의 연합국 간의 2차 세계대전 당시 독일이 점령한 폴란드 내 유태인 게토 지역에서 전쟁 전, 팬케이크 가게를 운영하던 제이콥 하임이 주인공으로 나온다.

게토 지역 내 모든 뉴스 매체들은 독일군에 의해 감시를 당하고 있었기에 그 누구도 전쟁이 어떻게 돌아가고 있는지 세상이 어떻게 돌아가고 있는지 아무것도 알 수 없는 캄캄한 삶을 살고 있던 시절.

독일군에게 처형을 당해 죽은 아내 한나와의 혼잣말 대화가 유일한 위로인 제이콥(로빈 윌리엄스) 앞에 어느 날, 신문지 한 장이 바람에 날려 펄럭거렸다.

뉴스에 굶주린 게토 지역 안으로 날아온 신문지 한 장이 제이콥의 인생을 송두리째 바꾸어 놓게 될 줄은 꿈에도 모른 채, 그저 바람에 날리는 신문지를 잡고 싶어 정신없이 따라가다가 야간 통행금지를 어긴 죄로 독일군에게 불려가게 된 제이콥.

희망에 굶주리면 음식에 굶주린 것보다 더 고프다는 사실을 게토 지역 안에 있는 사람이면 누구나 알고 있다. 그들은 신문지 한 장이라도 쫓을 만큼 뉴스에 굶주려 있었다.

독일군의 본부에서 처벌을 기다리는 동안 제이콥은 우연히 독일의 적인 유태인에게는 아군인 소련군이 폴란드 가까운 지역에 있다는 사실을 사무실 안에 놓여있던 라디오 방송을 통해 엿듣게 된다.

제이콥은 다행히 사형을 면하게 되고, 몇 년 만에 전쟁에 관련된 목마른 '뉴스'를 가지고 게토 지역 안으로 돌아오는데 통금시간인 8시가 넘었다.

통금시간을 넘긴 이후에 돌아다니는 것은 곧 사형이다. 목숨을 걸고 게토 지역 안으로 돌아오는데, 우연히 유태인 수용소로 가는 기차에서 탈출한 10살짜리 소녀 리나와 만난다.

다행히 리나의 지혜로 독일군의 감시를 피해 무사히 제이콥의 집으로 돌아오게 되는데, 아내도 잃고 아이도 없던 제이콥은 리나를 다락방에 숨겨놓고 딸처럼 함께 지낸다.

다음날 제이콥은 이발을 하기 위해 이발사 친구인 고발스키의 이발소 문을 열고 들어서는데 희망 없는 게토 지역에서의 삶을 비관하며 자살하려는 고발스키를 보게 된다.

크게 놀란 제이콥은 친구의 죽음을 말리기 위해 라디오에서 뉴스를 들었다며 소련군이 가까이 와 있으니 희망을 가지라고 말해 준다.

그리고 그날 강제 노역장에서도 젊은 청년 미샤가 독일군을 죽이려 하자, 미샤의 행동을 막기 위해 제이콥은 절대로 누구에게도 이야기하지 말라는 말과 함께 또다시 라디오 뉴스 이야기를 해 준다.

이 소식은 하루 만에 뉴스에 목말라 하던 게토 지역 전체에 제이콥은 라디오를 가지고 있고, 소련군이 가까이 들어와 곧 해방될 것이라는 소문으로 퍼져 나갔다.

전쟁 소식을 들을 수 있는 라디오를 가지고 있다는 사실은 곧 사형된다는 말이다. 누구도 가지고 있지 않은, 가지고 있어서도 안 되는, 라디오를 가지고 있다는 소식은 순식간에 제이콥을 영웅이 되게 했고, 그를 만나는 사람마다 어제는 무슨 소식을 들었는지?

너무너무 궁금해 하며 한마디씩 물어보게 만들었다. 제이콥이 라디오를 가지고 있고, 이제는 라디오 중계 뉴스를 들을 수 있다는 그날. 그날 이후부터 유태인 게토 지역 안에서는 자살이 일어나지 않았다는 사실에, 제이콥은 어쩔 수 없이 그들의 희망이 사라지지 않게 하기 위해 거짓말로 라디오 중계 뉴스를 만들어 낸다.

제이콥의 거짓말 라디오 중계 뉴스는 이렇게 시작이 되었고 많은 위험에도 불구하고 제이콥은 연합군이 독일군을 물리치고 진격하고 있다는 뉴스를 하나씩 만들어 들려주었다.

게토 지역 안에도 희망이 생기고, 제이콥의 거짓말 라디오 중계 뉴스는 동료들에게 활기와 희망을 가져다주기 시작했다. 제이콥은 매일 아침이면 새로운 팬케이크가 아닌 새로운 뉴스를 만들어 내야 했다.

시간이 흐를수록 제이콥의 거짓말 중계 뉴스는 정교해지고, 독일군의 패배 소식도, 미군의 참전 소식도, 그리고 베니 굿맨(1930~1940년대 재즈계를 풍미했던 베니 굿맨은 스윙 시대에 있어 가장 영향력 있는 인물)과 앤드루 자매의 재즈팀 방문과 전쟁의 종전 가능성까지 만들어 내었다.

어느 날, 다락방에 숨어 지내던 리나가 버섯을 잘못 먹고 열이 나자 제이콥은 리나에게 삶을 포기하지 않고 병을 잘 이겨내면 라디오를 보여 주겠다고 약속 한다.

희망. 희망은 삶을 살아가는 또 하나의 끈이다. 게토 지역 사람들도, 어린 리나도 제이콥이 지어내는 라디오 중계 소식에 희망을 잡고 하루하루를 포기하지 않고 사는 모습은 참으로 눈물겨웠다.

어린 리나가 회복이 되고 라디오를 보여 달라고 하자, 라디오를 보여 주겠다고 하는 제이콥. 순간 어떻게, 무엇을 보여 주려고 하는지 궁금했다. 제이콥은 작은방 가운데 놓인 탁자 앞에 리나를 앉혀놓고 그의 뒤에서 목소리로 뉴스를 흉내 냈다.

잠시 후 뉴스가 끝이 났다고 하자, 리나는 음악은 안 나오나요? 하고 물었다. 음악을 듣고 싶어 하는 리나. 어떻게 해야 하나. 뉴스는 어찌어찌 혼자 했지만 음악은 혼자 할 수 없을 텐데, 리나의 주문에 혼자 잠시 이상하게 음악 소리를 내던 제이콥. 행동을 멈추더니 벽 쪽에서, 먼지가 하얗게 쌓인 오래된 작은 수동식 턴테이블을 열고 음악을 틀어준다.

그리고 제이콥은 리나에게 다가가 리나를 발등에 올려놓고 흐르는 2/4박자인 폴카 음악에 맞추어 빠른 폴카 춤을 추기 시작 했다. 태어나 처음 폴카 춤을 추는 리나, 단순하게 반복되는 리듬을 타기 시작하자, 제이콥의 발등에서 내려와 제이콥의 손을 잡고 함께 테이블 주변을 돌면서 신나게 춤을 춘다.

리나와 제이콥의 폴카 춤을 춤추는 장면은 우울했던 영화를 따뜻하게 해 주는 아름다운 장면이었다. 춤추는 리나와제이콥의 모습 속에는 언제나 어디서나 자유롭게 춤을 출수 있는 세상이 하루속히 다가오기를 간절하게 소망하는 꿈이 숨어 있다.

사실 춤은 누구나 몸속에 가지고 있기 때문에 음악이 몸에 들어오면 춤은 저절로 몸 밖으로 나오게 되고 그곳을 누군가 톡하고 쳐 주기만 하면 리나처럼 출수 있다. 다시 말해 춤은 우리의 삶이기 때문에 모든 사람들은 누구나 춤을 출 수 있다는 말이다.

두 사람이 그렇게 행복을 소망하는 희망의 춤을 추는 동안 독일군은 계속되는 패전으로 인하여 게토 지역 내 유태인들을 수용소로 이송해야 하는 처지에 놓여있었다.

수용소로 이송 되기 전날, 제이콥의 라디오 중계 뉴스를 독일군도 알게 되고 제이콥은 사령부에서 고문을 당하는데 라디오를 가지고 오지 않으면 동료들을 죽이겠다고 하자, 제이콥은 처음부터 라디오는 없었다고, 사실대로 이야기 한다.

사령부로 잡혀가기 전, 제이콥은 이발사 코발스키에게 처음부터 라디오를 가지고 있지 않았다는 사실을 고백하는데, 코발스키에게 제이콥의 고백은 '더 이상의 희망이 없다'는 소리로 들렸다. 제이콥이 나가자 그는 스스로 목숨을 끊었다.

이발사 코발스키도 죽고, 제이콥도 독일군에 의해 사형에 처해 지고, 게토 지역 유태인들을 태운 기차는 다른 수용소로 움직였다.

도중에 소련군 탱크 부대를 만난 기차는 멈춰 서게 되고, 유태인들은 독일군으로부터 자유를 얻었다. 소련군 부대의 탱크 위에서는 제이콥이 말했던 베니 굿맨과 앤드루 자매의 공연이 정말로 벌어졌다.

‘희망은 볼 수 없는 것을 보고, 만져질 수 없는 것을 느끼고, 불가능한 것을 이룬다’라고 했던 헬렌 켈러의 '희망'이라는 단어가 깊이 울려 퍼졌다.

영화 〈제이콥의 거짓말〉에서 희망을 이야기 하듯 〈죽음의 수용소에서〉 저자 빅터 프랭클린 역시 삶과 죽음을 자기의 운명이라 여기고 하늘의 뜻에만 맡기지 말고 마지막까지 희망의 끈을 놓지 않고 노력해야 한다고 우리에게 이야기 했다.

아우슈비치에서 삶과 죽음의 갈림길에서 1,500명이나 되는 일행 중 90%가 벌거벗겨져 목욕탕이라 쓰인 화장터로 직행하는데 그는 독일 장교의 손가락 하나로 생사를 가르는 면접을 잘 통과해 삶의 10%에 섰다.

그는 건강한 모습을 장교에게 보이려고 똑바로 걸으려 노력했고 민첩한 모습을 보이려 애썼다 그것이 삶의 현장에 남게 된 이유였다고 했다.

새가 날개가 무겁다고 불평만 하고 날개를 힘차게 펼쳐 날지 않고 땅에만 안주한다면, 그 새는 새로운 세계를 볼 수도 없고, 좋은 먹이를 구할 수도 없을 것이다.

우리 또한 마찬가지로 희망의 날개를 힘차게 움직이지 않으면 성공적인 삶은 다가오지 않을 것이다. 인간에게 고통은 공기의 이동과 비슷해서 아무리 큰 방이라도 공기는 아주 고르게 방 전체를 완전히 채운다. 다시 말해 고통은 그 고통이 크든 작든 상관없이 인간의 영혼을 완전하게 채우기 때문에 고통은 힘들다.

그러나 이 말은 반대로 아주 사소한 일일지라도 큰 즐거움을 가져다 줄 수 있다는 말이기도 하다. 아주 사소한 일. 그것이 우리에게는 희망이다.

영화 - 내 사랑 / 긍정 심리학

남자 주인공 에버렛(에단 호크)은 어린 시절 정상적인 가정에서 자라지 못해 글도 쓸 줄도 모르고, 가족의 사랑에 대해 느끼지도 못하고, 타인을 사랑할 줄도 모르는 남자다.

그러나 그는 생선 장수, 장작 판매, 고아원 노동일 등 일이 생기는 대로 열심히 하여 아주 조그만 2층짜리 집 한 채를 마련해서 살고 있다.

항상 그는 아침 일찍 나가 일을 하고 집에 들어오면 식사나 작은 집이라도 정리할 에너지가 남아 있지 않아 힘들어서 그가 자주 가는 동네 가게 알림판에 가정부를 구한다는 광고지를 붙인다.

여자 주인공 모드(샐리 호킨스)는 어려서 양친을 잃고 오빠에 의해 숙모 집에서 지내고 있었는데 숙모와 친오빠의 무시로 힘들어하며 살고 있었다. 그녀의 삶이 힘들다는 것은 그녀가 담배를 피우고 밤이 되면 숙모가 싫어하는 재즈클럽에 다니는 것을 보면 알 수 있다.

클럽에서 사람들은 서로 손을 잡고 스윙 댄스를 추지만 누가 장애를 가진 모드와 손을 잡고 춤을 추겠는가, 그녀는 그저 음악에 맞추어 혼자 춤을 추다가 돌아온다. 그래도 춤을 추는 모드의 얼굴에는 연한 미소가 흘렀다.

모드에게 담배와 춤은 힘든 삶에 대한 돌파구였다. 독립적인 생활을 원했던 모드. 어느 날, 찾아간 가게에서 에버렛이 가정부를 구한다는 광고를 붙이는 것을 보았다. 그가 돌아가자 에버렛이 붙인 광고지를 뜯어 먼 길을 걸어 에버렛의 집으로 찾아갔다.

어릴 때부터 선천적으로 심한 관절염 환자인 모드는 얼굴도 정상인과 달리 바르게 가만히 있지 못 하고, 한쪽 손도 사용을 잘 못하고, 걸음걸이 또한 정상인과 달리 절뚝거리며 걸었다.

그녀를 처음 본 에버렛은 어이가 없어서 모드에게 '걷는 게 이상한데?'라며 바로 거절을 했다. 그러나 모드는 아주 여리게 웃으며 나는 보통 여성 5인분의 일을 하며 당신은 나를 꼭 필요로 할 거예요. 라며 여운의 말을 남기고 떠난다.

비록 신체적으로는 장애를 가진 모드였지만, 그녀의 말속에는 지혜로 가득 차 있었다. 친절과 예의도 몸에 배어 있어서 귀여웠다. 에버렛은 그녀에게 일자리는 거절 했지만 그녀가 불편한 몸으로 먼 길을 걸어오는 동안 동네 아이들이 놀리며 돌은 던졌다는 말을 듣고는 안전한 곳까지 바래다준다.

면접을 보기 위해 산 새 구두 때문에 뒤꿈치를 아파하며 걷는 모드를 보면서 간절하게 일자리를 구하고 싶어서 최선을 다한 그녀의 마음이 안타까웠다.

에버렛은 하루 일을 마치고 집으로 돌아오면 따뜻한 식사를 준비해서 기다려주는 가정부가 절실히 필요했는데 면접 오는 사람도 없고 해서 어쩔 수없이 모드를 찾아간다.

모드는 모드대로 독립을 하고 싶어서 그를 따라나선다.
에버렛이 운전하는 차는 동네에서 많이 떨어진 외딴 집 앞에 멈춰 서고 차에서 내린 에버렛은 나무로 만들어진 문을 열었다.

키 큰 에버렛의 머리가 금방이라도 닿을 것 같은 낮은 천장 아래서 두, 세 걸음만 걸으면 사방이 벽인 아주 작은 공간 안으로 모드를 데리고 들어섰다.

앞으로 그녀가 일할 집에 들어선 모드는 기뻐하며 설레는데 무엇을 해야 할지 모르고 서 있는 모드 앞에 무엇을 시켜야 할지 모르는 에버렛이 서 있다. 아무리 생각해도 에버렛은 그녀가 가정부 일을 못 할 것 같은 생각이 들자 짐과 함께 그녀를 밖으로 쫓아낸다.

다음날 아침, 에버렛의 작은집 안쪽 문 옆으로 붙어있는 몇 개의 계단 위쪽 경사진 천장 아래 덩그러니 놓여있는 침대 속에서 에버렛이 일어나 몇 개 밖에 안되는 작은 계단을 천천히 내려왔다.

그런데 눈앞에 보이는 광경이 어제와 달랐다. 먼저 작은 그의 공간들이 말끔히 정리되어있고, 식탁 위에는 맛있어 보이는 음식들이 놓여 있고, '이렇게 한 장본인이 저에요.'라며 말을 하듯 한쪽 옆에 여린 미소로 에버렛에게 인사하며 모드가 어색하게 서 있다.

그녀는 최선을 다해 식사 준비를 해놓았던 것이다. 조용히 식사를 마친 에버렛은 아무 말 없이 밖으로 일하러 나갔다. 별다른 말이 없다는 것은 받아들이겠다는 표시. 모드는 행복했다. 그때부터 모드는 에버렛과 결혼을 해서 살고 싶다는 소망을 갖기 시작한다.

그러나 그녀는 에버렛의 친구 앞에서 에버렛에게 뺨을 맞기도 하고, 이 집에서의 서열은 나, 개, 닭 그 다음에 너라고 하면서 모욕을 받기도 한다. 그래도 모드는 정성을 다해 아주 작은 집에서 식사 준비를 하고 물건들을 하나씩 정리해 나갔다.

모드가 빗자루를 들고 청소를 하는 장면은 어린 왕자가 작은 별나라를 청소하는 것 같아 보였다. 청소할 공간도 없는 그런 곳. 그녀는 집안일을 하고 남는 시간에는 그림을 그렸다. 버려진 나무, 달력 뒷면, 유리창, 그리고 작은집 벽에도 그림을 그렸다.

어느 날, 이웃에 사는 귀부인이 에버렛이 돈은 받아놓고 생선을 아직 배달해 주지 않았다며 항의하러 찾아왔다가 머드의 그림을 보고 관심을 보이면서 그림을 그려 달라고 부탁했다.

모드는 부인이 신고 온 빨간 구두를 보며 구두가 예쁘다고 웃으며 말을 했다. 비록 몸은 불편하지만 누구를 만나든 그날의 날씨를 이야기하기도 하고, 눈에 보이는 것은 반드시 칭찬을 했다.

그런 모드의 마음이 참으로 예뻐 보였다. 모드의 그림은 '아이젠하워' 행정부 8년 동안 부통령을 지내다 대통령이 되었던 '닉슨' 부 대통령 부부가 그녀의 그림을 사면서 신문과 방송에 소개되고 갑자기 유명해 지기 시작했다.

모드의 그림이 돈이 되자 에버렛은 자신이 집안 청소를 하고 모드에게는 그림을 그리라고 했다. 그 장면에서는 웃음이 나기도 했다. 모드의 소망대로 두 사람은 작은 교회에서 결혼식을 올린다. 간절히 소망하고 노력하면 이루어지는 걸까!

결혼식을 마치고 집으로 돌아온 두 사람은 침대를 옆에 두고 모드가 에버렛의 구두 위에 맨발로 올라서서 함께 블루스를 춘다.

춤을 오랫동안 추면서 에버렛은 자신들의 처지에 대해서 하나는 늘어난 양말이고, 하나는 구멍 난 양말이라며 웃으며 말했다.

비록 세상에서는 늘어진 양말이요, 구멍 난 양말처럼 버려지고 쓸데없는 사람들 일지라도 에버렛과 모드는 거친 세상에서 받은 상처를 사랑으로 치유하며 함께 있어 행복해 했다. 아주 작은 집에서 아주 소박하게 그들의 삶은 춤을 추었다.

이 영화는 화가 '모드 루이스'의 실화를 바탕으로 제작된 영화로, 영화 끝부분에 실제 인물인 두 사람이 잠깐 비치는데 정말 아주 작은 집에서 온화하게 사는 모습이 행복해 보였다. 주어진 환경을 성실과 오래 참음으로 꿋꿋하게 이겨낸 화가 모드 루이스의 모습에 눈물이 났다.

장애도 있고, 몸도 아프고, 버림받은 인생이었던 모드, 힘든 삶을 평생 살아온 그녀가 자신의 삶을 비관하거나 낙심하거나 오랫동안 참지 못 했다면 에버렛과 행복한 가정과 그의 그림들이 태어날 수 있었을까?

긍정심리학이 연구하는 긍정정서에는 생물학적 욕구나 타인의 칭찬과 같은 사회적 욕구가 충족될 때 느끼는 긍정정서가 있고, 추구하는 목표의 달성이나 기대의 충족, 뜻밖의 심리적 체험이나 창의적 성과에 의해서 경험되는 긍정정서가 있다.

모드는 '나는 왜 이럴까? 나는 왜 우울할까?'를 고민하지 않고 '나는 어떻게 하면 기분이 좋아질까?' '무엇이 나를 행복하게 하는가?'에 집중하는 긍정심리학을 몸으로 실천했다.

약점은 버리고 강점만 바라보았다. 칸트가 말한 행복의 조건이 생각났다. 할 일이 있고, 사랑하는 사람이 있고, 희망이 있다면 그 사람은 지금 행복한 사람이다.

영화 - 이상한 나라의 수학자 / 순수 이타심

이 영화는 전체적으로 여인의 향기와 많이 오버랩 된다. 찰리와 프랭크(알파치노)의 이야기와 전체가 비슷 하다.

찰리는 프랭크를 만나기 전 명문 고등학교인 교내에서 교장에게 심한 불쾌감을 주는 행동을 한 학생 3명을 미리 보게 되는데 함께 본 친구와 모르는 척하기로 했다.

그러나 교장은 찰리에게 누가 그랬는지 말해주면 하버드 대학교 장학생 추천을 해 주겠지만 그렇지 않으면 퇴학을 당할 것이라는 제안 아닌 제안을 내놓았다.

〈이상한 나라의 수학자〉에서는 주인공 한지우(김동휘)가 상위 1% 학생들이 다니는 학교에서 네 명의 친구들이 술을 먹기로 하고 술 반입을 하다가 걸렸다. 한지우는 혼자 먹으려고 했다며 친구들 이름을 말하지 않고 징계를 받는다.

또 하나는 수학 올림피아드 대회 준비를 위해 담임 선생의 소개로 과외를 받은 한 여학생이 시험지를 보는 순간. 담임이 소개해준 과외 선생이 가르쳐준 문제와 똑같은 문제인 것을 보고 시험을 포기한다. 그리고 시험지 유출 사건을 제보한다.

그런데 마침 이때 시험지가 보관 중이던 학교 사무실에 한지우가 들어왔다가 손에 무엇을 들고 나가는 장면이 cctv에 잡히는 사건이 일어났다.

담임 선생은 한지우에게 시험지 유출 사건을 뒤집어 씌우고 조용히 일반 고등학교로 전학 가라고 했다. 한지우는 모든 학과목의 점수가 높았지만 수학에서 점수가 낮았는데 갑자기 수학 점수가 높아진 점과 cctv에 잡힌 한지우의 모습은 누가 봐도 범인이다.

한지우는 시험지를 훔치지 않았다. 학교에는 북한말을 사용하는 수위 아저씨가 있었다. 학생들은 그 아저씨를 인민군 이라고 불렀다. 한지우는 인민군이라 불리는 수위 아저씨에게 줄 수학 논문을 복사해 주기 위해 복사실로 들어가 복사를 하고 복사된 인쇄물을 봉투에 담아 놔 왔던 거였다.

사실 인문군 아저씨는 북한에서 수학자였고 세계적으로 아무도 풀지 못한 이론을 풀어낸 유명한 수학의 천제 이학성(최민식)이었다. 이학성(최민식)은 순수하게 수학을 위한 수학을 하고 싶었지만 북한에서는 그의 지식을 무기 개발에 사용했다.

이에 염증을 느낀 이학성이 아들과 함께 남한으로 넘어 왔는데, 아들은 학교에서 적응을 하지 못하고 싸움만 일삼다가 이학성(최민식)과 다툰 후 북으로 다시 넘어가다 죽고 말았다.

그 후 이학성은 자신의 신분과 사연을 숨긴 채 상위 1%의 영재들이 모인 자사고의 경비원으로 살아가고 있었는데 한지우(김동휘)를 만나 서로 꼬이기 시작했던 것이다.

한지우가 이학성의 정체를 밝히고 복사해준 논문이 무엇인지 보여주면 끝나는 일. 그렇게 되면 이학성의 신분이 노출되는 문제가 생기게 되고, 증거를 내놓지 못하면 일반 고등학교로 전학을 가야 하는 상황. 여인의 향기와 너무나 비슷하다.

올림피아드 대회 결과 발표 날. 이학성이 찾아왔다. 한지우는 범인이 아니고 자신을 위해 수학 논문을 출력해 준 것뿐이라고 증언해 주었다. 아름다운 이 장면 역시 여인의 향기에서 알파치노가 찰리를 위해 변호해 주는 마지막 장면과 비슷하다.

이학성이나 알파치노처럼 자신의 이익을 꾀하지 아니하고 남을 위하거나 이롭게 하는 행동을 이타심이라고 하는데 이 타심에는 사회심리 학적 이타심, 진화론적 이타심, 정신분석 학적 순수 이타심이 있다.

어느 숲속에 사자가 편하게 잠을 자고 있는데, 생쥐 한 마리가 제 갈 길을 모르고, 사자의 콧등을 뛰어넘어 사자의 눈을 뜨게 하고 말았다.

눈을 뜬 사자는 날카로운 발로 당장이라도 작은 동물의 목숨을 빼앗으려고 했다. 그때 생쥐는 슬픈 목소리로, 기분을 상하게 한 자기를 용서하고, 보잘것없는 먹이 때문에 황송하기 짝이 없는 사자님의 발을 더럽히는 일이 없도록 해달라고 부탁했다.

사자는 이 작은 포로의 두려워함에 불쌍해서 관대한 미소를 띄우며 놓아주었다.

그런데 다음날 사자는 먹이를 찾아 숲속을 돌아다니다가 사냥꾼들이 쳐놓은 그물에 걸리고 말았다. 도망칠 수도 없게 그물에 휘감기게 되자, 그물 속에서 사자는 숲속이 울리도록 크게 소리를 질렀다.

자기를 구해 준 사자의 목소리가 들리자, 생쥐는 사자의 울음소리가 나는 곳으로 달려가, 아무 말 없이 사자를 결박하고 있는 그물의 매듭을 갉아대기 시작했다. 그리고 사자를 자유의 몸으로 만들어 주었다.

친절은 아무리 많아도 헛된 일이 없다. 또한 그 친절에 보답하지 못할 만큼 가난한 자도 없다. 친절은 내가 할 수 있는 것으로 하는 것이기 때문이다.